WHAT DOES IT MEAN TO BE HUMAN?
인간이 된다는 것의 의미
- 인간기원과 진화 -

What Does It Mean to Be Human?
Copyright © 2010 National Geographic Society
All rights reserved.

Korean Translation Copyright © 2013 by Juluesung Publishers
Korean edition is published by arrangement with National Geographic Society
through Imprima Korea Agency

이 책의 한국어판 저작권은 Imprima Korea Agency를 통해
National Geographic Society와의 독점계약으로 주류성에 있습니다.
저작권법에 의해 한국 내에서 보호를 받는 저작물이므로
무단 전재와 무단 복제를 금합니다.

NATIONAL GEOGRAPHIC

WHAT DOES IT MEAN TO BE HUMAN?

인간이 된다는 것의 의미

- 인간기원과 진화 -

리차드 포츠 · 크리스토퍼 슬론 지음 ㅣ 배기동 옮김

CONTENTS

이 책을 번역하며		6
INTRODUCTION	진화상의 하나의 기원이라는 말이 가지는 의미	8

제1부   인간인 것, 인간이 되는 것

CHAPTER 1	우리의 영장류적인 유산	20
CHAPTER 2	인간가족나무	30
CHAPTER 3	적응하는 자가 살아남는다	44

제2부   인간이라는 존재의 시작

CHAPTER 4	최초의 걸음	58
CHAPTER 5	가족과 성장	68
CHAPTER 6	도구와 음식	80
CHAPTER 7	인간 체형의 균형미	90
CHAPTER 8	두뇌의 진화	100

제3부   우리의 기원

CHAPTER 9	인간 혁신	116
CHAPTER 10	상상의 뿌리	126
CHAPTER 11	하나의 종이 전 세계에…	138
CHAPTER 12	전환점	150
CONCLUSION	이게 바로 우리인가?	160
색인		170

2페이지 사진: 인간과 침팬지가 서로의 손을 내밀어 만나고 있다. 인류와 자연 세계가 연결되었다는 사실을 반영하는 순간이다.

옆 페이지 사진: 수 천 점의 석기 유물들(위)과 함께 탄자니아 Olduvai 계곡에서 발견된 영양의 부서진 뼛조각들을 통해 우리는 초기 인류가 혁신을 이룬 증거를 확인할 수 있다.

이 책을 번역하며…

인간이 된다는 것의 의미는 무엇인가? 이 책의 제목이다.

나에게 던진 것인가? 아니면 모든 인류에게 던진 질문인가? 아니면 고인류학적인 의미를 말하는 것인가?

이 모든 질문을 포함하는 질문이다. 어쩌면 고고학적이거나 고인류학적인 질문이라기보다는 인간의 행위와 존재의 본질에 대한 질문이라고 할 수 있다. 그래서, 이 책은 하루하루의 우리의 삶과 인간됨의 철학을 말하는 것이라고 할 수 있을 것이다. 인간이라는 것은 단순히 생물학적인 본능에 기초한 인간을 말하는 것은 아니며, 진정한 도덕성을 포함한 인간 행위의 모든 기저를 이루는 것들의 형성과정에 대한 질문이다.

저자인 릭 포츠 교수와 함께 한 역자 배기동 교수

나는 선사고고학자다.

선사고고학이라는 것은 인간과 인간 문명의 원초적인 단계를 연구하는 학문이다. 항상 머릿속에는 '왜, 이른바 인간이라는 생물이 만들어지게 되었을까'라는 질문이 꽉 차 있었다. 인간과 다른 동물들은 서로 무엇이 다른가? 반면, 무엇이 같은가? 이 질문은 초기 인류를 다루는 학자들에게는 학문의 궁극적인 출발점이 되는 질문이다. 나는 오늘날의 인간이 하는 모든 행위는 진화의 과정에서 얻어진 궁극적인 결과라고 생각한다. 이것이 우리를 망하게 할 수도 있겠지만 인간 본연의 진화적인 특성인 것이다. 이 책은 나보다도 더욱 긍정적인 시각에서 인간의 본성을 믿고 있다. 인간의 변화되는 환경의 능력을 믿고 있다. 이 말은 맞을 것이다. 왜냐하면, 나나 나의 친족이 살아남지 못한다고 하더라도 인간의 일부는 어떠한 방식이든 자연을 극복할 수 있는 문명적인 능력을 가졌기 때문이다. 그리고 그러한 능력은 오늘날 과학영화에서처럼 인간은 한편으로 문명 이외에도 유전적인 변화에 적응할 수 있는 생물학적인 종으로서의 능력을 당연히 가지고 있다는 것이다. 물론 지구에서 물이, 또는 태양이 사라진다면 어찌할 수 없는 일이지만….

이 책은 고인류학적인 오늘날의 해석이지만, 인간의 삶에서 우리를 둘러싸고 있는 인간들을 이해하는 데 대단히 의미심장한 메시지를 던져주고 있다. 근래 많은 책들이 사회생물학적인 주제에 대해서 논하고 있지만, 그러한 논의의 근본적 배경이나 암시적인 해답은 이 책 속에 있다. 인간의 환경적응 능력 중에서 가장 중요한 것은 결국 사회적인 생활에서 유래되는 나눔과 돌봄의 유대 관계, 그리고 창의적인 적응과 미래 예측 능력 등등이며 이것들은 다른 동물에서는 볼 수 없는 것들이고, 앞으로 그 어떤 생물로서도 예를 들 수가 없는 진화의 방향이다. 이러한 진화의 깊은 이해는 하루하루 우리의 생활을 이해하는 데 획기적인 사상적인 기저를 만들어 줄 것으로 기대하는 것이다.

1980년대 중반, 미국의 버클리대학에서 아프리카 고고학을 전공하고 체질 인류학으로 강의 조교를 할 때부터 인류 진화에 대한 연구는 나의 꿈이자 현실이었다. 나는 유라시아 대륙의 끝에서 시작한 인류 진화에 대한 연구자로서, 유라시아 대륙에서 비롯된 인류의 확산과정을 연구하기 위해서 아프리카 탄자니아의 이시밀라 유적을 발굴하거나 이란의 구석기 유적을 조사하였다. 그러다 스미소니언박물관의 인류진화관이 개관

스미소니안 인류진화연구실 릭 포츠 교수 (왼쪽)와 역자. 『인간이 된다는 것의 의미』 필자 서명본을 선물 받고 있다.

되기 전에 이 책을 쓴 릭 포츠(리차드 포츠) 교수를 만나게 되었다. 그 역시 아프리카에서 시작한 연구가 중국까지 와 있었던 것이고, 인류 진화의 이해에 서로 많은 공감대가 있었다. 그래서 이 책의 번역이 시작된 것이다. 이 책은 가장 보편적인 인류 진화의 해석이자 보편적인 언어로 이해할 수 있는 인류 진화에 대한 이야기였던 것이며, 진화의 이해에서 오류가 최소화되기를 바라는 마음에서 직접 번역하기로 하였던 것이다.

이 책이 나오기까지, 여러 사람들의 도움이 컸다. 우선 선뜻 출판을 결심해준 주류성 출판사 최병식 사장의 사려 깊은 배려와 거친 번역을 잘 마무리하여 출판할 수 있게 한 이준 이사와 직원들의 열정적인 노력에 감사드린다. 그리고 번역 과정에 참여한 우리 딸 서영의 도움을 기록하고 싶다. 예술하는 서영이가 인간성 발현의 내용을 잘 정리하여 주었다. 그리고 일차 교정을 담당한 윤금진 국제교류재단 문화부장에게 감사드린다. 또한 두 차례나 국문 교정을 봐준 한양대학교 문화재 연구소의 오정순 선생에게도 감사의 뜻을 표하고 싶다.

이 책을 출간하면서, 나는 우리 사회가 인간들의 행위의 진화적인 발달과정과 그 바탕을 이해함으로써 오늘날의 인간을 잘 이해하고 미래를 잘 대비할 수 있는 다양한 담론을 개발하는 데 일조하기를 학수고대한다. 문체가 어려울 수도 있겠지만, 오늘날 세계화의 과정에서 인간의 보편성을 이해한다는 것은 앞으로 지구촌사회뿐만 아니라 우리 사회 운영의 기초적인 지식으로서 자리 잡지 않으면 안 된다는 점에서 이 책이 필요하다고 생각하는 것이다.

부디 많은 사람들이 이 책을 접하여서, 인간의 미래사회 적응체계를 고안하는 데 도움이 되기를 바라마지 않는다. 그리고 겸허히 우리 스스로를 돌아보는 기회가 되기를 기대하고, 릭 포츠가 읽어낸 인류 진화의 원리를 이해하고 그가 이 책에서 다하지 못한 이야기를 찾아내기를 간절히 바란다.

이 책에 관심을 두는 모든 독자들에게 경의를 표하고, 부디 이 책이 우리 사회가 인간의 보편성에 대한 이해를 획기적으로 돕기를 바란다. 오역이나 어색한 표현은 부디 양해해 주기를 바라는 마음이다. 그리고 이 책은 스미소니언박물관 인류진화관의 공식적인 안내 책자에 해당되지만, 비슷한 전시는 내가 관장으로 있는 전곡선사박물관에서도 볼 수 있다. 전시 내용과 비교하여 본다면 훨씬 이해가 빠를 것이다. 이 책의 한국어판 출간을 흔쾌히 허락해준 스미소니언박물관 인류진화관 관장인 릭 포츠 교수와 미국 내셔널지오그래픽 사에게도 감사드린다.

배 기 동

INTRODUCTION

진화상의 하나의 기원이라는 말이 가지는 의미

인간이 된다는 것이 의미하는 것은 무엇일까? 미국 전역의 청중들에게 인류의 진화에 대해서 말하면서 릭 포츠는 흔히 이 일반적인 질문이 무슨 의미를 생각하게 하는지를 청중들에게 묻곤 한다. 청중의 대답은 다양하다. 우리 주위의 세상을 파괴하는 결과를 초래하였다, 그리고 좋아할 수 있는 선택권이 생겼다, 등… 원격 조정할 수 있는 능력을 가지게 되었지…, 일부 사람들을 제외하고는 몸에 털이 사라져 버렸지…, 신이 우리를 사랑하고 있다는 걸 알지…, 엄지를 가졌잖아! 훌륭한 엄지를! … 우리의 조상을 기억할 수 있고 또한 미래를 생각할 수 있지 등등, 이러한 모든 반응들은 결국 우리 모두가 우리가 누구인지 그리고 우리가 어디서 왔다는 것을 알고 느낄 수 있다는 것을 생각하게 한다. 동시에 과학자들은 우리 인간 종의 기원에 새로운 빛을 던질 수 있는 증거들을 꿰맞추고 있는 것이다.

맞은 편: 구스타브 클림트의 〈생명의 나무(1905~1909)〉. 우주 상징에 대한 예술가의 재미있는 해석을 보여주고 있다.

인간의 기원에 대한 질문은 인간에 대한 호기심의 뿌리를 건드리는 일이다. 인간은 수천 년 동안 인간 세상의 어느 곳에나 있는 다양한 설화와 이야기로써 기원을 이해하려고 했고, 또한 인간으로서의 존엄성을 과시하려고 하였다. 인간 기원에 대한 새로운 증거의 발견은 새로운 도전이라고 할 수 있다. 과학은 우리가 우리들의 기원과 우리 자신에 대해서 어떻게 생각하고 있는가를 바꿀 수 있는 것이다. 과학이 밝혀낸 새로운 사실은 우리를 흥분시킬 수도 있고, 때로는 별로 관심을 끌지 못할 수도 있으며, 심지어 우리가 세상에서 차지하는 위치에 대한 핵심적인 신념에 대해서 반하는 것이라고 우스꽝스럽게 받아들여질 수도 있는 것이다.

이전에 몇몇 사람들이 진화에 대해서 생각하기는 하였지만 다윈의 생물의 진화에 대한 새로운 이론은 당시 사람들을 흥분시키기도 하였고 또한 강렬한 저항에 부딪치게도 하였다. 다윈은 상당 기간 동안 면밀한 관찰 끝에 자연에서 새로운 종(種)은 자연의 섭리에 의해서 생겨나는 것이라는 새로운 가설을 내놓았던 것이다. 이 새로운 발견으로 다윈은 세상의 모든 생물이 과거 한 때 신에 의해서 창조된 것이라는 믿음에 대해서 강력하게 반발한 것이다. 다윈은 생물들이 오랜 기간 동안 자신을 둘러싸고 있는 환경에 적응하게 된다고 믿었으며, 바로 이것을 자연 선택이라는 과정으로 정의하였다. 이 과정이 바로 새로운 종을 만들어내는 과정이고, 결국 오늘날 생물종이 다양하게 된 이유이다. 진화에 대한 위대한 생각은 바로 모든 생

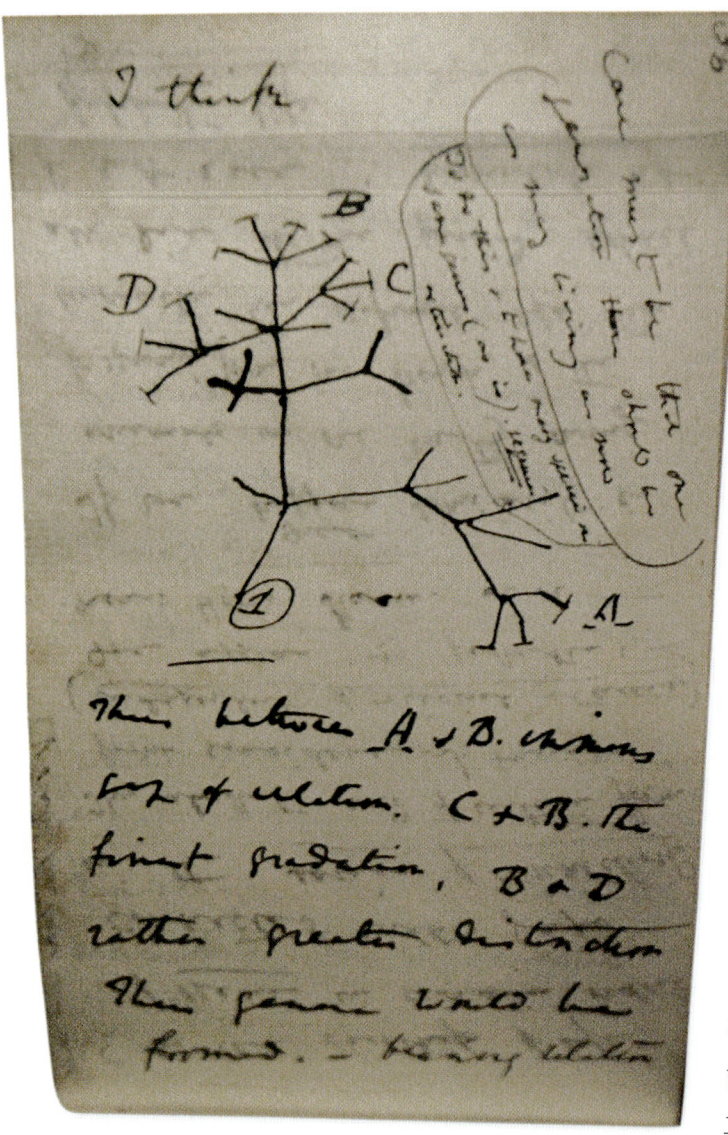

다윈이 1837년에 작성한 노트에 남겨진 "생명의 나무"는 위대한 생각을 정교하게 발전시킨 위대한 마음을 보여주고 있다. 살아 있는 나무나 동물들이 동일 조상으로부터 변해온 후손들로 묘사되고 있다.

물들이 어느 한때 공동 조상에서 갈라져 나왔으며, 그 결과 서로 관계되어 있다고 하는 것이다. 생물은 각기 창조된 것이 아니고 생물체 상호 간에 친족 관계를 가진 거대한 나무라는 생각이다. 다윈의 생각에 따르면 진화는 바로 절멸과 연계되는 것이다. 어떤 특정한 생존 방식은 궁극적으로 문제와 마주치게 되고, 이 문제를 해결하지 못한다면 지구 상에서 생물의 한 가지는 긴 역사 속에서 사라지게 된다.

1882년 다윈이 사망했을 때만 하더라도, 그의 이론을 입증할 만한 자료가 많지 않았다. 특히 당시는 화석 자료가 절대적으로 희귀한 시대였다. 다른 종, 특히 주요한 생물 집단 간에 과도기적인 과정을 보여주는 증거들이 없었던 것이다. 다윈의 『종의 기원』이 출간되고 난 이후 30년 이상의 시간이 지나서도 지구의 역사가 생물의 진화가 일어날 정도로 길었을 수도 있다는 것을 알지 못하였던 것이다. 당시 유명한 물리학자였던 로드 켈빈은 끓는 용암이 오늘날의 지구 표면까지 식는 길이를 계산하여 지구의 역사가 수천만 년 정도에 지나지 않을 것이라고 주장하였다. 이러한 추정은 다윈의 학설에 치명적이었다. 다윈은 지구상의 생물이 점진적인 진화를 일으켜 다양해지기 위해서는 적어도 수억 년의 세월이 필요하다고 주장하였던 것이다.

1882년만 해도 아무도 DNA에 대해서 몰랐다. 이 분자 구조가 살아있는 생물의 유전적인 코드를 담고 있다는 사실을 몰랐던 것이다. 또한 그 누구도 DNA가 모든 생물들 사이의 관계를 입증할 도구가 될 줄은 꿈에도 생각하지 못했다. 정원의 완두콩을 가지고 실험을 하였던 아우구스트파의 사제였던 그레고르 멘델은 그의 저서인 『식물 잡종화의 실험』에서 이미 유전의 과정을 설명하고 있었지만, 그의 논문은 지역 잡지에 실렸기 때문에 널리 알려지지 못하였다. 다윈을 포함한 그 누구도 유전자의 존재에 대해서 몰랐으며, 어떻게 이러한 화학물질이 만들어져서 세대 간에 지속적으로 변화를 일으키는 유전자 보관소의 역할을 하고 있는지를 몰랐다. 다윈이 알아낸 것은 우리가 오늘날 돌연변이나 새로운 유전자의 조합이라고 알고 있는 순종과 변종이 그의 이론을 입증할 수 있을 것이라는 점이었다. 만일 그의 생각이 옳다면, 궁극적으로 자연 선택의 과정을 통한 엄청난 다양함이 생물의 세계에 존재하기 위해서는 우선 재료에서 상당한 다양성을 만들어 낼 수 있는 수단이 있었을 것이다. 다윈은 어떤 생물종이 다른 종보다도 더 잘 살아남아서 재생산을 할 수 있도록 도와주는 다양함에 대하여 실험도 하고 설명도 하였지만, 실제로 자연에서 자연 선택이 얼마나 중요한지를 보여주는 야외 관찰을 해본 적은 없었다.

어떠한 경우의 불확실성도 그의 이론을 깨뜨릴 수 있었다. 그렇지만 생물학에 대한 그의 공헌은 축복을 받았다. 왜냐하면 물리학에서, 화학 그리고 고생물이나 유전학에 이르기까지 과학의 많은 분야에서 자연에 대한 적응과 모든 생명체들이 서로 연관되어 있다는 것과, 시간이 지나면서 생물들이 생겨나고 절멸하는 과정을 거치고, 그리고 점진적으로 생물들의 다양성이 증감하기도 한다는 증거들이 엄청나게 제시되었던 것이다.

다윈이 세상을 떠날 때까지 인간 진화에 대한 화석 증거들이 없었던 것은 어쩔 수 없는 일이었다. 당시는 오직 *네안데르탈*인 화석만이 알려져 있었다. 오늘날에는 한 톨의 이빨 조각부터 완전한 인골 화석에 이르기까지, 발견된 화석들은 세계의 전 지역에 분포하고 있고, 그리고 지난 600만 년 동안의 시간에 해당되는 화석들이 6,000점이 넘는다. 대형 포유류의 어떤 집단에서도 이 정도면 상당한 양이고, 젊은 학자들이 두뇌와 신체의 변화나 이빨의 세부적인 변화, 그리고 두개골 모형의 변화 등등의 상세한 내용을 연구할 수 있는 규모다. CT나 전자현미경과 같은 의료 기술의 발달도 화석의 내부와 외피를 상세히 관찰할 수 있게 만들었다. 이러한 발전은 우리가 고대인 어린이들은 얼마나 빠르게 성장하였을까? 또는 음식물의 종류에 따라서 이빨에 어떤 다른 흠집이 생겨나는가? 등과 같은 질문에 대답을 할 수 있게 만들어 주었던 것이다.

인간은 수십억 년의 진화의 결과로 생겨난 모든 생물들과 유전자를 공유하고 있다. 유전자나 DNA의 백분율은 생물 상호 간에 얼마나 닮았는지 그리고 생명의 나무에서 얼마나 가까운 관계를 가지고 있는지를 보여주고 있다.

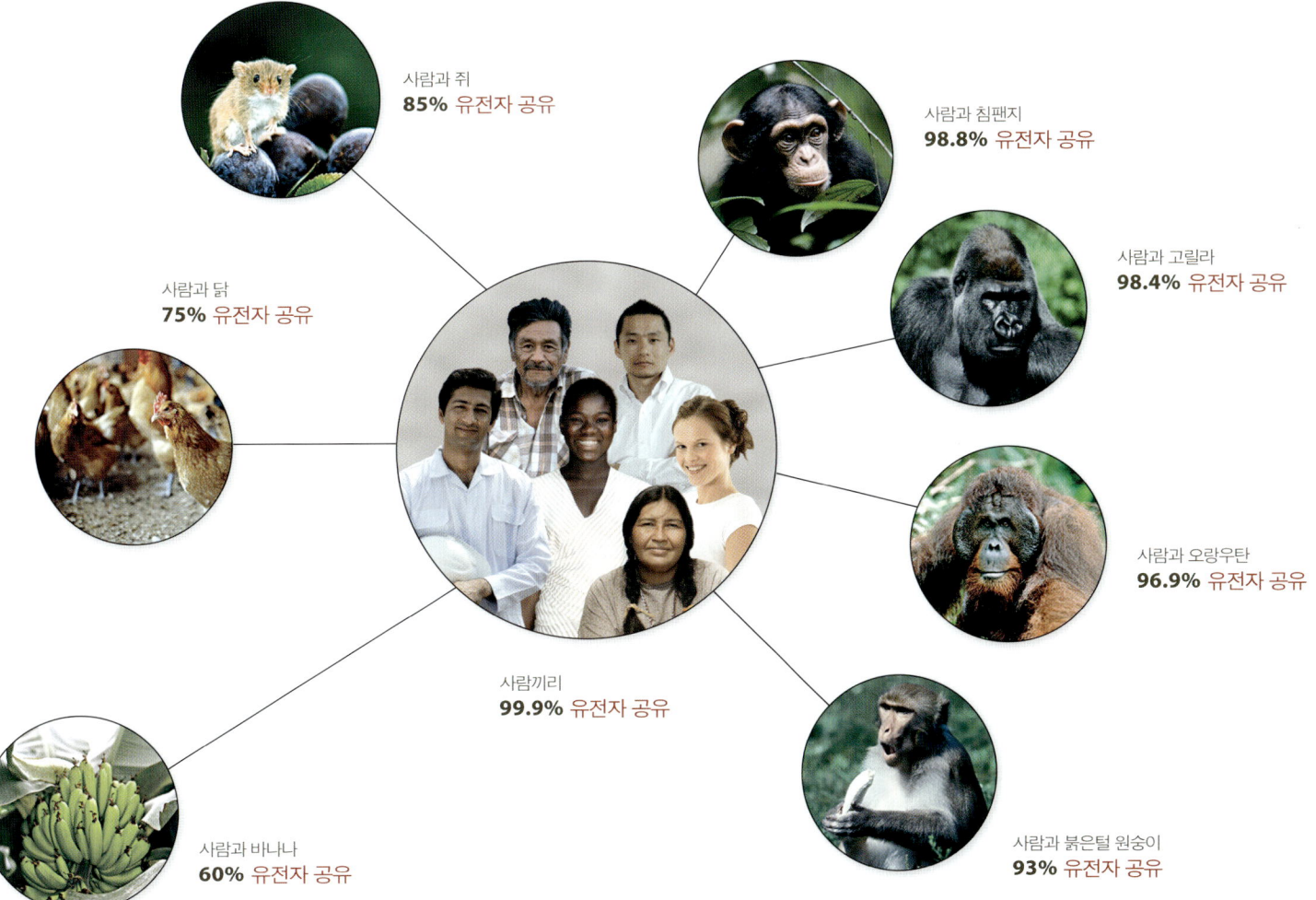

사람과 쥐
85% 유전자 공유

사람과 침팬지
98.8% 유전자 공유

사람과 닭
75% 유전자 공유

사람과 고릴라
98.4% 유전자 공유

사람과 오랑우탄
96.9% 유전자 공유

사람끼리
99.9% 유전자 공유

사람과 바나나
60% 유전자 공유

사람과 붉은털 원숭이
93% 유전자 공유

맞은 편: *인간의 몸속에 남아 있는 모자이크성의 특성은 인간이 출현하기 훨씬 이전인 지난 600만~700만 년 전에 존재하였던 생물들의 특성을 포함하고 있다.*

그리고 전 세계 수천 군데의 고고학 유적에서 보이는 증거들은 인류의 조상이 어떻게 돌을 가지고 석기를 만들어 썼으며, 이를 가지고 어떻게 음식을 구하고 또한 불을 사용할 수 있었던가에 대한 증거들을 보여주고 있다. 석기들은 과거 우리의 선조들이 어떻게 분포하고 있었고, 또한 살았던 환경을 보여주는 확실한 증거라고 할 수 있다. 조각 인물상, 바위 예술, 조개 목걸이 같은 유물들은 우리 조상들의 삶에서 언제부터 예술적인 상징들이 중요한 부분이 되었으며, 사회가 어떻게 분화하고 서로 교류하게 되었던가를 보여주는 증거이다.

과학자들이 지질학적인 연대를 알아내기 위한 물리학적이고 화학적인 원리를 고안하게 됨으로써, 다윈이 제안했던 생명 다양성의 진화가 수백만 년 동안 일어나게 되었다는 생각은 결국 수십억 년 동안에 일어났다는 사실을 확인시켜 주었다. 인간 기원의 시기를 연구하는 데는 화석이 발견된 암석층을 측정하는 연대법이나 화석 자체의 연대 등이 적용되어 상호 비교 검토가 가능해졌다. 인간 기원의 시기에 대한 시간적인 측정은 한 세기 전에 상상하던 것보다 훨씬 더 정교해진 것이다.

1950년대가 되어서야 DNA의 구조와 이것이 어떻게 작용하는지를 알게 되었으며, 결국 개체 간이나 종들 간에 어떠한 관계가 있는지를 결정할 수 있는 직접적인 기반이 된 것이다. 다윈은 유전에 대해서 아무 것도 몰랐던 것이다. 그렇지만 진화의 원리를 이용하여 인간과 다른 영장류의 공동 조상이 아마도 아프리카에서 발견될 것이라고 예측하였는데, 바로 그 근거는 오늘날 아프리카에만 유인원들이 살고 있다는 것이다. 이 유인원들은 우리와 거리가 먼 영장류인 리머(Limer: 아주 작은 프로시미안 영장류의 일종)나, 우리와 가장 유사한 DNA를 가진 것으로 생각할 수도 있는 모든 영장류들 중에서 침팬지, 고릴라의 DNA가 비교적 우리와 가깝다.

화석 사냥꾼들이 수 세기 동안 대륙들을 뒤지고 난 다음 가장 오래된 화석이 아프리카에서만 나타나고 있어서, 이제 우리는 아프리카를 '인류의 요람'이라 부르기도 한다. 새로운 화석들로 인해 이제는 거의 600만 년에서 800만 년 전까지 침팬지와 인류 조상의 진화계통이 나누어지게 되는데, 인간이라고 분류된 화석들은 이 시기에 가까워질수록 유인원과 더욱 흡사한 형태를 가지게 된 것으로 알려지고 있다. 고생물학자들이 뭍짐승들과 고래의 중간 단계 화석을 발견하게 되면, 또한 물고기와 다른 고등 척추동물들 사이의 중간 단계, 공룡과 다른 새들과의 중간 단계 등을 볼 수 있는 화석을 발견하게 된다면, 인간 진화과정은 점점 더 잘 이해될 수 있을 것이다.

세상의 기원들

전 세계적으로 인간의 기원에 대한 일반적인 호기심은 다양하고 신비한 이야기의 형태로 나타난다. 다음의 이야기는 인간이 어떻게 이 세상에 존재하게 되었는지 또는 우리가 이 우주 속에서 차지하는 위치에 대한 신앙들의 다양한 모습중에서 대표적인 것의 하나일 것이다.

보르네오의 북서부에 살고 있는 카얀족: 달에서 내려 온 넝쿨이 태양에서 떨어진 나무에서 나온 싹과 결혼한다; 이 나무는 두 쌍둥이를 낳게 되고 이 둘은 결혼하여 이 지구상에 존재하는 모든 사람들의 부모가 된다.

나이지리아의 요루바족: 하늘에 있는 신 오바탈라가 땅을 창조하고 진흙으로 사람을 빚어 태양 아래서 구웠다. 나중에 올로런이 사람에게 생명의 숨을 불어넣어 오늘날 사람들이 하는 것 같은 일을 할 수 있게 되었다.

과테말라의 쿠이체 마야족: 창조주가 진흙과 나무로 사람을 만들었지만 실패하고 결국 옥수수를 가지고 사람을 만들 수 있었다.

페르시아(이란): 최초의 인간 커플은 태고적 인간의 피를 먹고 자라는 갈대로부터 나타났다.

진화의 대사건들

화석 사냥은 엄청난 속도로 발전하게 되었다. 지난 20년 동안 연구자들은 6점의 새로운 화석들을 인간의 가족으로 분류하였다. 그러나 이 책에서는 세상을 놀라게 한 발견들에 대해서 설명하지는 않을 것이다. 그 대신 인간이 되는 긴 여정에서 중요한 전환점이 되는 발견들에 주목할 것이고, 다른 말로 하자면 모든 인간들이 공유하고 있는 특정한 형질들의 출현에 대해서 집중적으로 설명하게 될 것이다. 우리는 이제 확실하게 직립 보행이 우리 조상들이 석기에 의존하기 이전에 이루어진 것임을 알고 있다. 그리고 이러한 진화가 두뇌가 확장되기 훨씬 이전에 발생한 것임도 잘 알려져 있으며, 상징적인 물건을 만들거나 예술을 표현하게 된 것은 훨

Introduction: 진화상의 하나의 기원이라는 말이 가지는 의미 | 13

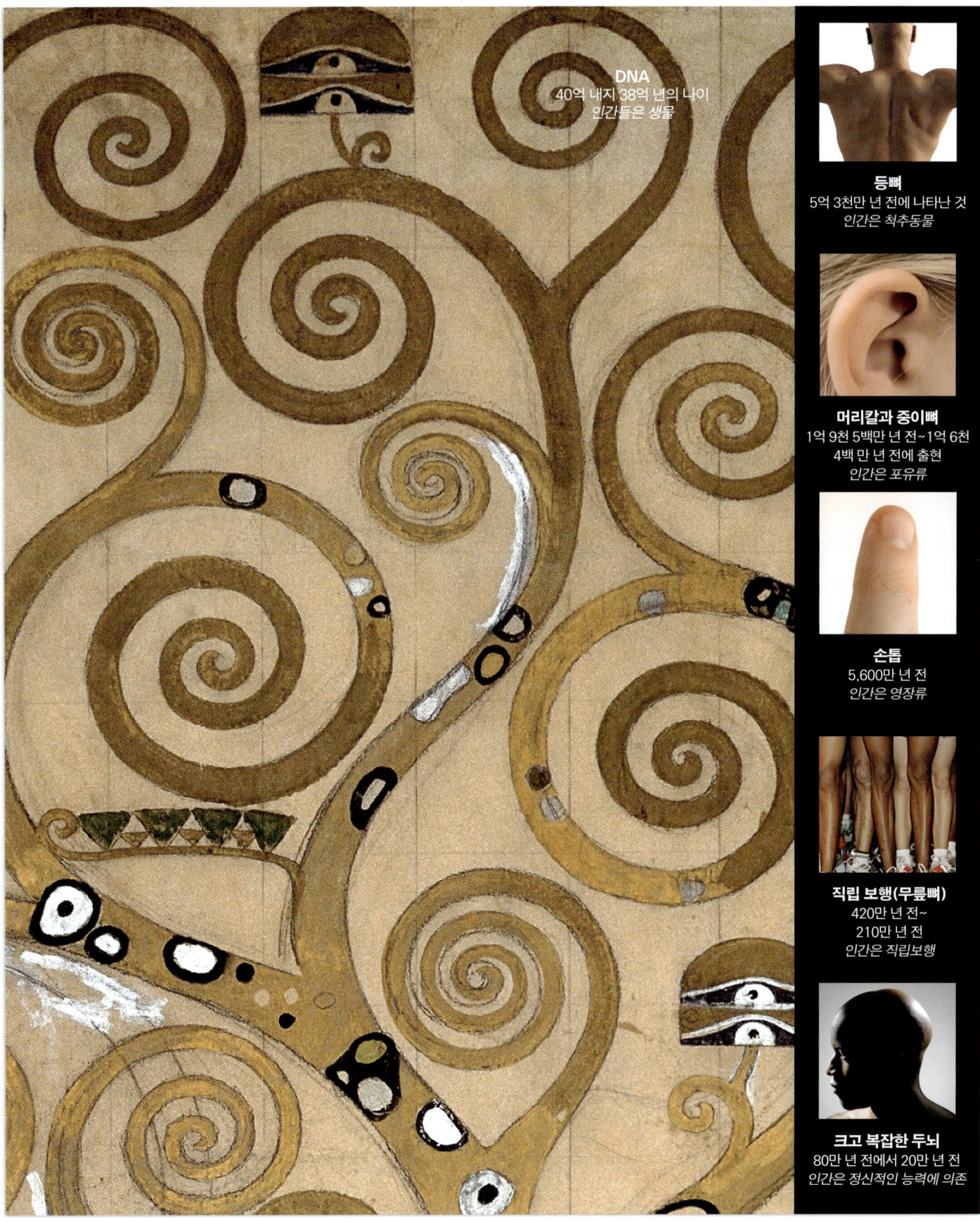

DNA
40억 내지 38억 년의 나이
인간들은 생물

등뼈
5억 3천만 년 전에 나타난 것
인간은 척추동물

머리칼과 중이뼈
1억 9천 5백만 년 전~1억 6천
4백 만 년 전에 출현
인간은 포유류

손톱
5,600만 년 전
인간은 영장류

직립 보행(무릎뼈)
420만 년 전~
210만 년 전
인간은 직립보행

크고 복잡한 두뇌
80만 년 전에서 20만 년 전
인간은 정신적인 능력에 의존

씬 후대의 일임을 알고 있다. 우리가 인류라고 부를 수 있는 특징은 작은 집단으로 나뉘어 물과 음식을 구하러 다니던 그 시기에 나타났던 것이다. 사람들이 땅을 갈아서 음식을 수확하고 저장하여 먹고 사는 생활이 가능한, 식량을 생산하는 단계로 발전하는 것은 훨씬 후대의 일이다. 이제 수십억 인류의 집이 되는 그 세계는 지난 수백만 년 동안 변화하는 자연에 적응하는 과정에서 우리 조상들이 진화의 획기적인 전환점을 거치면서 살아온 바로 그 세계인 것이다.

이미 우리가 잘 알고 있듯이 환경의 변화에 적응하는 것이 우리 조상의 생존에서 가장 중요한 과제였다. 우리의 조상들이 진화하였던 지난 600만 년이라는 시간은 지구의 역사에서 가장 기후가 불안정한 시기였다. 이 사실은 우리의 조상들이 아프리카의 초원 지대나 유럽의 빙하 지대로 내몰리게 된 것을 생각하는 사람들에게는 놀라운 일이었다. 사실, 인간 진화의 가장 두드러지는 것은 바로 생존의 조건이 쉴 새 없이 바뀌었다는 점이다. 진화 초기 단계의 모든 세대들이 극복하여야 하는 일이 바로 '자신을 둘러싸고 있는 환경을 어떻게 가장 잘 참고 견디는가'였을 것이다. 그러나 시간이 흐르면서 번성하고 절멸하는 것이 바로 건조하고 습윤한 환경, 그리고 춥고 더운 환경이 지속적으로 바뀌는 기후에 어떻게 잘 적응하는 것이냐에 달려있게 된 것이다. 과거의 기후변화와 인간의 기원이라는 과학의 두 흥미진진한 영역을 함께 생각해보면 인간 진화의 증거들에서 새로운 사실들을 발견할 수 있을 것이다.

> 인간 기원의 이야기를 연속되는 것처럼 말하는 것은 이제 완전히 바뀌게 되었다.

인간 기원의 이야기를 연속되는 것처럼 말하는 것은 이제 완전히 바뀌게 되었다. 새로운 화석들이 많이 발견되어 인류의 진화계통나무에 추가되고 있지만 이제 분명한 사실은 하나의 인류종만이 살아남고 초기 인류들과 진화상의 사촌에 해당되는 인류들은 모두 절멸하였다 는 것이다. 이것은 단순히 관심을 끄는 흥미있는 사실로만 생각할 수 없다. 유전적인 연구를 보면 지난 10만 년 전에 *호모 사피엔스* 단계에서 인류는 수천 명밖에 되지 않는 수효로 줄어들어 거의 절멸할 뻔한 시기도 있었다. 진화론적인 관점에서 본다면 인간이 얼마나 허약한 존재인가를 오늘날 인간 기원의 연구를 통해 알려지고 있는 것이다. 이러한 관점은 인간이 자연을 정복할 수 있는 능력을 가졌다고 생각하는 사람들에게는 충격일 것이다.

인간 진화의 핵심적인 개념

인류의 진화에 대한 연구 또는 고인류학은 과학의 몇 가지 다른 분야를 관통하고 있다. 유적의 연대를 알아내는 일은 바로 물리학이나 화학의 분야다. 시간적으로 진화의 발생 순서를 이해하는 일은 지질학적인 기초 지식이라고 할 수 있다. 인간의 진화에 나타나는 환경적인 자료를 추출하는 일은 지구과학의 다양한 연구에 의존하게 된다. 그리고 화석을 연구하고 고대의 종들을 확인하여 이들이 계통나무에서 차지하는 위치를 발견하는 작업은 바로 생물학적인 기초가 필요한 것이다. *호모 사피엔스*들의 상호 친연성을 따지거나 초기 인류들이 아프리카의 유인원이나 다른 영장류 집단들의 조상들과 연관성을 이해하는 작업은 DNA와 유전학적인 기초 지식이 필요한 것이다. 인간의 진화를 이해하기 위해서는 일련의 과학적인 탐구 결과들을 잘 알지 않으면 안되는 것이다.

그래서 일부 대중들이 인간이 진화하였다는 사실이나 어린이들이 이렇게 잘 정리된 과학적인 사실을 배워야 하는 것에 대한 막무가내식의 의심이나 부정은 인간의 진화를 연구하는 학자들이나 과학자들에게는 이해하기 어렵고 가슴 쓰린 일이다. 그런 사람들의 관점에서 본다면 그러한 부정은 과학 교육의 일반적인 목적을 훼손할 뿐 아니라 세상에 대해서 새로운 것들을 발견함으로써 얻어지는 것들에 대해서 그 가치를 폄하하게 되는 결과를 가져올 것이다.

한편으로 과학자들도 대중들이 알고 있는 진화에 대한 지식을 오해하는 것도 사실이다. 이러한 오해 중 하나가 과학은 항상 종교와 배치된다고 보는 견해다. 많은 사람들은 인간을 규정하는 특성은 종교적인 신념과 도덕적인 원칙에 있다고 생각한다. 우리가 누구인가에 대한 다양한 관점 중에서 인간의 정신, 사후 세계 그리고 고통은 경험적으로 연구할 수 있는 과학적인 문제가 될 수 없다는 생각인 것이다. 어떤 작가들이 말하는 것처럼, 과학은 종교나 정신세계의 그러한 특징을 불필요하다거나 틀렸다고 본다는 주장은 과학으로서 방어할 수 없

진화가 야기하는 문제들

인간 진화에 대한 과학 분야에서 새로운 발견과 연구 업적들이 일간지나 다른 언론 매체에 자주 보도되고 있다. 대중적인 관심이 대단히 큼에도 불구하고 많은 사람들은 인간의 진화에 대한 생각이 종교적인 관점에서 보면 문제가 있다고 보는 것이다. 이 문제에 대해서 극단적인 견해가 증폭되는 반면에 종교계에서도 다양한 반응이 있다는 것은 잘 알려지지 않고 있다. 이러한 반응들은 인간 진화에 대한 과학적인 증거들과 종교적인 신념 사이에서 갈등할 필요가 없이 과학과 종교 사이에 건설적인 관계를 만들 수 있는 기회가 될 것으로 기대한다.

과학과 종교의 관계에 대한 다양한 접근들이 있다. 그중 하나가 과학과 종교를 각각 다른 질문을 추구하는 별도의 영역으로 보는 것이다. 예를 들어서 과학은 자연에 대한 질문을, 종교는 신에 대한 질문을 던지는 것이다. 이러한 접근은 상호 존중하고 구별을 확실히 유지함으로써 가능하지만 이 경우에 과학의 결과가 종교적인 신념의 세계에 영향을 줄 수 있다는 것을 간과하는 부분도 있을 수 있다. 이 경우에 애당초 생각했던 것과는 달리 이러한 구분이 사라지게 되면서 갈

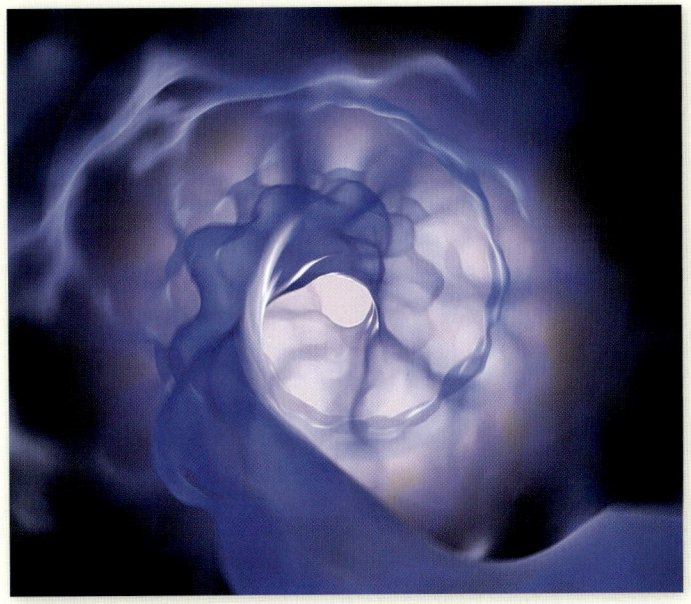

예술가의 그림에서 보이는 이 DNA의 이중나선은 현재 진행되고 있는 생명의 진화와 역사와 관련된 새로운 과학적 발견의 원천이다.

등이 야기될 수 있을 것이다. 과학이나 종교가 다른 분야에서 받아들일 수 없는 일반적인 진리를 주장하게 되면 격렬한 갈등이 일어나게 될 것이다. 또 다른 하나의 접근은 종교와 과학이 상호 긍정적인 입장으로 교류하는 것이다. 이 교류라는 것이 여러 가지 형태로 나타날 수가 있는데 개인들이 과학과 종교에 대한 이해를 융합하려는 노력들, 과학의 새로운 발견을 종교 단체들이 축하하는 일 그리고 공통점을 찾으려고 하는 신학자들과 과학자들이 상호 존중하고 인류 진화의 과학이 인간이 되는 것에 던지는 의미를 인식하는 데 어떻게 기여하는가에 대한 공감대를 가짐으로써 건설적인 상호 교류 등을 생각할 수 있을 것이다.

진화를 받아들이는 대중에 대한 조사를 보면, 과학과 종교의 갈등은 대중들이 과학적인 방법을 이해하고 새로운 발견을 이해하는 데 장애가 되고 있다. 그러나 이것을 뛰어넘으면 보다 광범위하고 다양한 관점들 중에 인간 진화를 포함하여 생물 진화의 사실적 근거를 동시에 포함하게 된다. 그리고 또한 이 세상을 융합적으로 이해하려는 노력에 대하여 상당한 지지를 보이는 것들이 있다.

는 개인적인 철학을 반영하는 것이다. 과학이 종교적인 신념에 위협이 된다고 보는 사람들이 그러한 말을 하게 되는 것이고 이러한 사람들에게는 과학이라는 것이 세상의 새로운 원리를 발견하는 길이 아니라 적대적인 철학으로 또는 신이 없는 종교로 인식되는 것이다. 의심할 여지가 없이 진화라는 것은 물질적인 과정이다. 그렇기 때문에 과학이라는 것이 지구 중력의 원리나 대륙 표이설, 그리고 병원균 등의 개념처럼 강력하고 신뢰성이 있다고 보는 이유인 것이다. 진화라는 것은 하느님이 이 천지와 지구상의 생물을 일주일 만에 창조하셨다는 성경의 기록에 반대되는 개념이라는 것은 틀림없다. 그렇다고 해서 대화를 중단하거나 인간의 삶을 풍요롭게 만드는 다차원적인 것을 다른 사람들이 부딪혀 수용하고 있는 것을 이해하려는 노력을 축소할 필요는 없을 것이다.

> **이 책은 '인간이 된다'는 것을 의미하는 특성들의 진화 과정 탐구에 대한 초대장이 될 것이다.**

인간의 기원에 대한 과학을 추구하면 이 책은 인간이 된다는 것에 어떤 의미가 있는가?라는 질문에 진화가 그 대답이 되지는 않을 것이라는 점을 강조하고 있다. 이 질문에 대한 대답은 사람에 따라서 달라질 수 있을 것이다. 대신에 이 책은 인간 진화에 대해서 진행되고 있는 연구들이 우리의 인간화에 대해서 어떠한 사실을 밝혀내고 있는가를 보여준다. 인간의 특성이 한꺼번에 생겨난 것은 아니다. 인간의 걸음걸이, 두뇌 작용, 주변 환경과 상호 작용, 정교한 사회적인 행위 등의 사실들이 적응하는 오랜 과정의 산물이라는 증거들이 수도 없이 많다. 우리의 조상들이 마주쳤던 급격한 환경의 변화는 그들이 적응해야 할 과정이었고 특정한 적응에서 오는 이로운 점은 다른 면에서는 불리한 조건을 만들기도 했다. 예를 들어 두 발로 걷는 것은 궁극적으로 척추에 문제를 일으키고 또한 두뇌가 커지게 되면서 출산이 위험해진 것이다. 유인원들을 잘 살펴보면 진화상의 사촌인 이들의 특성과 인간 진화의 과정에서 나타나는 것과의 사이에 놀라운 연속성이 있다는 것을 볼 수 있다. 이 연속성은 결국 우리가 영장류의 한 종이라는 것을 말해 주고 있다. 마지막으로 화석의 발견이 늘어감에 따라서 우리의 진화가족나무는 다른 생물 개체들의 가족들과 마찬가지로 가지가 많아지고 다양해지는 것이다.

이러한 진화의 핵심적인 개념은 인간의 기원에 대한 연구에서 잘 살펴볼 수 있을 것이다. 이러한 주제에 흥미를 가진 연구자나 학생들에게는 과학의 이러한 측면은 엄청나게 의미가 큰 것이고 더 많은 의문을 생각하게 되고 제기하게 될 것이다. 이러한 생각을 염두에 둔다면 이 책은 인간이 된다는 것을 의미하는 특성들의 진화과정 탐구에 대한 초대장이 될 것이다.

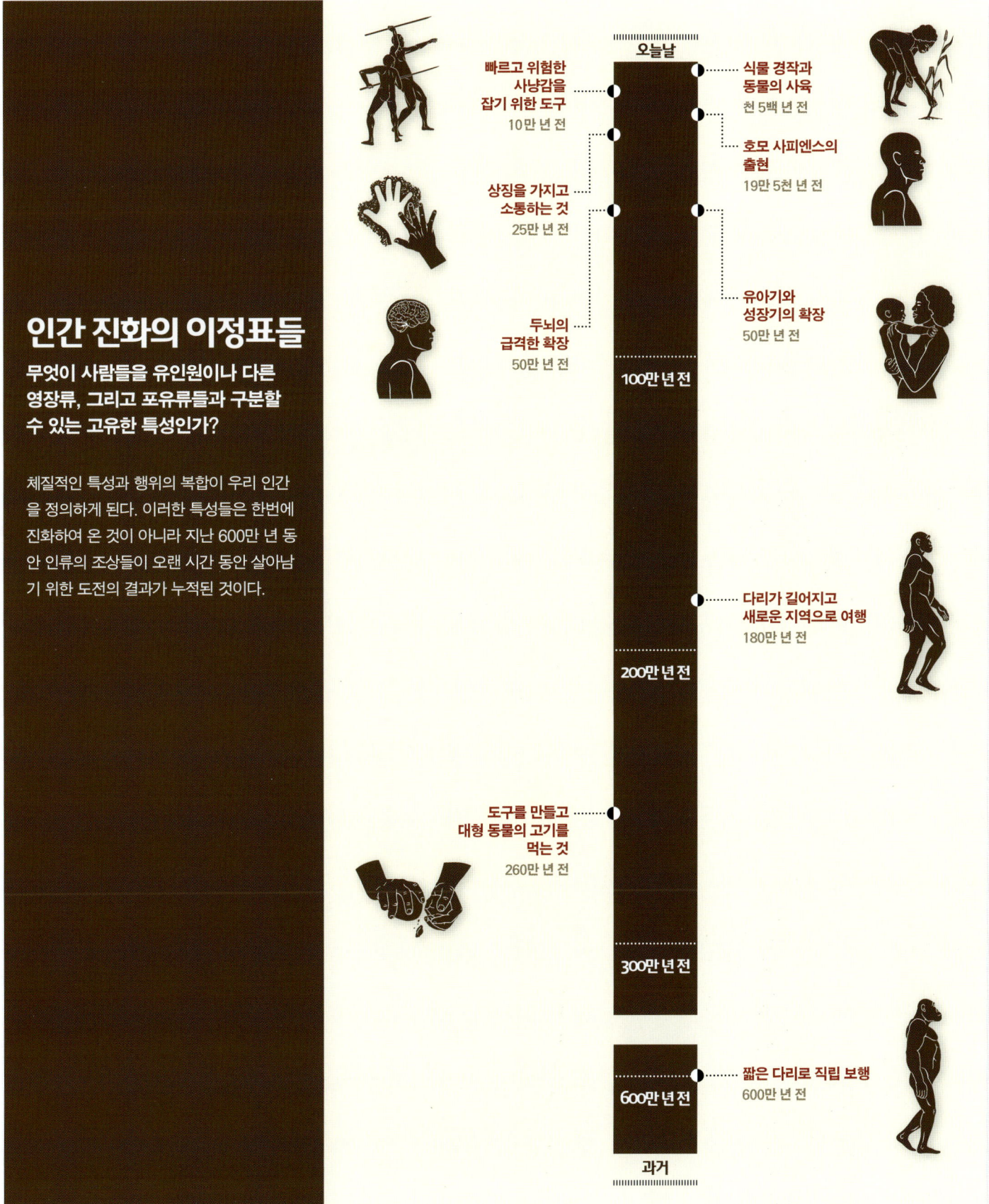

인간 진화의 이정표들

무엇이 사람들을 유인원이나 다른 영장류, 그리고 포유류들과 구분할 수 있는 고유한 특성인가?

체질적인 특성과 행위의 복합이 우리 인간을 정의하게 된다. 이러한 특성들은 한번에 진화하여 온 것이 아니라 지난 600만 년 동안 인류의 조상들이 오랜 시간 동안 살아남기 위한 도전의 결과가 누적된 것이다.

- 빠르고 위험한 사냥감을 잡기 위한 도구 — 10만 년 전
- 상징을 가지고 소통하는 것 — 25만 년 전
- 두뇌의 급격한 확장 — 50만 년 전
- 식물 경작과 동물의 사육 — 천 5백 년 전
- 호모 사피엔스의 출현 — 19만 5천 년 전
- 유아기와 성장기의 확장 — 50만 년 전
- 다리가 길어지고 새로운 지역으로 여행 — 180만 년 전
- 도구를 만들고 대형 동물의 고기를 먹는 것 — 260만 년 전
- 짧은 다리로 직립 보행 — 600만 년 전

제1부
인간인 것, 인간이 되는 것

1 | 우리의 영장류적인 유산　**2** | 인간가족나무
3 | 적응하는 자가 살아남는다

CHAPTER 1

우리의 영장류적인 유산들

제인 구달은 『인간의 그림자』라는 자신의 책에서 이렇게 쓰고 있다. "믿기 어렵겠지만 내가 관찰하고 있는 동안, 숲의 반대편에서 두 마리의 침팬지가 풀들 너머로 나를 응시하고 있는 것을 보았다. 어미 한 마리와 어린 것 한 마리였다. 내가 그 쪽으로 머리를 돌리면 이들은 머리를 금세 감추었지만 40m 정도 떨어진 곳의 낮은 나뭇가지들 사이로 금방 한 마리씩 머리를 삐죽 내밀었다. 그 자리에 앉아서 전혀 꼼짝하지 않고 나를 쳐다보고 있었다."

당신이 이 책을 집어서 읽고 배우고 소파에 던져버릴 수 있고 또한 읽은 것을 친구에게 트윗을 할 수 있다는 것 모두가 영장류이기 때문이다. 왜냐고?

물건을 집을 수 있는 손을 가진 것이나 정확한 3차원적인 시력을 가진 것, 배우는 능력을 가진 것, 유연한 팔놀림을 할 수 있는 것, 그리고 사회적인 접촉을 하려는 충동을 느끼는 것이 모두가 리머, 타지어원숭이, 그리고 유인원들과 우리가 공동으로 가지고 있는 특성이다. 다른 동물에게서는 볼 수 없는 이러한 행위 특성들이 있기 때문에 다른 동물들과 구분하게 된 것이다. 우리 인간도 영장류의 하나임에는 틀림없다.

유명한 분류학자인 카를로스 린네는 1758년에 영장류과를 명명하고, 호모 *사피엔스*라고 명명한 인간을 리머나 타지어, 오랑우탄, 침팬지, 긴꼬리 리머 등 37가지의 다른 종류들과 함께 이 부류에 집어넣었다. 다윈이 『종의 기원』을 출간하기 거의 100년 전에 이미 인간을 영장류로 분류하고 있었다는 것은 틀림없는 사실이다. 영장류를 연구하게 됨으로써 우리 인간과 가장 가까운 친척뻘되는 동물들의 행위를 관찰할 수 있을 뿐 아니라 과거 인간의 행위를 복원할 수 있었던 것이다.

오늘날 지구상에는 250종의 영장류들이 여러 가지 특성을 공유하고 있다. 우리 손은 엄지가 마주보고 있어서 물건을 집을 수 있게 되어 있고, 날카로운 발톱이 아니고 납작한 손발톱을 가지고 있어서 손가락으로 물건을 집기에 편리하다. 그래서 우리는 물건을 집을 수 있을 뿐 아니라, 손잡이나 나뭇가지를 잡을 수도 있고, 털을 고르거나 또는 구두끈을 졸라맬 수도 있다. 다른 포유류 짐승들과 비교해 볼 때 영장류는 사회적인 교류와 학습을 위해서 두뇌 용량이 점점 더 커지는 경향이 있다.

이러한 모습들은 카푸친 원숭이가 영양분이 많은 열매를 깨뜨리기 위해 돌을 어떻게 사용하는지를 서로 보여주기도 하고, 침팬지 어미가 땅 속 개미집에 있는 개미들을 어떻게 하면 나뭇가지로 많이 끌어올릴 수 있을까를 가르쳐 주는 것과 같은 복잡한 행위들이다. 우리 인간

앞 페이지
영장류 학자인 제인 구달의 연구는 유인원과 사람 간의 넓게 보이는 간격을 좁히는 데 크게 기여하였다.

반대편 페이지
이 그림에서 보이는 성숙한 암컷 보노노는 이들의 가까운 친척인 침팬지와 함께 600만 년 전에서 800만 년 전 사이의 시기에 인간과 공동 조상을 가지고 있다. 사회적인 행위에서는 침팬지보다도 보노노가 더 인간에 가깝다.

반대 페이지

이 어린 침팬지 같은 유인원들은 땅 위에서처럼 나무 위에서도 자연스럽게 움직인다. 인류 초기의 조상들도 아마도 나무를 잘 타고 다녔을 것이다.

아래

화석이나 DNA를 보면 인간은 영장류의 하나이고 또한 유인원 가족의 하나인 것을 알 수 있다. 오늘날 살고 있는 유인원에서 우리가 진화한 것은 아니지만 우리는 침팬지, 고릴라, 오랑우탄 그리고 다른 유인원들과 공유하는 특성이 많다.

은 우리의 거대한 두뇌를 수천 가지의 그러한 행위들을 생각하는 데 사용하고 있다. 이러한 정보 누적들로 인하여 문화가 형성되었던 것이다.

시각적인 신호들을 다양한 음성으로 조합할 때 영장류들은 그 어떤 동물들보다도 활발하게 교류한다. 영장류들의 앞으로 향한 얼굴은 슬프거나, 위협적이거나 또는 감성 신호를 나타내는 다양한 표정을 만들 수 있다. 전향적인 얼굴은 우리의 두 눈의 스테레오 비전은 물론, 손과 눈의 공동 보조를 가능하게 만들었다. 바로 이러한 능력은 영장류들이 먹이와의 거리를 정확하게 측정하고 실수없이 잡을 수 있도록 한 것이며, 나뭇가지 사이를 이동하는 데 떨어지는 실수가 없도록 만들었고, 또한 물건을 조작할 수 있도록 만들어준 것이다. 그러나 우리는 시각이 좋아지는 반면에 후각은 퇴화하였다. 최근의 유전적인 연구에서도 우리 영장류

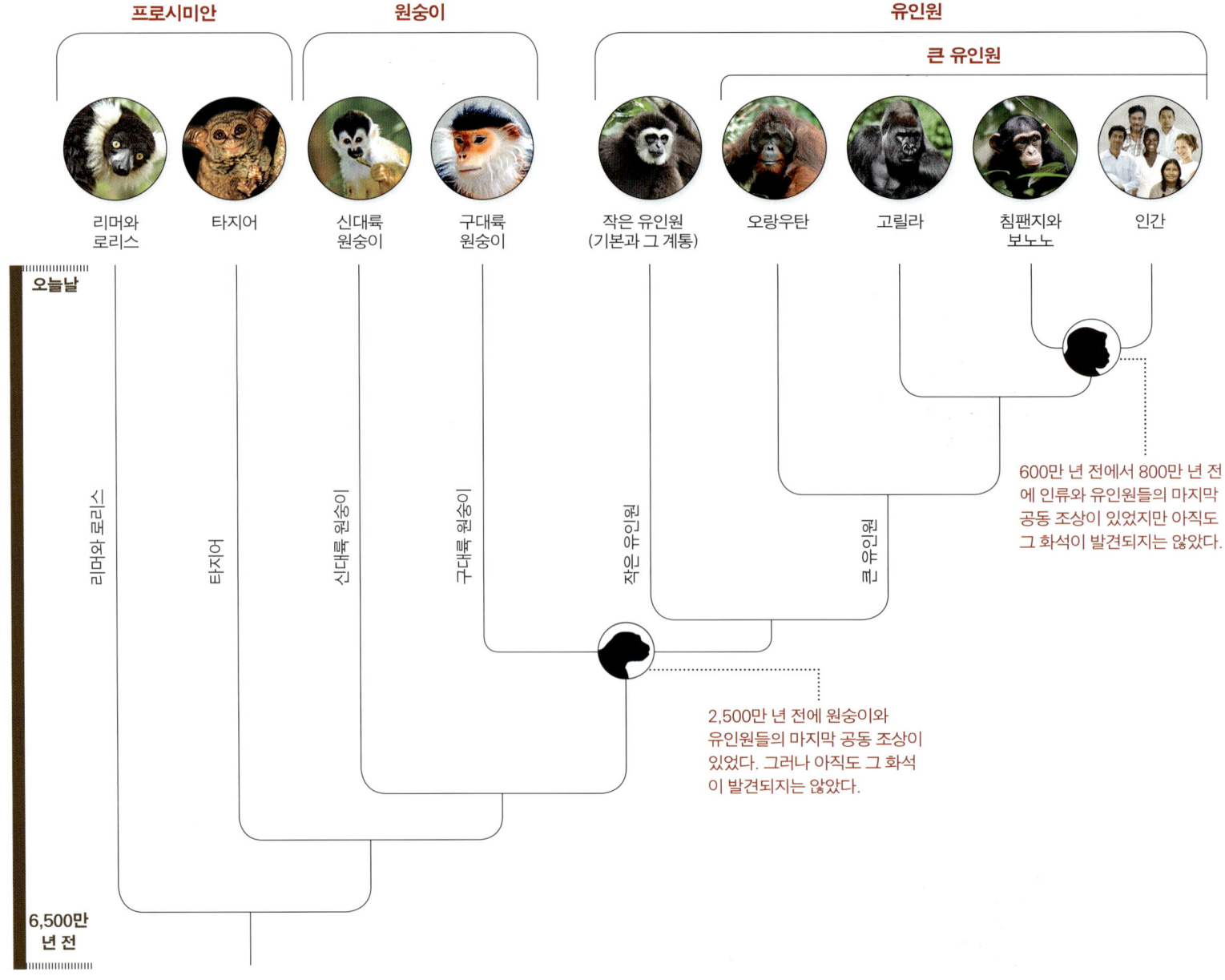

가 후각이 퇴화하는 바람에 천연색으로 볼 수 있는 시각 능력을 얻게 되었다는 것을 제시하고 있다. 다른 포유류 짐승과 비교한다면 영장류들은 두개골의 크기에 비해서 주둥이가 줄어든 것을 볼 수 있다.

영장류들은 이동하는 행위가 놀라우리만큼 다양한 형태로 이루어지는 것을 볼 수 있는데 기어오르기, 펄쩍펄쩍 뛰기, 달리기, 흔들기, 걷기, 폴짝거리기, 네 다리, 두 다리 움직이기 그리고 다리가 없이 움직이기 등을 할 수 있다. 인간은 여기에 수영하기, 그리고 기술이 발달하여 나르는 것까지도 포함된다. 영장류들은 적도 우림 지대에서 발생하고 아직도 서식하고 있지만 이들이 움직이는 방식은 두뇌를 사용하고, 주변의 환경을 바꾸어 춥고 눈이 가득한 땅에 이르는 환경에도 들어가 살 수 있게 된 것이다.

우리 인류의 유연성을 말하자면, 다양한 음식을 먹을 수 있고, 또한 다양한 환경에서 살 수도 있고, 걷고, 기고, 뛰고, 그리고 점프하는 이동 방식이나 우리의 얼굴이 부풀어 오른 두뇌를 받치고 있는 것, 우리의 표현력이 풍부한 눈, 음성 교류에 의존도가 높은 것, 우리가 상호 의지하고 사는 것, 배우는 기술 그리고 우리 주위를 둘러싸고 있는 것들을 활용하는 것 등을 들 수 있을 것이다. 우리 인류가 가지고 있는 훌륭한 특성들은 우리가 영장류이기 때문에 가능한 것들이어서, 자연계에서 우리가 차지하는 위치가 어디인지를 알 수 있다.

유인원의 가족

한 세기 전에 과학자들은 인간과 유인원 사이의 차이가 유인원과 원숭이 사이에 보이는 것보다도 훨씬 작은 것이라고 이미 말하고 있다. 1860년대 해부학자 토마스 헨리 헉슬리 경은 일반적인 해부학적인 구조뿐만 아니라 치아, 두개골 그리고 다른 부위에서도 인간이 유인원과 대단히 흡사하다는 것을 말하고 있었다.

헉슬리 경은 인간과 침팬지의 두뇌를 비교하면 침팬지의 두뇌와 다른 원숭이나 리머의 두뇌와 비교한 것과는 비교할 수 없을 정도로 유사하다는 것이다. 이러한 점은 이미 현대 뇌과학에서도 입증된 바 있다. 인간과 아프리카의 대형 유인원들 사이에 보이는 유사성은 특히 다윈으로 하여금 1871년 아프리카가 인간이 다른 동물, 즉 침팬지나 고릴라와 같은 동물들로부터 갈라져 나온 자리일 것이라고 생각하게 만든 것이다.

최근에는 DNA 분석으로 이 동물들이 유전적으로 얼마나 가까운지를 보여주고 있다. DNA는 생물의 유전 물질을 구성하는 분자 기호다. 이것은 각 생물이 어떻게 성장하고 피, 뼈 그리고 두뇌가 어떻게 작용하는지를 정하는 것이다. 종들 간에 보이는 DNA의 차이는 각 종들 사이에 얼마나 유전적인 거리가 있는지를 보여준다.

인간들 사이에 보이는 유전적인 차이는 대단히 경미한데 대체로 0.1퍼센트 정도의 차이를 보인다. 같은 영역에서 침팬지와 인간의 차이는 1.2퍼센트 정도다. 침팬지와 가장 가까운 보노노의 경우에도 인간과의 차이가 비슷하다. 인간의 DNA와 고릴라의 DNA는 이보다는 조금 더 차이가 나는데 1.6퍼센트 정도다. 가장 중요한 사실은 침팬지, 보노노 그리고 인간 들이 고릴라와 같은 정도의 차이를 보인다는 것이다. 그리고 3.1퍼센트 정도의 차이가 고릴라나 인간과 아시아의 유인원인 오랑우탄 사이에 보인다.

어디서?

인류와 아프리카 유인원들의 공동 조상이 살던 곳이 아프리카일까 그렇지 않으면 유라시아 대륙일까? 2,300만 년 전에서 1,100만 년 전 사이에는 이 두 지역에서 유인원들이 번성하고 있었다. 일부 과학자들은 유라시아에 살고 있던 가장 유력한 공동 조상으로 간주되는 *드리오피테쿠스*나 *오우라노피테쿠스*들 중의 하나가 기후가 서늘해짐에 따라서 900만 년 전에서 700만 년 전 사이에 아프리카의 열대우림 지역으로 들어간 것이라고 주장하고 있다. 이 곳에서 유라시아 유인원들이 다양하게 갈라져 나와서 궁극적으로 오늘날의 인류와 아프리카 유인원들이 되었을 것이다.

그러나, 다른 과학자들은 아프리카의 화석 기록이 너무 빈약하여 우리와 아프리카 유인원들의 공동 조상이 아프리카에서 출현하여 여러 가지로 갈라졌을 가능성을 배제할 수 없다고 본다. 케냐의 *나카라피테쿠스*나 에디오피아의 *코로라피테쿠스*가 이러한 견해의 가능성을 보여주고 있다. 인간 진화의 가장 핵심적인 이 질문은 앞으로 더 많은 자료가 발견되어야 설명할 수 있을 것이다.

그렇다면 우리와 원숭이들과의 차이는 얼마나 될까? 모든 유인원들과 붉은털 원숭이들과의 DNA 차이의 정도는 7.1퍼센트다.

인간과 침팬지의 게놈을 완전히 비교해 본 결과 다양한 차이들이 실제로 존재한다는 것을 알 수 있었다. DNA 조각들이 사라지기도 하고, 복제되기도 하고, 도치되기도 하는 것들은 침팬지에서는 볼 수 없는 점이다. 그리고 또한 그 반대, 즉 침팬지의 유전적인 변화가 인간에게는 적용되지 않는 것도 있다. 그러한 유사성들은 이제 다양한 방법으로 측정할 수 있는데

어미를 잃은 어린 침팬지와 고릴라가 영장류의 일반적인 특징인, 만지고 쓰다듬고 껴안고 그리고 키스하는 등의 행위를 보여주고 있다.

결국 모두가 한 가지로 귀결된다. 바로 인간, 침팬지, 그리고 보노노가 고릴라나 다른 영장류 집단들보다도 서로 밀접하게 관련된다는 결론이다.

생물학적 친족이라는 관점에서 본다면 우리 인간은 유인원들과 그저 가깝다기보다는 바로 '하나'라고 말할 수 있다. DNA의 차이가 근소하다는 것에 대한 증거는 이러한 사실들을 생물학에서 가장 놀랄만한 사실 중의 하나로 만들었다. 인간이 유인원과 다르다는 관념은 이제 설 땅이 없게 된 것이다. 인류 진화의 나무는 거대한 유인원들의 진화나무 속에 있는 하나의 가지인 셈이다.

DNA의 증거는 인간의 진화에 대한 다윈의 가장 획기적인 생각을 증명한다. 실제로 다윈이 '인간의 기원은 아프리카에 가서 보라'고 한 담대한 예견만큼 그 이상의 획기적이고 과학

적인 예견은 없을 것이다. 현재 알려져 있는 화석 증거들은 최초 400만 년 동안 인간의 진화가 아프리카 대륙에서만 이루어지고 있었다는 것을 증명하고 있다. 인간이 침팬지와 갈라져 나온 그 언저리 시점의 화석에 대한 탐구가 지속되는 곳도 바로 아프리카인 것이다.

언제 누구로부터?

이제 우리는 두 개의 다른 종이 어느 정도 유전적으로 다른지를 알기 때문에 두 개의 다른 종이 언제 갈라져 나온 것인지를 확인할 수 있다. 영장류의 화석은 이러한 '분자 유전학적

원숭이(레수스 마카크)
프로콘슬
유인원(오랑우탄)

초기 유인원인 **프로콘슬**의 화석은 척추뼈, 어깨뼈, 앞 발, 엉치뼈, 손, 그리고 발 등에서 원숭이와 유인원의 특성을 복합적으로 가지고 있다. 오늘날 유인원들처럼 꼬리가 없다.

인 시계'를 가능하게 만드는 몇 가지 방법을 제시한다. 이제까지 알려진 화석들의 기록을 보면 1,600만 년 전에 오랑우탄의 조상이 다른 유인원들의 조상과 갈라져 나온 것은 거의 확실하다고 할 수 있다. 오랑우탄은 다른 아프리카의 유인원들과 인간들 사이에 보이는 유전적인 거리보다도 두 배가 멀기 때문에, 우리가 고릴라들과 갈라져 나온 것보다는 두 배의 시간 이전에 일어난 일이라고 단정할 수 있는 것이다. 결국 고릴라가 우리 인간이나 침팬지들과 갈라져 나온 시기는 적어도 800만 년 전이라고 할 수 있다. 이러한 계산 방식대로 한다면 침팬지나 보노노 등과 인간이 갈라져 나온 것은 620만 년 전의 일이며 이러한 연대는 현재까지 알려진 가장 오래된 인류 화석의 연대와 상당히 부합되는 것이다.

공동 조상이 갈라지는 시점을 연결해 보면 우리가 약간 잘못 이해하고 있다는 점을 알 수 있다. 오류라는 것은 말하자면, 우리가 침팬지나 원숭이로부터 갈라져 나왔다고 하는 발언으로 과학을 폄하하기 위한 말이다. 비록 인간이 모든 영장류나 지구상의 모든 생물들과 관련이 있는 것은 사실이지만, 우리가 오늘날 살아있는 영장류로부터 진화한 것은 아니다.

인류는 오늘날 살고 있는 침팬지와 600여만 년 전에 공동 조상에서 갈라져 나온 것이

다. 이렇게 가까운 관계 때문에 인류를 *호미노이드(Hominoids)*, 학명으로는 *호미노이디아 (Hominoidea)*라고 부르는 영장류 집단에 공동으로 묶은 것이다. 우리 인간들은 우리 자신만의 계통도를 가지고 있다. 그러나 우리의 진화 계통은 더욱 확장된 진화 계통도에 포함되며 여기에는 침팬지, 보노노, 고릴라, 오랑우탄 등이 포함되어 있고 이들보다도 더 오래전의 시기로 거슬러 올라가게 되면 모든 영장류를 포함하는 계통도 속에 포함되는 것이다.

지속성과 고유성

자연 상태, 그리고 인간과의 관계 속에서 유인원을 연구한 결과는 인간과 다른 유인원 사이에 존재하는 간격, 즉 도구나 상징을 사용하는 것 등을 메울 정도다. 실제로 개도 어떤 의미에서는 의사소통할 수 있고, 벌도 일종의 언어라는 것을 구사할 수 있으며, 새가 부리로 나무 조각을 쪼아 도구로 활용하는 것을 볼 수 있다. 그러나 유인원과 우리와의 관계는 우리가 인간이라고 규정하는 모든 것들이 살아있는 유인원들이나 다른 영장류들의 조상으로부터 물려받은 인간 진화의 독특한 특성을 잘 보여주고 있다.

저명한 생물학자이자 인간 행동 과학자인 데이비드 햄버그는 제인 구달의 침팬지에 대한 선구적인 업적에 대해 언급하면서 지난 1971년에 이렇게 말한바 있다:

> *침팬지의 생활이 확인되고 있는 것은 놀라운 일이다. 대단히 지적이고 또한 구성원들 사이에 대단히 가까운 사회적인 거리를 가지고 있으면서 지속적인 유착을 보이는 사회적인 동물이라는 점에서 놀랍지만, 여전히 인간의 사랑과 같은 것이나 제스처, 자세, 얼굴의 표정 그리고 소리 등으로 이루어지는 풍부한 소통이 없고 인간의 언어와 같은 것은 없다는 것이 더욱 놀랍다.*
> *침팬지는 도구를 효과적으로 사용할 수 있을 뿐 아니라 상당한 예측력을 가지고 석기를 제작할 수 있는 동물이다. 그렇지만 음식을 분배할 줄은 모른다. 그리고 설사 할 수 있다고 하더라도 사람보다는 훨씬 보잘 것 없는 수준이다. 이들은 으름장을 놓기도 하고 협박을 하기도 하고 대단히 흥분하기도 하고 공격적으로 되기도 하고 또한 무기도 사용할 줄 알지만 인간처럼 전쟁을 하지는 못한다. 이들이 다른 종에 속하는 작은 짐승들을 상당히 조직적인…….*

햄버그가 제인 구달의 작업을 통해서 본 것들은 침팬지를 조사한 모든 학자들에게 공감을 주었다. 어떤 체질적인 특성은 *호미노이드*에게서만 볼 수 있는 것들이다. 머리 위에서 팔을 돌릴 수 있다든지 꼬리가 없다는 것 등의 특성을 들 수 있을 것이다. 그리고 인간은 그러한 특성을 진화의 결과물로서 물려받은 것이다. 햄버그가 보았듯이 유인원들과 우리 인간들 사이에 연속되는 특징은 행위, 감성 그리고 사회적인 교류 등에서 널리 볼 수 있다. 이러한 연속성을 바탕으로 우리가 어디에서 기원된 것인지를 말할 수 있는 것이다. 인간의 유인원 같은 특성이나 유인원의 인간 같은 특성은 앞으로 진행할 영장류의 연구에서도 지속적으로 확인되는 증거들로 증명할 수 있을 것이다.

인간은 모든 영장류들과 관련되고, 지구 상의 모든 생물들과 연관되지만, 우리는 현존하는 그 어떤 영장류에서 진화한 것은 아니다.

맞은 편: 많은 유인원들은 수백만 년 전에 유라시아와 아프리카 대륙에서 살았다 (어두운 색깔로 표시된 곳). 기후가 서늘해지자 유럽과 아시아 지역에서는 사라졌다.

오라노피테쿠스: 유라시아 유인원 중의 하나인데 이들로부터 아프리카의 유인원들이 기원하였을 가능성이 있다.

유인원들의 번성과 쇠퇴

현재 유인원들은 거의 절멸 상태에 있다. 오랑우탄은 현재 이들이 살고 있는 두 섬, 수마트라와 보르네오에서 절멸의 위기에 처해 있다. 아프리카에서 이들이 살아왔던 서부 롤랜드의 고릴라 숫자는 점차로 줄어서 1990년대 초기의 50퍼센트~70퍼센트 정도에 미치는 수준이다. 침팬지들의 형편이 약간 낫기는 하다. 그들은 지리적으로 생활 범위가 나눠지고, 그리고 개체 수도 다른 것들과 격리되어 있다. 침팬지는 현재 19개국 50여 개 소의 국립공원에 약 30만 마리 정도가 살아 있다. 우리와 가장 가까운 친척이 되는 보노노는 거의 절멸 상태다.

950만 년 전만 해도 유인원들에게는 아주 좋은 시기였다. 그 후 600만 년 전에 인류가 번성하기 시작한 것을 제외하고는 삶의 터전은 지속적으로 줄어들고 절멸의 위험은 상존하게 된 것이다.

가장 오래된 유인원은 바로 *프로콘슬*(Proconsul)이다. 이 종은 아프리카 지역에서 서너 종이 발견되었는데, 대체로 2,000만 년 전에서 1,800만 년 전에 나타났다. *프로콘슬* 화석은 복잡한 특징을 가지고 있으며, 이전부터 있던 오랜 특징들과 함께 후대에 나타나는 유인원 집단에 지속적으로 나타난다. 케냐에서 발견된 두 구의 잘 보존된 화석을 보면 후대의 모든 유인원들에게서 나타나는 특징, 즉 유연한 엉덩이 구조와 발목 구조와 꼬리가 없는 점들이 있다. 이러한 특징들은 오래 전에 존재하였던 원숭이들과 공유한 특징들로 오늘날의 원숭이들이 가지고 있는 특징, 즉 길고 유연한 척추뼈, 좁은 가슴뼈, 그리고 수평의 사지 보행 구조 등과 함께 복합적으로 지속된 것이다.

유인원들은 1,600만 년 전에서 1,200만 년 전경 사이에 *프로콘슬*에서 진화하였으며, 당시 오늘날의 유인원들에게서 볼 수 있는 특징들을 가지고 있었다. 인류도 이 시기의 유인원들에게서 잘 움직이는 어깨뼈, 발목 그리고 다른 관절 구조를 물려받은 셈이고, 또한 안정감이 있는 낮은 척추 구조와 좌우로 평평한 가슴을 물려받았다. 오늘날 살고 있는 유인원들은 관절 움직임을 더욱 유연하게 발달시킴으로써 어깨뼈가 돌아가게 되면 팔굽이 펴져서 팔은 직선을 이룰 수 있게 된 것이다. 이러한 특성은 유인원들이 나뭇가지나 줄기에 매달리거나 기어오를 수 있게 만들었고, 쉽게 나뭇가지 사이로 움직일 수 있게 만들었다. 이와 유사한 유연성이 나중에는 사람이 팔을 자유롭게 움직일 수 있도록 만들었고, 사람의 손을 무엇을 던지고 심지어 도구를 만들 수 있는 만능의 구조로 발전시켰던 것

FAQ:
인간은 침팬지로부터 진화하였나?

아니다. 인간은 침팬지로부터 진화한 것도, 그리고 오늘날 살고 있는 그 어떤 영장류로부터 진화한 것도 아니다. 그러나 인간과 침팬지는 모두 영장류의 한 종류이며, 그 어떤 영장류보다도 가장 가까운 종들이다. 인간과 침팬지는 공동 조상을 가지고 있으며, 이 공동의 조상은 오래 전에 절멸하였다.

화석이나 유전학적인 증거로 미루어 이 공동 조상은 아마도 800만 년 전에서 600만 년 전에 살았다. 많은 유사성이 인간과 침팬지에게서 보이는데, 이러한 것들은 공동 조상으로부터 물려받은 것이다. 모든 유인원과 원숭이들은 보다 먼 거리의 친척이 된다.

이들은 2,500만 년 전에 갈라져 나온 것이다. 그렇지만 이러한 공동 조상이 원숭이라거나, 인간이 원숭이로부터 진화하였다고 믿는 것은 잘못된 것이다.

이다. 나뭇가지나 줄기를 정교하게 만질 수 있다는 점은 초기 유인원들이 나뭇잎들을 모아서 보금자리를 만들 수 있었던 특수한 기술을 터득할 수 있게 만들었을 것이다. 밤을 지낼 수 있도록 잠자리를 마련하는 것은 결국 유인원이나 다른 어떤 영장류들과도 차별되는 것이다.

그래서 오늘날 유인원들은 1,100만 년 전에서 950만 년 전 사이의 시기에 나타났으며, 이 시기에는 대단히 다양한 유인원들이 존재하고 있었다. 폭발적인 진화 과정에서 유라시아의 덥고 습윤하고 숲이 번성한 환경에서 많은 종들이 탄생하였다. 이 시기 영장류들의 이빨을 보면 많은 종들이 부드러운 음식, 즉 잘 익은 과일과 같은 것들을 먹었는데, 일부 종들은 단단한 씨앗이나 잎사귀 같은 것들을 먹었다. 이후에 곧바로 기후가 추워지기 시작하고 사계절이 뚜렷해졌다. 결국 유인원들은 더는 유럽에서 발견되지 않았고, 단지 아프리카와 더운 아시아 지역에서만 살아남게 되었다.

커다란 뇌와 다양한 음식을 먹을 수 있었던 이들은, 숲이 퇴화하고 아프리카와 아시아 지역의 열대우림이 지난 수백만 년 동안 줄어들었어도 살아남을 수 있었던 것이다. 인간의 조상은 열대 환경에 의지하지 않고 살 수 있게 된 최초의 유인원이었던 것이다.

인간의 기원

인간은 유인원의 한 부류라고 할 수 있지만, 유인원이 곧 인간은 아니다. 유인원도 바로 서고 두 다리로 걷기도 하지만, 인간이야말로 곧추서서 걷는 유일한 유인원이다. 다른 유인원들도 성장하는 데 상당한 시간이 걸리지만 인간은 그보다 훨씬 더 걸리며, 자손을 생산한 훨씬 이후에도 생존하기 때문에 우리의 수명은 훨씬 길다. 유인원들도 도구를 사용하기는 하지만, 우리는 다른 도구를 만들기 위해 도구를 사용하는 유일한 동물인 셈이다. 그리고 다른 유인원 역시 목소리를 가지고 소통하고 또한 신호를 사용할 수 있는 능력을 가지고 있지만, 사람들은 상징과 언어로써 소통하는 유일한 동물이다. 유인원들은 대단히 사회적이지만, 오직 인간만이 먼 거리에 있는 집단의 인간과도 통신할 수 있다.

인류의 진화를 연구하는 사람들을 위해서 가장 중요한 질문은 정확하게 언제 인간에게 고유한 특징들이 나타났으며, 어떠한 진화적인 과정을 거쳐서 오늘날의 인간, 즉 *호모 사피엔스*가 등장하게 되었느냐에 대한 것이다. 이러한 질문은 애초에는 단순한 것처럼 보인다. 그러나 지금의 인간이 갑작스럽게 출현한 것이 아니고, 수백만 년 동안 누적되어온 적응의 결과, 즉 직립 두 다리 보행, 큰 두뇌 그리고 도구 제작 등 진화의 결과다. 이러한 설명은 다양한 증거와 수백 가지의 발견으로써 가능한 것이다.

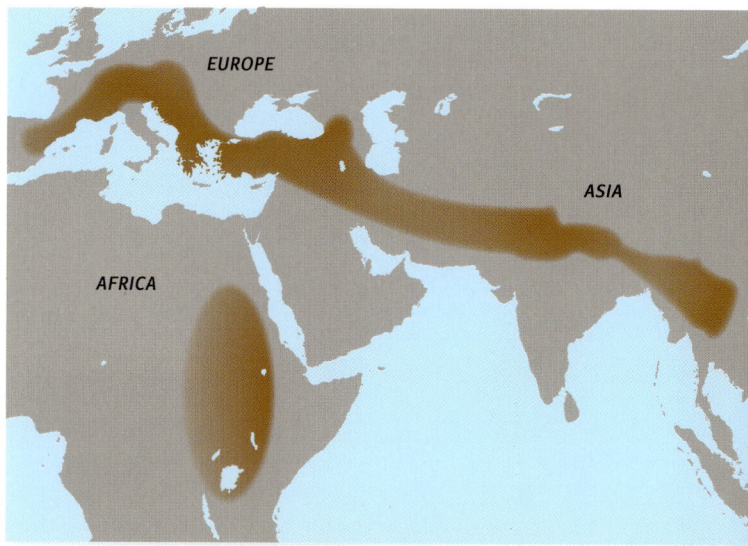

1,200만 년 전~950만 년 전의 유인원의 분포 범위

900만 년 전~700만 년 전의 유인원의 분포 범위

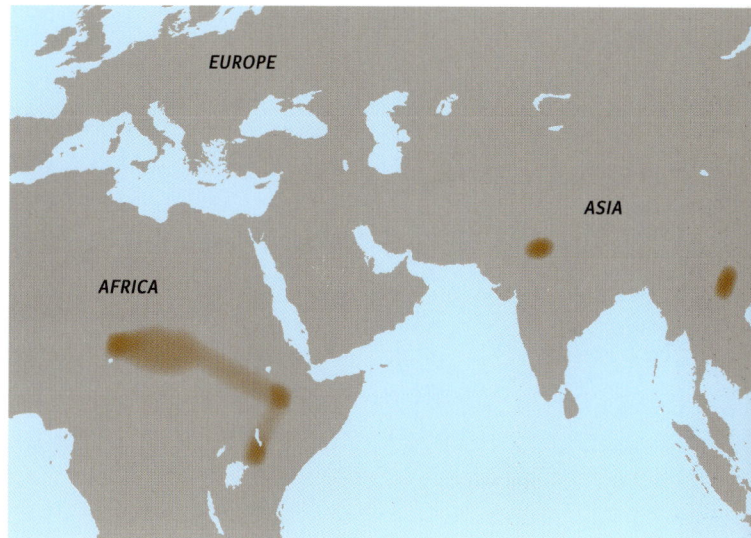

700만 년 전~500만 년 전의 유인원의 분포 범위

CHAPTER 2

인간가족나무

우리 모두는 흔히 벽장 어디엔가 오래된 가족의 사진들이 담긴 상자를 가지고 있을 것이다. 어떤 사람은 수백 년을 거슬러 올라가는 수대에 걸친 조상의 기록을 가지고 있을 것이다. 오래된 초상화에서 우리는 가끔 눈이나 코 그리고 웃음이 대대로 닮은 것을 발견하기도 한다. 이렇게 700~800만 년 전으로 거슬러 올라가려면 적어도 50만 세대를 건너뛰어야 한다. 이것이 바로 인류와 침팬지의 공동 조상을 찾을 수 있는 방안이다. 인간의 화석 기록은 이렇게 오랜 시간적 거리에도 불구하고, 여전히 우리의 먼 조상을 쉽게 알아볼 수 있도록 한다.

다윈이 저술한 『종의 기원』에서 유일한 그림은 생명의 나무다. 다윈은 생물의 진화를 표현하는 데 나무가 가장 적절한 상징이라고 생각하였을 것이다. 공동의 뿌리로부터 각각의 가지로 표현된 다른 속이나 종들이 진화한 것이라고 표현한 것이다. 다윈은 또한 진화의 과정에서 하나의 가지가 어떻게 사라지게 되는지를 설명하였다. 다윈은 이러한 나뭇가지가 사람에게 적용될 수 있는가에 대한 설명을 내재하고 있었지만 언급하진 않았다. 다윈은 이미 "다른 동물들이 진화한다"고 말한 것만으로도 상당한 고초를 겪었다.

이제 우리는 선사시대에 앞서 많은 사람들이 살다간 것을 알고 있다. 그리고 다윈의 나무는 지구상의 다른 동물들과 마찬가지로 인간의 진화 과정을 가장 잘 보여주고 있다는 사실을 잘 알고 있다. 『종의 기원』이 출간되기 3년 전 독일의 뒤셀도르프에서 멀지 않은 네안더 계곡에서 독일의 광산업자가 석회암을 채굴하던 도중에 인간의 화석을 발견하게 되었다. 이 화석은 엄청나게 큰 눈두덩이 돌기를 가지고 있었고, 이마가 낮고 튼튼하지만 구부러진 다리뼈를 가지고 있었다. 과학자들은 처음에 이 화석을 병으로 죽은 현대인이거나 나폴레옹 군대와 싸운 러시아 군대에서 낙오한 코사크의 벋정다리 군인이라고 생각하기도 하였다.

그런데 다른 인간 화석이 그 유적에서 발견되고 이와 함께 절멸된 동물 화석들이 발견됨에 따라 이 화석 인류가 상당히 오래된 것으로 알려지게 되었고, 결과적으로 *네안데르탈*인으로 알려지게 된 것이다. 호모 네안데르탈렌시스(*Homo neanderthalensis*)는 과학적으로 묘사된 최초의 인류다. 유럽 지역에서 *네안데르탈*이 발견된 이후에 상당히 많은 인류 화석들이 발견되었다. 어떤 발견들은 이와 유사한 비평을 들어야 하였다. 1895년 네덜란드의 해부학자 유진 드보아는 인도네시아의 자바로부터 *피테칸트로푸스*(*Pithecanthropus*)라는 화석을 들고 유럽으로 돌아왔다. 그렇지만 그의 새로운 발견, 즉 인간 기원의 사라진 고리를 찾았다는 그의 주장에도 불구하고 유럽 과학자들은 대체로 회의적인 반응을 보였다.

맞은 편: 일본의 카마다 나카자토(102세)가 4개월 된 증손자 유쿠키를 안고 있다. 가족은 흔히 닮아서 세대를 거듭하여도 닮는다.

바로 여기가 우리

호모 사피엔스

호모 그룹
오늘날 살고 있는 인간들과 마찬가지로 두뇌가 크고 도구를 사용한다. 이 단계에 이르러서 인류는 아프리카 이외의 지역으로 확산되었다.

호모 하이델베르겐시스

오늘날

100만 년 전

호모 루돌펜시스

호모 에렉투스

200만 년 전

오스트랄로피테쿠스 아프리카누스

오스트랄로피테쿠스 가르히

오스트랄로피테쿠스 아파렌시스

300만 년 전

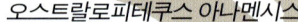
오스트랄로피테쿠스 아나멘시스

400만 년 전

오스트랄로피테쿠스 그룹
이 단계의 인류들은 완전한 직립 보행을 할 수 있었지만 여전히 나무 위를 올라 다녔다.

500만 년 전

600만 년 전

사헬렌트로푸스 챠덴시스

과거

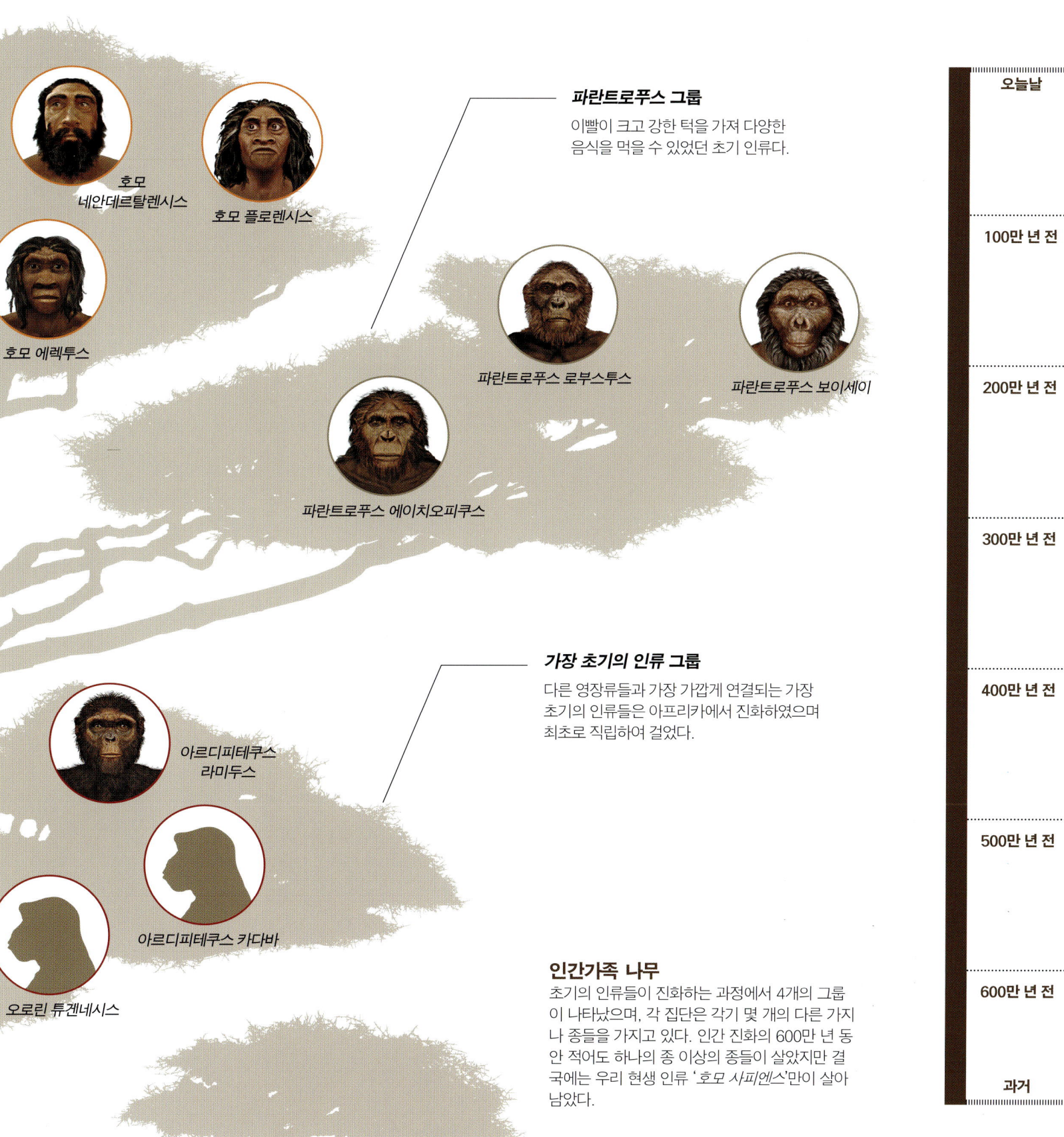

1920년대, 호주의 해부학자인 레이몬드 다트(R. Dart)가 남아프리카에서 *오스트랄로피테쿠스(Australopithecus)*로 명명된 타웅(Taung) 아이의 화석을 찾았을 때만 해도 불신을 받았다. 비평가들은 어린 고릴라의 뼈일 것이라고 지적하기도 하였다. 이 새로운 발견에 대해 다트가 명명한 *오스트랄로피테쿠스 아프리카누스(A. africanus)*가 과학자들로부터 인정받는 데는 이로부터 20년 이상이 걸린 셈이다. 이 화석은 오늘날 280만 년 전 것이라고 추정하고 있다.

지난 2004년에 인도네시아의 플로레스 섬에서 발견되어 아마도 1만 7천 년 전의 사람으로 추정되는 플로레스 화석은 또 한 번 논쟁을 불러일으켰다. 일부 과학자들은 *호모 플로렌시스(Homo florensis)*라고 부르는 이 화석 인류를 하나의 종으로 편성하는 것을 거부하고 있다. 왜냐하면 이 화석 인류의 연대가 상당히 늦을 뿐 아니라 키가 작아서 1m 정도밖에 되지 않기 때문이다. 두뇌 역시 작아서 지난 200만 년 동안의 인류 진화사에서 이런 인류가 확인된 적이 없다. 이 화석을 하나의 종으로 편성하자는 주장을 하는 학자들은 이 종이 아마도 과거의 화석 인류의 한 종, 특히 *호모 에렉투스*가 섬에서 고립되어 독립적으로 진화하여 다른 섬 생물들이 진화하는 경향과 마찬가지로 작아진 것으로 생각하고 있다. 이에 반대하는 학자들은 이 작은 사람들은 현생 인류로서 비정상적인 유전에 의해서 작은 뇌 또는 장애인들로 태어난 것이라고 판단하고 있다. 우리가 선사시대 인류 화석들에서 볼 수 있는 다양한 모습은 혼란스러울 수도 있고 또한 문제를 야기할 수 있다. 새로운 발견들을 접할 때마다 우리는 경악하거나 새로운 의문이 생길 수도 있다. 새로 발견한 이 화석 인류와 우리는 어떤 관계일까, 우리가 이러한 종들과 공존하였던가, 새로운 종들 사이에 만남이 있었을까? 이러한 많은 의문에 대한 해답은 인간가족나무의 계통이나 편년을 살펴봄으로써 얻을 수도 있을 것이다.

오늘날 우리가 던지는 질문은 인간가족나무의 존재가 아니라 그 크기와 형태에 대한 것이다. 가지의 수효, 대표되는 속명과 종명, 그리고 이들이 차지하는 위치에 대하여 연구자들 간에 많은 논쟁이 있었으며, 불완전한 화석 증거들에 의해서 더욱더 혼란스러워졌다. 이러한 논쟁은 가끔은 진화가 불확실하다는 것으로 오해받을 수도 있지만, 실제 그러한 결론은 전혀 근거가 없는 것이다. 정확하게 말해서 진화상의 관계에 대한 혼란일 뿐이다. 필연적으로 '누가 누구에게 연결되는 것인가?'에 대한 논쟁일 뿐이다.

오늘날까지 알려진 화석 증거들을 볼 때 인류의 진화 초기에는 셋 또는 네 가지 종들이 살던 시대가 있었다는 것을 보여주고 있다. 그리고 인류의 초기 단계에서 두개골이나 몸통에 수백 년 동안 상당한 다양성이 있었다는 것을 인류학자들은 공감하고 있다. 논쟁의 핵심은 이러한 다양한 형태의 화석들을 몇 가지 다른 종으로 구분할 수 있는가의 문제다. 그럼에도 불구하고 우리는 이제 인간가족나무가 지난 몇십 년 동안 알고 있었던 것보다는 가지의 수효가 많고 뿌리도 깊다는 것을 알게 된 셈이다.

우리 인간의 복잡한 계통을 이해하는 하나의 방법인 인간가족나무에는 크게 네개의 가지가 있는데, 하나는 가장 초기의 인류들로 구성되어 있으며, 다른 세 가지는 *오스트랄로피테쿠스(Australopithecus)*, *파란트로푸스(Paranthropus)*, 그리고 *호모(Homo)*로 구성되어 있다.

초기의 인류

가장 오래된 호미닌(Hominin: 진화상의 인류에 대한 통칭)들은 아직도 우리가 잘 모르는

이름 속에 들어 있는 뜻은?

지난 20세기 말까지만 해도 인류는 분류학상 약간 지위가 상승되어 있어서 과(科)명인 호미니대(Homini-dae)에 유일한 구성원으로 되어 있었다. 그런데 유전학적인 연구로 침팬지가 다른 어떤 유인원 집단보다도 인류와 가장 가깝다는 것이 밝혀지면서 달라지게 되었다.

많은 과학자들은 이러한 새로운 유전학적인 증거들을 토대로 종들의 관계를 새로이 정의하고 새로운 이름을 붙이기로 합의하였다. 그래서 사람은 이제 생물 분류상에 과(科)의 유일한 구성원이 아니고 호미니니(Hominini)라는 부족명으로 불리는 그룹으로 구분되게 되었고, 흔히 비공식적으로는 호미닌(Hominins)이라고 부른다. 이 이름은 인간에 속하는 모든 종들을 포함하는데 인간이 침팬지와 공동 조상에서 갈라져 나온 이후의 화석 인류들을 포함한 모든 인류를 지칭하는 용어다. 우리와 생물학적으로 가장 가까운 침팬지, 보노노는 우리의 자매 부족인 파니니(Panini)에 속한다. 그리고 호미니대 과는 이제 인간뿐 아니라 침팬지나 다른 모든 유인원들을 포함하게 되었다.

부분이 많지만, 700만 년 전에서 400만 년 전 사이에 살았다. 이 시기의 인류의 화석은 극히 희귀한 편이며 1990년 이후부터 발견되기 시작한 것들이다. 그때 이후 세 개의 속명이 제시되었다. 이 초기 인류들을 둘러싸고 있는 비밀은 화석이 희귀해서 생겼을 뿐만 아니라 인류학자들이 이러한 화석 인류 증거들을 각자 다르게 해석했기 때문이기도 하다.

    과학자들은 아직도 가장 오래된 인류 화석을 발견한 것은 아니다. 인류 진화상 가장 오래된 고인류는 분명히 유인원 같은 점이 많을 테지만, 분명 다른 거대한 유인원들과는 다른 삶에 적응하고 있었다는 것을 보여줄 것이다. 초기 인류들이 다른 거대 유인원들과 크게 다른 점 두 가지 중에 하나는 직립하여 두 다리로 걸을 수 있었다는 점이며, 또 다른 하나는 남성 송곳니의 크기가 줄어들고 있다는 점인데, 분명히 이것은 당시 사회생활의 변화와 관련된 것이라고 판단된다(5장 참조). 이러한 특징들이 나타나는 것을 호미니니(Hominini), 즉 진화상 계통나무의 인간 가지에 포함될 수 있는 특성을 가진 것이라고 생각하는 것이다.

    아직도 우리는 이러한 특징 중에서 어느 것이 먼저 진화하기 시작한 것인지는 모른다. 인류 화석들은 침팬지 조상의 화석들에 점점 가까운 것이 발견될수록 어떤 계통인지 판단하기가 어려워진다. 현재 가장 오래된 화석으로 알려진 것은 차드공화국에서 출토된 '사하라의 사람'이라는 뜻으로 명명된 '*사헬렌트로푸스 차덴시스(Sahelanthropus tchadensis)*'다. 이 화석은 침팬지의 것과 비슷한 크기의 두개골 한 점과 턱뼈 두 점, 그리고 몇 점의 이빨로 구성되어 있다. 이 화석은 북부 차드공화국의 듀라브 사막에서 처음으로 발견되었는데 이 지역은 우리가 흔히 인류의 요람지라고 부르고 있었던 동아프리카나 남아프리카로부터는 엄청

수백미터의 두께를 가진 건조한 층위가 에티오피아의 아파르 저지에서 드러난 광경이다. 이 지역의 침식된 단면에서 그리고 발굴을 통해서 인류 진화의 가장 완벽한 기록이 수습되었다.

작가 존 구제가 최근의 법인류학적인 기법, 화석증거
그리고 20년의 경험을 통해서 복원해낸 초기 인류들의
생생한 얼굴 모습들

오스크랄로피테쿠스 아프리카누스

오스크랄로피테쿠스 아파렌시스

파란트로푸스 보이세이

오스트랄로피테쿠스 아프리카누스, STS 5
약 250만 년 전
작은 두개골과 경사진 얼굴

호모 루돌펜시스, KNM-ER 1470
약 190만 년 전
초기 인류보다 큰 두개골과 경사진 얼굴

호모 에렉투스, 상기란 17
약 100만 년 전
중간 크기의 두개골과 두드러진 눈두덩이

나게 먼 지역이다. *사헬렌트로푸스*는 마이오세에 속하는 700만 년 전에서 600만 년 전경에 살았을 것으로 추정되는데, 이 시기는 인류가 침팬지와 갈라져 나온 직후다. 이 화석이 차드에서 발견된 것은 우리가 예전에 생각했던 것보다는 훨씬 넓게 아프리카에 분포하고 있었음을 확인시켜 주는 셈이다.

*사헬렌트로푸스*를 인간가족나무의 한 구성원으로 보는 가장 중요한 증거는 바로 같은 시기의 다른 거대 유인원 조상들의 것보다도 훨씬 작은 송곳니를 가지고 있었고, 척추에서 두개골로 연결되는 신경 조직이 들어가는 구멍, 즉 대후공의 위치가 다른 초기 인류들의 것과 마찬가지로 두개골의 바닥이 중심으로 치우쳐 있기 때문이었다. 이 대후공의 위치는 *사헬렌트로푸스*가 직립하였으며 두 발로 걸을 수 있었다는것을 입증할 수 있는 핵심적인 증거인 것이다.

초기 인류 중에서 두 개의 다른 속으로 분류된 것들로, *오로린(Ororin)*과 *아르디피테쿠스(Ardipithecus)*가 있다. 이들 역시 마이오세의 후기에 살았다. *사헬렌트로푸스*와 마찬가지로 인류의 특성과 유인원의 특성을 공유하고 있었다.

*오로린 튜겐시스(Ororin tugensis)*는 케냐의 중부 지역에서 발견되었으며 620만 년 전에서 580만 년 전에 살았던 인류다. 이 종은 몇 개 개체의 뼈를 분류한 결과 알려지게 되었는데, 이 뼈 조각들 중 허벅지 뼈에 나타나는 근육 자국들이 직립 보행의 특성을 보여주고 있고, 또한 엉치뼈에 연결되는 허벅지뼈의 끝머리 부분이 두터워지고 있는 것은, 이 종이 두발로 걸었을 것으로 짐작하게 하는 증거다.

*아르디피테쿠스*는 두 개의 종이 알려졌는데, 많은 개체들이 에티오피아의 아파르 분지에서 발견되었다. 가장 오래된 것이 *아르디피테쿠스 카다바*이며 580만 년 전에서 520만 년 전에 걸쳐 살았을 것으로 알려졌다. *아르디피테쿠스 카다바*는 이 시기의 인류들 중에서 가장 유인원에 가까운 송곳니를 가지고 있다. 그러나 100만 년 뒤의 것들에서는 송곳니가 작아지는 것을 볼 수 있다.

지난 2009년, 아르디(Ardi)로 애칭되는 *아르디피테쿠스 라미두스(Ardipithecus ramidus)* 여성의 두개골 파편을 보면 이 고인류들은 기어 다니기도 하고 직립하기도 하면서 이동하였던 것으로 추정된다. 아르디는 긴 팔과 손을 가지고 있었지만, 이 여성 아르디는 오늘날 유인원들이 하는 것처럼 나뭇가지에 매달리거나 너클 보행을 한 것은 아니다. 대신에 이 여성 아르디는 나무 위에서 손바닥을 이용하거나 큰 엄지를 이용하여 이동하였을 것으로 보고 있다. 아르디의 엉덩이뼈는 유인원보다 상부가 넓어지고 길이가 짧아지고 있는데 이것도 직립 보행을 하는 신체 구조다. 그러고 이빨의 에나멜은 유인원보다 훨씬 두터운 것으로 볼 수 있다. 음식을 씹어 먹는 어금니의 경우는 시기가 늦은 초기 인류들보다 아직은 크지 않다. 아마도 아르디는 숲 속 환경과 육상 환경에서 다양한 음식 종류를 섭취하는 삶을 살았던 고인류였을 것이다.

이 세 종의 고인류들이 유인원에서 인류로 진화하는 가장 초기의 인류를 대표하는 것에는 이론의 여지가 없다. 그러나 어떻게 이 세 가지의 다른 속 인류들이 가장 초기 단계의 인류에 연결되고 또한 상호 어떠한 관계를 가지는지에 대해서는 아직도 대답하기 어렵다. 한동안은 이러한 초기 고인류들이 인류들과 바로 연결되지 않는 다른 종류의 유인원에 속하는 것으로 주장되기도 했다. 그리고 이러한 세 가지의 다른 고인류들이 하나의 속에 속하는 것이라는 주장도 있다. 고인류학자들이 인류의 초기 단계에 등장하는 이 세 가지 다른 종류의 고인류들 중에서 어느 것이 *오스트랄로피테쿠스*로 진화하였을지, 수수께끼를 푸는 것은 정말 흥미진진한 일일 것이다.

오스트랄로피테쿠스

*오스트랄로피테쿠스*는 아마도 가장 번성한 인류 중 하나일 것이다. 동아프리카 뿐 아니라 남아프리카와 북아프리카에 이르는 지역에서 420만 년 전부터 200만 년 전에 이르는 긴 시간 동안 번성하였다. *오스트랄로피테쿠스*는 오늘날의 침팬지 크기이며, 이보다 오래된 고인류들과 마찬가지로 침팬지의 두뇌 크기를 가지고 있었다. 이 인류들의 발, 다리, 척추 그리고 크기 등, 모든 신체 부위에서 직립하여 걸었다는 흔적이 남아 있다. 그러나 다리는 몸체에 비해서 아직도 짧은 편인 반면에 팔은 길고 근육이 발달한 것을 볼 수 있는데, 이는 바로 직립하여 걷기도 하였지만 나무에 매달려 생활하기도 했음을 보여준다.

*오스트랄로피테쿠스*의 이빨을 보면 다른 고인류들과 마찬가지로 송곳니가 작아지는 경향을 보인다. 그러나 이보다 오래된 고인류들과는 달리 *오스트랄로피테쿠스*는 소위 메가돈티아(큰 이빨을 가진 자)라고 부를 수 있을 만큼 어금니가 컸고, 에나멜이 두껍게 덮인 것을 볼 수 있다. 이것은 이들이 조상의 주식인 과일 종류들과는 달리 거칠고 씹어야 하는 음식, 즉 섬유질이 많은 식물성 음식을 많이 섭취하였다는 것을 알 수 있다.

이들 중에서 가장 오래된 집단을 *오스트랄로피테쿠스 아나멘시스(A. anamensis)*라고 부르는데 420만 년 전에서 390만 년 전까지 살았으며, 케냐와 에티오피아 지역에서 발견되고 있어서 아마도 *아르디피테쿠스*의 후예들일 것이라고 추정하고 있다. *오스트랄로피테쿠스 아나멘시스*는 아마도 *아파렌시스(afarensis)*의 조상이 될 수 있는데 바로 루시(Lucy)라고 부르는 유명한 화석이 속한 것이며, 또한 에티오피아의 디키카에서 발견된, 세 살 밖에 되지 않은 세계에서 가장 어린 인간의 화석골이 속한 종이다. 이 어린이 화석은 330만 년 전의 것이다.

*오스트랄로피테쿠스*는 200만 년을 넘게 존재했는데, 이것은 인류 진화 역사의 1/3을 차지하는 셈이다. 그리고 이들이 호모로 진화하였을 가능성이 크다. 우리는 *오스트랄로피테쿠스*의 흔적을 얼마간 가지고 있다고 할 수 있는데, 그중에서 가장 쉽게 볼 수 있는 것이 직립하여 걷는 것이고, 이와 관련하여 척추가 S자형으로 휜 것이라든지, 발가락이 모두 앞으로 향한 것, 그리고 무릎이 넓은 특징을 가지고 있는 것 등에서 이를 확인할 수 있다.

호두까는 사람

인간가족나무의 세 번째 큰 가지는 150만 년 정도 살았지만 결국 절멸한 집단이다. 이 집단을 '*파란트로푸스*'라고 부른다. 이들은 우리의 사촌뻘이 되는 세 가지 종으로 구성되어 있다. 가장 오래된 종은 270만 년 전경에 나타났다. 대단히 특화된 이빨과 턱의 구조를 가지고 있는데 어금니 사이에 음식을 놓고 엄청날 정도로 씹는 힘을 사용할 수 있을 정도로 진화한 것이다. 두터운 에나멜이 어금니를 덮고 있을 뿐 아니라 엄청난 힘으로 씹을 수 있도록 근육이 턱과 정수리의 활처럼 튀어나온 뼈를 연결하고 있다. 아마도 나무 줄기 같은 거친 음식을 오랫동안 씹을 수 있도록 근육이 발달한 것이다.

고인류학자인 메리 리키가 1959년에 *파란트로푸스 보이세이*를 발견하였을 때 남편인 루

반대편 페이지와 아래

화석 인류의 두개골은 호모 사피엔스가 초기 인류로부터 진화해 온 것을 보여준다. 남아프리카의 피쉬 획크에서 발견된 두개골이 현생 인류를 대표한다.

호모 하이델베르겐시스, *페트라로나*
약 35만 년 전
큰 두개골과 큰 눈두덩이

호모 사피엔스, *피쉬 획크 1*
약 4천 8백 년 전
가장 큰 두개골과 이마에서 수직으로 떨어지는 평평한 얼굴

이스 리키가 이들의 강한 턱 근육과 큰 어금니를 보고 '호두까는 사람'이라고 불렀다. 새로운 연구에 의하면 남아프리카의 *파란트로푸스 로부스투스*는 벌레와 같은 작은 동물들을 주로 먹었던 것으로 알려지고 있다. 그러나 음식의 종류가 풍부하지 않은 환경에서 이들은 생존을 위해서는 단단한 음식, 즉 씨앗이나 나무줄기 등을 먹을 수밖에 없었던 것으로 생각된다. 이들의 생존 전략은 결국 다른 대형 포유류인 바분의 조상이나 멧돼지류의 조상들과 먹이에서 경쟁 관계를 형성하게 되었다. *파란트로푸스 보이세이*는 동아프리카에서 200만 년 전 이후에

남아프리카 드리몰렌 유적의 발굴에서 파란트로푸스 로부스투스의 화석이 발견되었다. 인간 기원에 대한 연구는 흔히 끈질긴 고고학 발굴 조사와 분석을 수반하는 경우가 많다.

번성하였지만, 120만 년 전까지 모든 *파란트로푸스* 종들은 절멸하게 된다.

*파란트로푸스*와 *오스트랄로피테쿠스*를 둘러싸고 상당한 논쟁이 있었다. 일부 연구자들은 파란트로푸스의 씹는 방식은 분명히 *오스트랄로피테쿠스*와는 다른 것이라고 주장하는 반면에 다른 집단들은 이들 집단을 오스트랄로피테쿠스와 별개의 종으로 구분할 만큼 의미가 있는 차이는 아니라고 주장한다. 이것은 바로 *파란트로푸스*가 어떤 때는 *오스트랄로피테쿠스* 강건형이라고 불리고, *오스트랄로피테쿠스*의 한 갈래로 구분하기도 하는 이유가 된다. 예를 들어 흔히 이전에 발표된 문헌들에서는 *오스트랄로피테쿠스 보이세이*라고 명명하고 있는 것을 볼 수 있는데, 이것이 바로 *파란트로푸스 보이세이*다. 또 다른 연구자들은 호두까기 사람들을 모두 하나의 그룹으로 구분할 수는 없다고 주장한다. 남아프리카의 *오스트랄로피스*

*로부스투스*는 *오스트랄로피테쿠스 아프리카누스*에서 진화한 것으로 생각하기 때문이다. 이러한 시나리오에 의하면 동아프리카의 큰 이빨 사람들은 동아프리카의 *오스트랄로피테쿠스*, 즉 *아파렌시스*에서 진화하였다고 볼 수 없다.

호모 속

*호모*는 아마도 큰 이빨 사람들이 아니고 모습이 갸름하게 생긴 *오스트랄로피테쿠스*들로부터 진화하였을 가능성이 크다. 인간가족나무의 네 번째 큰 가지에서 오늘날 우리 자신, 즉 *호모 사피엔스*(Homo sapiens)가 생겨났다. *호모*는 가장 멀리 퍼져 나갔고 가장 다양하고 그리고 가장 연륜이 짧은 호미닌, 즉 인류다. 그리고 이 인류들은 큰 두뇌를 가지고 도구를 만들어 사용한 집단이다.

*호모*는 *오스트랄로피테쿠스*와는 몇 가지 중요한 점에서 다르다. 일반적으로 *호모*는 다른 인류 속들보다도 더 큰 두뇌 용량을 가지고 있다. *호모*의 얼굴은 항상 작고 앞으로 덜 튀어나온 것이 특징이다. 우리 자신의 종에서 가장 작은 얼굴 모습이 나타난 것이다. 우리는 얼굴이 두뇌 앞부분의 아래쪽에 위치하고 있고, 우리 얼굴의 반 이상은 이마로 구성되어 있는 것이 특징이다. *호모*의 초기 종들에서는 눈 위에 특출하게 튀어나온 부분이 있었는데, 눈두덩이라고 부르는 것이 바로 그것이다. *호모*의 어금니는 *오스트랄로피테쿠스*보다도 훨씬 작은데, 이것은 음식들이 어떻게 조리되는지 그리고 어떤 음식을 선호하고 있는지를 보여주는 증거라고 할 수 있다. *호모*의 골격은 새롭게 재구성되는데 다리가 길어지고 팔이 짧아지는 등의 변화가 있었다. 이러한 구성은 아마도 인류들이 '두 발 걷기'에 충분히 적응한 증거라고 할 수 있고 땅 위의 생활에 잘 적응하였다고 할 수 있다. *호모*는 흔히 석기들과 함께 나타나는데, 다른 모든 인류 속들이 다 절멸한 뒤에도 지속적으로 고고학적인 유적에서 발견되고 있다. *호모*가 도구들과 함께 나타나기 때문에 루이스 리키가 주장했듯 '석기가 있다면 *호모*가 있었다'는 증거라고 생각하기도 한다. 이것은 *호모*를 260만 년 전의 시기까지 그 존재의 시기를 끌어 올리는 이유인 것이다. 그러나 가장 오래된 *호모*, 즉 *호모 헤빌리스*의 것들과 비슷한 이빨과 턱뼈가 에티오피아에서 발견되었는데, 240만 년 전에서 230만 년 전 시기 이후의 것으로 알려지고 있다.

200만 년 전 이후에 6개~12개의 종으로 구분되는 *호모*들이 나타난 것으로 알려지고 있다. 우리가 알고 있는 한 *호모*는, 아마도 최소한 *호모 에렉투스*로 보이는 고인류, 아프리카를 떠나서 넓게 퍼져 나간 최초의 인류였다. 이러한 사실은 일부 *호모* 화석들 중에서 아프리카에서 발견되는 것과 아프리카 이외의 지역에서 발견되는 화석들을 놓고 서로 다른 종으로 생각해야 하는가의 문제를 야기하였다. 조지아의 드마니시(Dmanisi)에서 발견된 화석이 이러한 문제의 핵심을 보여주고 있다.

드마니시에서 발견된 178만 년 전에서 175만 년 전의 초기 *호모* 화석들은 흥미진진한 과정을 보여주는 보물이다. 드마니시의 화석들은 아프리카의 *호모 에렉투스*와 통하는 점이 많지만 작은 두뇌를 가지고 있고, 또한 키가 작다는 점에서 초기 *호모*의 모습을 가진 것으로 보인다. 이 초기 이주자들은 고향인 아프리카보다도 훨씬 북쪽의 환경에 적응한 것이다. 이들은 새로운 기후 환경, 새로운 식물종과 동물들 속에서 살았을 것이다.

어떤 과학자들은 유적의 출토 국가 이름을 따서 *호모 조르지쿠스*(Homo georgecus)라

얼마나 오래되었을까?

과학자들은 화석, 초기 도구 그리고 고대 퇴적층의 연대를 측정하는 방법을 개발해왔다. 이러한 방법들은 시간을 지나면서 변화하는 물질을 이용한다. 예를 들어서 포타시움 아르곤 방법, 아르곤 아르곤 방법, 탄소연대 측정법(방사성 탄소연대 측정법), 그리고 우라늄 시리즈법 등은 화학원소의 방사성물질 붕괴의 양을 측정하는 방법이다. 열형광법, 광학자극열형광물질법 그리고 전자공명법 등은 시간이 흐르면서 전자가 바위나 이빨에 집적되는 양을 측정하는 것이다. 자성바위라는 물질이 지구장의 변화를 기록하게 되는데, 이러한 물질들이 다른 절대연대측정법으로 연대가 알려지면 이를 이용하는 방법이 고지자 비법이다. 고생물 연대 측정은 다른 유적에서 연대가 알려진 동물 화석이 있을 때 적용할 수 있다. 이러한 방법은 각기 다른 화학물질과 물리학적 그리고 생물학적인 원리를 이용하여 측정한다. 과학자들은 이러한 연대 측정 결과의 정확성을 기하기 위하여 여러 가지 방법의 결과를 상호 비교하여 결정한다.

반대편: 스미소니안 자연사박물관 인류 진화 프로그램관장인 릭 포츠가 살펴보고 있는 화석들과 도구들에서 보이는 다양성은 인류의 진화 과정이 복잡하였을 것이라는 사실을 암시하고 있다.

고 부른다. 여기서 조르지쿠스가 새로운 종명을 부여할 만큼 과연 *호모 에렉투스*와 완전히 다른 것인가? 라는 의문이 생긴다.

이러한 질문에 대한 대답은 부분적으로 화석의 특성이 얼마나 다양하여야 같은 종으로 분류할 수 있는가의 문제다. 하나의 종에서 나타나는 다양성은 일반적이며 오늘날 살고 있는 침팬지나 우리 사람 집단 내에서도 이러한 다양성을 충분히 볼 수 있다. 그러나 화석 종에서는 살아있는 동물 종들 사이에서 관찰할 수 있듯이 서로 교배하여 새끼의 생산이 가능한지 확인할 수는 없기 때문에 고인류학자들은 새로운 종에 대해 뼈에 남아 있는 형태적인 다양성이나 시간적·공간적으로 화석이 분포하는 양상, 다양한 환경에서 추정되는 적응 과정 등의 단서를 가지고 판단하게 된다. 이러한 과정은 수년의 시간이 걸리기도 하고 시간적으로나 공간적으로 풍부한 화석 자료를 확보하고 있어야만 드마니시 화석과 관련된 논쟁거리들을 과학적으로 해결할 수 있을 것이다.

*네안데르탈*과 현대 인류와의 관계를 정립하는 논쟁만 하더라도 150년이라는 시간이 걸린 셈이다. 지난 1980년대만 하더라도 상당수의 고인류학자들은 현대인과 *네안데르탈*인, 이 두 인류를 호모 *사피엔스*의 하나의 아종으로 분류하였다. 각각 *호모 사피엔스 사피엔스* 그리고 *호모 사피엔스 네안데르탈렌시스*로 불렀던 것이다. 오늘날 우리는 화석 뼈 형태만 비교할 수 있는 것이 아니라, *네안데르탈*인의 뼈에서 유전자를 뽑아내 비교할 수 있게 되었다. 가능한 모든 생물학적인 증거들을 기준으로 본다면 우리는 *네안데르탈*과 별개의 종이라고 할 수밖에 없지만, *호모 에렉투스*에서 70만 년 전에 진화하기 시작한 *호모 하이델베르겐시스*의 후예들이다. 유전적인 자료를 보면 *호모 네안데르탈렌시스*와 *호모 사피엔스*의 가지는 이 공동조상에서 아마도 40만 년 전에서 35만 년 전에 갈라져 나온 것으로 보고 있다. 왜 *네안데르탈*인이 절멸한 반면에 우리 종들이 번성하게 된 것인지는 우리의 진화에 대한 의문 중에서 가장 흥미진진한 것이라고 할 수 있다.

현대인, 즉 *호모 사피엔스*는 20만 년 전에 나타나기 시작한 것으로 우리 인간 진화에서 3퍼센트 미만의 시간적인 길이를 차지하고 있다. 우리의 호미닌은 인류 선구자들이나 우리보다도 훨씬 긴 시간 동안 진화하고 있었던 다른 종들과 비교한다면 아직도 신출내기인 셈이다. 우리 조상이나 그들의 삶은 어떻게 된 것일까? 우리도 역시 그러한 운명이 될까? 어떻게 오늘날 우리만이 고독하게 이 지구 전체에 퍼져 살 수 있게 되었을까? 고대 기후에 대한 자연과학적인 연구에 따른 새로운 정보가 아마도 어떤 답을 줄 수 있을 것이다.

FAQ:
잃어버린 고리가 있을까?

'잃어버린 고리'라는 것은 하나의 종에서 다른 종으로 직선적으로 진화할 때 적용되는 말이다. 그러나 진화는 갈라져 나오는 방식으로 이루어진다. 그래서 진화적인 관계를 이해하고자 할 때는 여러 갈래의 진화나무가 만들어지게 되는 것이다.

특히 과거에 존재하였던 생물들의 다양성과 비교할 때 일반적으로 화석이 귀하기는 하지만, 진화 과정을 보여주는 화석들은 전혀 귀한 것들이 아니다. 사실 모든 화석 종들은 과정적인 형태를 보여준다고 할 수 있다. 모든 살아있는 종들과 마찬가지로 화석 종들도 먼 조상들로부터 내려오는 특성 조합을 가지고 있는 것이다. 인류와 침팬지는 각각 수백만 년 동안 독립적으로 진화하여 왔다. 잃어버린 고리라는 것은, 이 둘 사이의 중간 단계를 말하는 것이며 전혀 유용한 개념이 아니다.

CHAPTER 3

적응하는 자가 살아남는다

릭 포츠는 케냐의 올로게세일리에 유적을 발굴하기 시작하였을 때 이렇게 말했다. "우리가 처음으로 리프트 계곡을 발굴하기 시작하였을 때는 인류가 건조한 아프리카의 평원에서 시작되었다고 이해하는 것이 보편적인 생각이었다. 그러나 작은 계곡 하나라도 둘러보고 나면 옛날의 환경이 씻겨내려 쌓여진 층서가 오랜 시간 동안 만들어진 것임을 알게 된다. 고대의 호수 바닥에 쌓여진 하얀 고운 모래층 위에는 건조한 지역에서 불어온 황색 토양이 있고, 이것은 다시 가까운 화산에서 분출된 회색의 재들로 덮였다. 그리고 다시 호수가 생겨났던 것이다. 그리고 그 위에 생겨난 단단하고 흰 바닥은 호수가 완전히 건조하여 생겨난 것이다. 사바나 환경에서 지속적인 삶의 투쟁이 있었던 것인지, 또는 우리의 종들을 정의하는 이면에는 더욱 다양한 요소들이 변화를 야기한 것은 아닐까?"

맞은 편:
아이슬란드의 화산 위로 용암이 하늘을 덮고 있다. 오늘날 볼 수 있는 이러한 자연재해가 지난 수 백만 년 동안 일어났을 것이고 인간의 진화 과정에서 변화하는 자연환경과 관련이 있다는 것을 생각하게 한다.

살아있는 세계는 엄청난 환경 적응의 전시장이라고 할 수 있다. 이러한 적응은 시기와 장소를 막론하고 진화가 일어날 수 있는 경우라면, 생존과 생명체의 재생산을 위해서 선호되는 모든 구조와 행위를 포함하게 되는 것이다. 날카로운 발톱과 길고 끈적한 혀는 개미핥기가 무엇을 헤집어서 개미를 잡는 데 엄청난 도움을 주는 기관이다. 펭귄이 가진 짧은 날개는 비행에는 별로 도움이 못되지만 새처럼 방한이 잘되고, 총알 같이 생긴 몸통은 남극 지방의 추운 바다에서 물고기를 잡는 데는 안성맞춤인 셈이다. 적응이라는 개념은 행위와 다른 종들과의 상호 작용까지도 포함한다. 아프리카의 호니가이드는 꿀벌의 둥지를 찾는 예리한 본능을 가지고 있지만, 꿀벌뱃쥐는 새를 따라가 둥지를 찾아서 깨부수고 꿀을 찾아내는 능력을 가지고 있다. 이 둘 모두 꿀을 먹고 사는 것은 마찬가지인 셈이다.

시간이 지나면서 생물체의 개체 집단은 환경의 변화와 기회에 반응하면서 진화한다. 아프리카 전역에 초원이 확장되면서 선사시대 사슴들은 들판에서 자라는 풀의 질긴 잎들을 씹기 위해 이빨이 진화하게 된다. 초식 동물들이 늘어나자 살코기를 탐내는 고양이과의 짐승들이 날뛰기 시작하고, 하이에나는 이러한 맹수들이 다루기 힘든 뼛속의 골수를 빼내 먹을 수 있도록 강한 턱이 발달하게 되는 것이다.

우리들의 두 발 걷기 사촌들도 다르지 않았다. 파란트로푸스 보이세이 족속들은 시간이 흐를수록 어금니가 커지게 되고, 아주 강한 턱 근육이 발달하여 질기고 억센 식물들을 쉽게

씹을 수 있을 정도로 진화하였다. 상당히 후대에 이르러서는 키가 작고 넓은 몸통을 가진 *네안데르탈*인들은 몸의 열기를 보존할 수 있도록 진화하여 추운 유럽 지역에서 살아남을 수 있었던 것이다.

생물학의 가장 기본적 원리의 하나인 적응은 생물학적인 개체들이 주변 환경 속에서 생존을 시험받고 있을 때 나타나는 것이다. 음식을 찾고, 포식자들을 피하고, 짝짓기를 하고, 추위를 피하고, 그리고 쉴 자리를 찾는 것이 바로 생존의 과정인 것이다.

케냐에서 강을 건너는 와일드 비스트를 악어가 공격하고 있다. 우리의 조상들도 다른 동물들과 마찬가지로 이와 같은 위험에 처하는 경우에 허다하였을 것이다.

적응을 위한 도전

우리 현생 인류, 호모 사피엔스는 사실 진화상으로 본다면 최근에 등장하였는데 기껏해야 20만 년 전에 나타난 것이다. 다른 모든 초기인류들은 이미 절멸하여 사라졌지만 이들이 가지고 있었던 생존을 위한 적응, 즉 다양한 음식을 선호하는 것이라든지, 음식을 구하기 위해 석기를 제작한다든지, 서로 돌보면서 산다든지, 불을 사용하고 열을 만들어 보온하고 요리에 사용한다든지 등의 적응 행위들은 오늘날 현생 인류의 생존의 발판이자 또한 우리 현생 인류라는 종을 정의하는 특성들 중 하나라고 할 수 있다.

우리 선조들에게 삶은 결코 편한 것이 아니었다. 발톱이나 송곳니가 없는 신체 구조는 사실 초기 고인류들을 무방비 상태로 만들었다. 다른 영장류들처럼 이들도 위험이 닥쳐오면 돌을 던지거나, 몽둥이를 흔들거나 아니면 큰 소리를 냈을 것이다. 밤에는 나무에서 자고 낮에는 땅 위에서 몰려다니며 생활하였을 것이다.

석기를 만들었던 최초의 인류를 포함한 후대의 고인류들은 사냥과 사체 청소와 같은 시도를 하게 되면서 자신들에게 심각한 상처를 줄 수도 있는 위험한 동물들에게 다가가게 되었다. 고인류들은 큰 고양이과의 짐승들뿐만 아니라 악어나 하이에나에게도 먹이가 되었을 것이다. 홍수가 나고 화산이 폭발하고 가뭄이 닥치고 그리고 또 다른 재앙을 겪었을 것이다. 초기 인류들은 궁극적으로 그러한 위험에 대처하기 위한 방법들을 개발했지만, 식육 맹수들이나 사체 청소부들이 항상 주변에서 맴돌고 있었다. 440만 년 전에서 300만 년 전에 살았던 우리 조상의 뼈에 식육 맹수류의 이빨 자국들이 남아있는 것을 볼 수 있다. 이보다 시기가 늦은 올로게세일리에 유적에서는 수천 점의 주먹도끼들이 널려 있었지만, 사람의 화석은 수십 년간의 조사에도 불구하고 발견되지 않았다. 고고학자들은 식육 맹수들이 물가에서 진을 치고 먹잇감을 노리는 밤에는 초기 인류들이 고원 지대에 있는 이 장소가 안전한 곳이라고 판단하였을 것이라고 생각하였다. 이런 판단을 바탕으로 고고학자들은 이 저지대의 상류부를 발굴하기 시작했는데, 곧바로 90만 년 정도 된 초기 인류의 두개골 화석 편을 발굴하게 되었다. 이 화석은 단지 두개골 일부와 눈두덩이 뼈의 일부에 지나지 않았지만, 식육 맹수들의 이빨 자국이 남아 있었다. 초기 인류들은 어디에서도 편안할 수가 없었던 것을 말해주고 있다.

인류 화석에서 당시 인간들에게 또 다른 위험이 있었다는 것도 알 수 있는데 바로 질병이다. 하나의 중요한 예가 *호모 에렉투스* 성인 여성의 뼈다. 이 화석 인류는 케냐의 투르카나 호수 동쪽에서 발견되었는데 비정상적인 뼈들 속에 뒤덮여 있었다. 조사자들은 이 여성의 뼈가 비타민 A 과다 섭취로 인한 질병 때문에 뼈가 이상하게 변형되어 상당히 고통스러운 상태였을 것으로 판단하였다. 어떻게 이러한 질병이 발생할 수 있었을까? 이것은 식육 맹수의 간에 인간에게는 독이 될 정도로 과다 축적된 비타민 A 때문이다. 이 맹수의 간을 먹었던 고인류 여성은 그 희생자가 된 것이다. 고기를 먹는 것이나 식육 맹수류 경쟁자들을 죽이는 것은 우리의 조상들이 살아남기 위해서 해야 할 일이었지만, 이런 작은 실수가 결국 그녀를 죽게 만든 것이다.

약이 없던 시대에는 약간만 허약한 것도 치명적일 수 있었다. 잠비아의 카베 두개골 모양을 보면 *호모 하이델베르겐시스*가 미세하지만 치명적인 감염으로 사망한 것으로 판단된다. 이 고인류는 아마도 인류 역사상 충치를 가진 가장 오래전 사람으로서, 두개골의 옆머리 부분에 생긴 작은 구멍이 두개골의 안쪽에 큼직한 함몰부를 만들게 되었으며, 치아 질환이나 중이 감염으로 인해 죽은 것으로 나타나고 있다.

그렇다면 화석 인골 중 살인이나 전쟁의 흔적은 없는가? 40만 년 된 나무창이 보존되었고, 둥근 사냥돌들이 200만 년 전부터 나타나고 있다. 그러나 그 어떤 고인류 화석도 발견된 장소에서 죽었다는 증거는 없다. 예리한 첨두석기에 의해서 죽은 가장 오래된 화석 인골은 4만 5천 년 전에서 3만 5천 년 전에 죽은 것으로 보이는 북부 이라크 샤니다르 동굴에서 발견된 *네안데르탈*의 3구의 인골 중 하나다. 왼쪽 옆구리가 예리한 첨두석기에 찔려 심각한 상처를 입은 것으로 판단되는 화석 인골이다. 이 화석 인골 이전에는 그 어떤 화석 인골도 의도적

180만 년 전의 호모 헤빌리스의 발목뼈에 남은 악어의 이빨 흔적, 아마도 물려 죽었을 것이다.

으로 다친 흔적은 보이지 않는다. 한 장소에서 전투 등의 이유로 많은 사람들이 죽은 흔적은 우리 현대인에게서만 볼 수 있는 비교적 최근의 현상이다.

생존으로 가는 길

상처, 질병 그리고 죽음 등을 살펴볼 때 우리는 우리의 조상들이 어떻게 살아남았을까? 의아하게 생각할 수 있다. 그러나 이것은 올바르지 않은 생각이다. 초기 고인류들이 비교적 체질적인 측면에서 무방비 상태였을지 모르지만, 사회를 구성하고, 또한 소리를 내서 맹수로부터 자신을 보호하는 능력을 영장류로부터 물려받았을 것이다. 사회를 구성하고 있는 영장류들은 서로 감시를 해주는 것을 볼 수 있다. 함께 맹수들이 접근하는 것을 감시하고 접근하면 함께 소리를 질러서 물러나게 한다. 많은 영장류들은 경고음을 내기도 한다. 특히 새, 뱀 그리고 표범 등의 공격에 대한 경고음을 들을 수 있다. 사회적이거나 소리를 내는 행위들이 나무 위에서 내려온 우리의 조상들을 어느 정도는 안전하게 만들었던 것이다.

돌을 던지거나 무기를 사용하는 것은 단독으로나 집단으로 방어하는 것 말고도 중요한 방어 수단이다. 적어도 80만 년 전부터 고인류들이 불을 사용할 수 있었던 것은 틀림없으며, 어느 정도 단단한 불자리도 만들 수 있었던 것으로 보인다. 대부분의 동물들은 불을 본능적으로 두려워하고, 야영지의 불자리로부터 떨어져 일정 거리를 유지하려는 경향이 있다. 80만 년 전에서 40만 년 전 사이에 고인류가 오두막집이나 불자리를 만들었던 확실한 증거들을 볼 때 인간들의 협력이 당시에는 상당한 수준에 이르렀다는 것을 알 수 있다.

지구의 환경 변화와 인류의 진화

지난 1,000만 년 동안 따뜻하고 추운 기후가 반복되었다. 심해 퇴적물 코어에서 두 가지의 산소동위원소는 2.5ppm에서 5ppm 사이에서 변화하고 있다. 이러한 측정치는 지구상의 대양의 기온과 빙하가 변하는 양을 반영하고 있다. 특히, 지난 600만 년 동안의 인간 진화의 시기에 가장 극적인 변화를 보이고 있다.

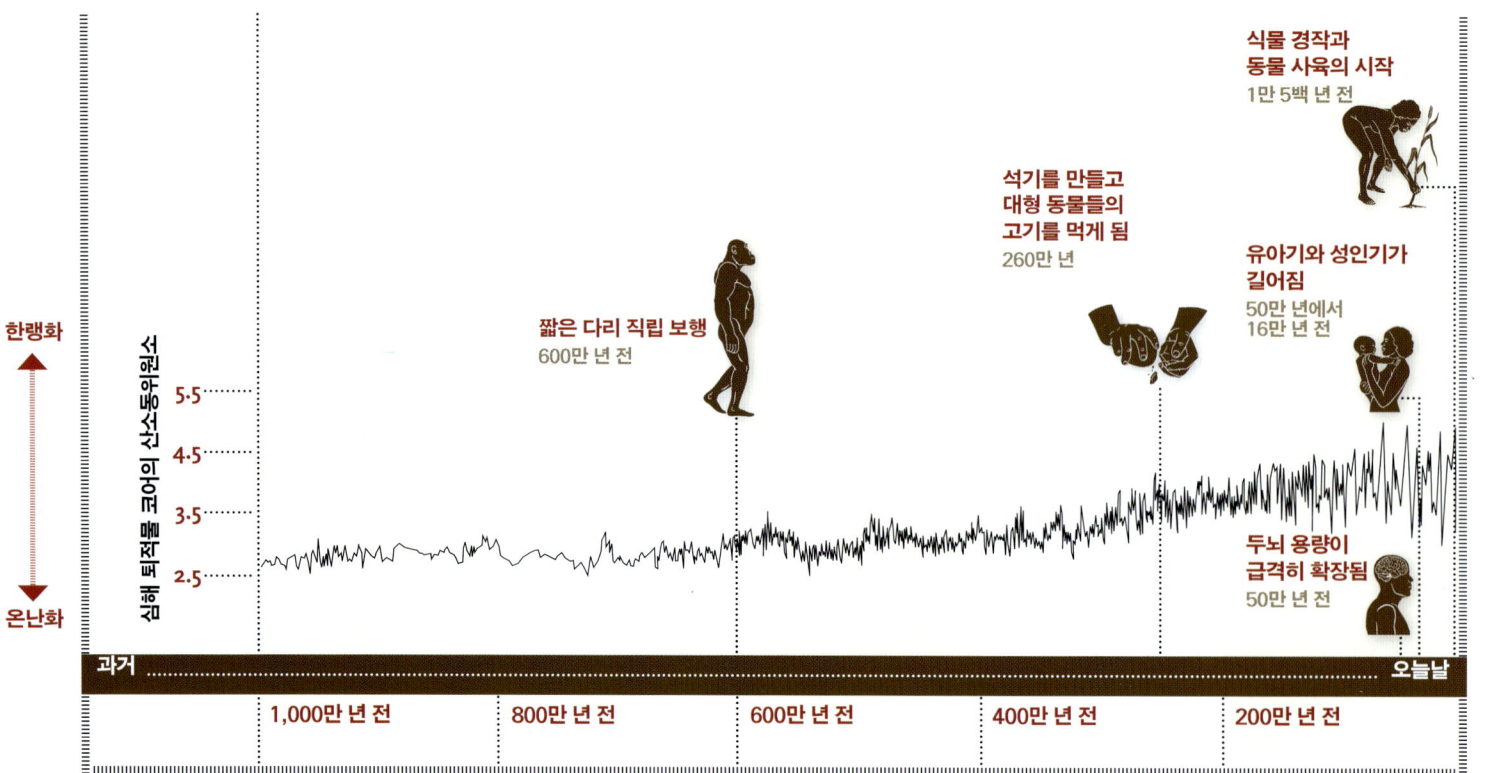

인간의 생존 방안으로서 필수적인 역할을 하게 되는 사회적인 의존 행위의 궁극적인 증거는 바로 죽은 사람을 의도적으로 매장하는 일이다. *네안데르탈*인과 현대인들은 죽은 자를 그대로 두고 떠나지 않고 묻었다. 어떤 사람들은 이러한 매장을 두고 청결을 유지하기 위한 방안이라고도 하지만 이와는 다른 무엇이 있었다는 것을 알 수 있다. 샤니다르 동굴의 경우에 이러한 것을 볼 수 있다. 이 동굴에서는 남성 성인 *네안데르탈*인이 얕은 구덩이에 옆으로 조심스럽게 구부리고 뉘어진 것을 볼 수 있다. 그리고 아름다운 꽃들과 푸른 나뭇가지를 죽은사람과 함께 두었다는 증거들이 남아 있다.

죽은 사람의 잔해에 어떤 부장품도 없고 의례가 있었다는 것도 알 수 없기 때문에, 이러한 장례는 생존한 사람들에게 이로운 점이 있어서 개발된 것인지 쉽게 알 수가 없다. 적어도 10만 년 전 이루어진 가장 오래된 매장의 중요성은 두 가지라고 생각된다. 첫째, 의례는 사회적인 유대감을 증진시키고, 초기 인류들이 함께 슬퍼하게 함으로써 생활의 어려운 점을 극복하는 데 도움을 주었을 것으로 생각할 수 있다. 둘째, 매장은 인간이 지난한 일상생활을 뛰어넘어 다른 것을 생각할 수 있었다는 것을 보여준다. 아마도 그들은 죽은 자가 가게 되는 내세를 상상하였을 것이다. 그렇지 않으면 자신들의 더 나은 미래를 꿈꾸었을 것이다.

적응과 적응력

죽음의 원인은 우리 조상들이 어떠한 자연 선택의 과정들을 겪으면서 적응력을 가지게 되었던가를 알게 해 줄 것이다. 그러나 우리의 진화에 크게 영향을 미친 요인으로 기후 변화가 있다. 맹수들의 공격이나 질병이 항상 위협하고 있는 요소일 뿐더러 식량이나 다른 생필품 수급의 불확실성도 생존에 큰 위협 요소가 되었다.

초기 인류들이 계절마다 변화하는 기상에 잘 적응하거나 또한 긴 시간에 걸쳐 주기적으로 변화하는 강우와 기온들에 잘 적응한다면 무슨 일이 일어났을까? 그리고 몬순, 극심한 한발 또는 화산 폭발이 일어나면 그들은 어떻게 되었을까?

생물종은 주변 환경과 잘 조화할 수 있는 특정한 생활 방식에 의존할 뿐더러 또한 환경이 변화하는 경우를 대비해 다른 수단을 확보해 두고, 새로운 기회를 엿볼 수 있도록 적응을 준비한다. 진화 과정은 어떤 특정한 환경에 적응하도록 만들 뿐 아니라 새로운 능력을 구비할 수 있도록 생활 방식을 바꾸는 것이다. 각 인간 종들이 수십만 년 아니면 수백만 년 동안 지속될 수 있었기 때문에 진화의 결과 적응 능력이 획기적으로 개선되어 어려운 시기를 잘 견뎌낼 수 있게 되는 것이다.

적응력이라는 것은 인간의 기원을 이해할 수 있는 원천이 되었다. 그것은 우리의 종, 호모 *사피엔스*가 지구상에서 가장 성공적으로 적응한 포유류라는 점에서 확인할 수 있다. 우리가 살고 있는 지구를 보라. 우리는 우리 마음대로 우리의 환경을 바꿀 수 있고, 가고 싶은 곳 그 어디라도, 심지어는 우주 공간까지도 갈 수 있는 능력을 가지고 있는 것이다.

과학적인 연구 결과, 인간 진화가 일어났던 시기는 지구 역사상 가장 극적인 환경 변화가 일어난 시기였다. 습한 시기와 건조한 시기, 그리고 따뜻한 시기와 추운 시기 사이의 긴 기후 주기의 증거는 인류 생존의 역사 연구에 대한 새로운 빛을 던지고 있는 셈이다.

물이 모두 말라 버린 텍사스의 호수 바닥은 과거 리프트 계곡의 호수 바닥이 긴 가뭄으로 드러났을 때와 같은 모습일 것이다.

알 수 없는 환경

얼마 전까지만 해도 인간이 진화한 환경에 관한 그 어떤 질문도 완전히 해결된 것처럼 보였다. 초기 인류는 아프리카의 사바나 환경에 적응하였다. 두 다리로 곧바로 서서 걷고 도구를 만드는 것은 건조하고 위험한 평원을 개척하던 우리 선조의 생존에 절대적인 것이었다. 초원이 확대되자 사냥과 고기를 먹는 것이 이점이 되었다. 불을 사용하면서 맹수들을 쫓을 수 있었다. 초기 인류가 아시아와 유럽으로 퍼져나가게 되자 빙하시대가 닥쳐왔고, 이러한 환경의 변화는 인간들이 살아남기 위해서 사회적인 협동을 확대하게 만들었던 것이다. 서로 말하게 됨으로써 인간의 도구를 만드는 전통이 지속되었다. 결국에는 언어가 기술의 혁신을 지속하게 하였고, 예술을 포함한 창의적인 능력이 꽃을 피우게 된 것이다. 아주 초기 단계의 두 발 보행의 전 단계로 돌아간다고 하더라도 생존 기술은 다른 기술을 유발하고 새로이 적응하게 만들어서 건조한 열대 사바나나 얼어붙은 북극 지방의 열악한 조건을 극복할 수 있었던 것이다.

과거의 기후가 더 건조하고 추운 기후로 꾸준히 변화한 것이라는 생각은 실제로 기후가 끊임없이 지그재그식으로 춥고 더운 기후를 왔다 갔다 하면서 변화한 것이라는 증거가 나오게 됨으로써 바뀌게 되었다. 인간 진화의 생존 조건은 기후가 지속적으로 건조와 습윤 그리고 한랭과 온난 사이를 오가면서 변한다는 것이다. 과학자들은 이제 인간 진화의 환경에서 변화는 것이 중요하다는 것을 인식하게 되었다. 그리고 과학자들은 환경의 불안정성이 단순히 초원지대나 빙하의 확장을 의미한다는 것뿐 아니라 인간 진화의 특성을 만들어낸다고 생각하였다.

인간 진화에 대한 비교적 새로운 이 개념은 아직도 가설적인 수준에 머물고 있다. 앞으로 새로운 상세한 연구 결과가 나올 때마다 여러 차례의 실험과 시험을 거쳐야 한다. 고인류학의 분야에서 한가지 흥분되는 연구 주제는 우리가 어떻게 조상들이 일정한 또는 일정한 경향을 가진 환경보다도 변화하는 환경에 대해서 적응해왔던 것인가를 잘 이해하는 것이다.

과거의 기후에 대한 증거는 자연스럽게 이러한 환경의 다양성 가설에 대한 많은 암시를 준다. 지구 환경 변화의 중요한 기록이 포라미니퍼라(Forsaminifera)라는 해양의 미생물 속의 산소동위원소 측정치에 남아있다. 포라는 잘 알려진 것처럼 자신의 체내에 탄산을 비축하기 위해서 주변에 있는 산소를 흡수하게 된다. 지구가 서늘해지고 따뜻해지는 상황에 따라서 산소동위원소의 함량이 달라지게 된다. 가벼운 원소가 무거운 것보다는 일찍 증발하기 때문에 해양에서 가벼운 것들이 먼저 증발해 추운 시기에는 빙하에 점점 더 많이 쌓이게 된다. 이 빙하가 녹을 때 가벼운 산소를 가진 물이 바다로 돌아가게 된다. 포라의 산소 측정치는 바다 속 깊은 곳에 있는 퇴적물에 고스란히 차곡차곡 쌓이게 되고 기후의 변동, 즉 지구 대기의 온도나 바닷물의 양의 변화가 그대로 기록되는 것이다.

지금으로부터 7,000만 년 전까지의 산소기후곡선을 볼 때 지구는 그동안 엄청난 속도로 추워지고 있는 것을 볼 수 있고, 특히 지난 수백만 년 동안에 급격하게 추워진 것을 알 수 있다. 지난 1,000만 년 동안의 자료를 검토해 보면 상당히 상세한 기후변화 내용을 알 수 있다. 이 짧은 기간의 기록은 바로 인간의 진화 시기에 부합되는 것인데, 기후가 서늘해지는 과정에서 춥고 따뜻한 기후가 상당히 급격하게 교대하고 있는 것을 볼 수 있다. 이렇게 급격하게 변화하기 시작하는 것은 대체로 600만 년 전인데, 바로 인류가 출현한 시점과 거의 맞아떨어지

기후의 변화를 어떻게 알 수 있나요?

여러가지 연구 방법으로 지구 기후의 변화를 알 수 있다. 오래된 호수 바닥이나 깊은 바다 속의 퇴적물을 흔히 코어라고 부르는 둥근 기둥 모양으로 뽑아 올릴 수 있다. 그리고 빙하에서도 똑같은 모양의 코어를 뽑아 올릴 수 있다. 이 코어는 깊은 지점의 것이 오래된 것이고, 가장 위의 것이 바로 오늘날의 것이다. 각 미세한 층에서 채취된 가스, 화분, 목탄 그리고 미생물을 연구함으로써 과거의 기후변화를 추론할 수 있다.

나무 나이테나 산호초도 환경적인 조건에 의해서 주기적으로 성장이 변화하기 때문에 과거의 기후를 보여주는 증거가 된다.

동굴 속의 퇴적물도 환경의 습도에 따라서 퇴적의 속도가 달라지기 때문에 유용한 자료가 될 수 있다.

식물과 동물 화석종들은 고대 환경과 기후를 복원하는 데 사용될 수 있다. 화석화된 나뭇잎, 씨앗, 나무껍질, 뿌리 그리고 화분들은 고대 기후를 보여주는 직접적인 자료다. 오늘날 살고 있는 동물들의 서식지 환경을 토대로 동물 화석들이 어떠한 서식 환경을 가지고 있었던가를 추론하는 데 도움을 줄 수 있다.

는 시기다. 호모라는 속은 그 이후에 진화한 것인데, 이 시기에도 더 큰 기후변화가 시작되는 것을 볼 수 있다. 그리고 우리의 바로 직전 조상이 되는 호모 *사피엔스*도 기후가 불안정하여 가장 큰 폭으로 진동하는 시기에 진화한 것이다.

　이와 유사한 내용을 보이는 것이 아프리카 지역에서 습윤기와 건기의 교차되는 기록이다. 지중해바닥에서 뽑아 올린 코어들은 검은 점토층 색깔이 비교적 밝은 실트성 퇴적물과 교차를 이루고 있는 것을 보여준다. 이 두 가지 다른 종류의 퇴적물은 바로 나일강에서 흘러들어온 것이다. 밝은 색의 실트층은 건조하고 식물들이 많이 자라지 않은 시기에 쌓인 것이다. 지난 500만 년 동안의 기록을 보면 초기 인류들이 비교적 안정된 기후 속에서 살았던 기간은 짧았고, 이보다 훨씬 긴 기간 동안 건조하고 습윤한 기후가 급격하게 교대로 나타나는 상황 속에서 살았을 것으로 보인다. 각 변동의 간격은 수천 년에서 수십만 년에 걸치는 것이었다. 이러한 긴 주기의 기후변화는 인류가 아프리카에 사는 동안 이들의 삶에 지대한 영향을 미쳤을 것이다.

　기후변화에 대한 전 세계의 다양한 기록들이 그 폭이 일정하게 나타나는 것을 보여주고 있다. 지구상에서 가장 긴 주기의 기후 기록으로서 남아 있는 것이 바로 북중국의 뢰스라고 불리

케냐의 올로게세일리에 유적의 퇴적물은 지난 120만 년 동안의 기후에 대한 풍부한 정보를 가지고 있다. 흰색과 베이지색의 퇴적물들은 커다란 호수와 건조한 환경이 교대한 것을 보여준다. 갈색조의 퇴적물은 이전의 호수 퇴적물을 침식하면서 흐르던 강의 퇴적물이다.

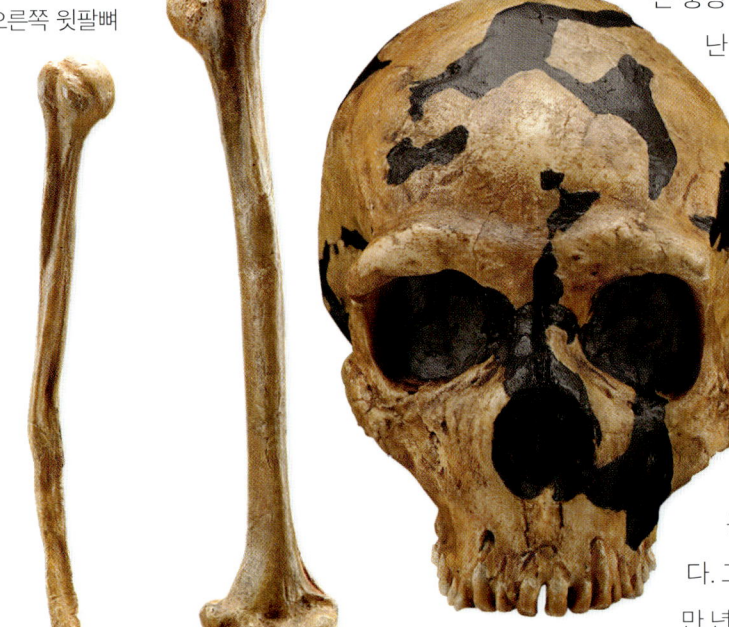

호모 네안데르탈렌시스, *샤니다르 1*
약 4만 5천 년 전에서 3만 5천 년 전.
이 네안데르탈인은 두개골의 왼쪽이 함몰되고 또한 오른팔이 오그라드는 장애에도 살아남았다.

오스트랄로피테쿠스 아프리카누스, *통 아이*
약 280만 년 전.
아마도 독수리처럼 큰 맹금류가 이 아이를 먹이로 채 갔을 것이다.

는 풍성 퇴적물이다. 바람에 의해서 불려온 흙먼지들이 약 40만 km^2의 면적에 지난 2,150만 년 정도의 시간 동안 퇴적된 것이다. 여기에서는 연구자들이, 건조한 시기에 북쪽 사막에서 뢰스(미세 모래와 점토)가 불어와서 쌓이고 다시 습윤한 기후가 되면, 식생이 덮이게 되어 토양화되는 과정을 반복해서 거치는 것을 잘 알고 있다. 각 시기는 아마도 수십만 년 동안 지속되었을 것이다. 기후변화는 수백만 년 동안 지속되었지만, 지난 260만 년 동안의 것이 특히 그 변동 폭이 컸는데, 결국 이 시기가 바로 북반구에서는 빙하시대의 출발점이 되는 셈이다.

기후, 음식 그리고 물의 불안정성은 결국 생존을 위협하게 되고, 기후변화는 궁극적으로 오늘날 우리가 보고 있는 인류의 진화 나무를 구성하는 데 중요한 계기가 된 셈이다. 흔히 어떤 특정한 생물종이 절멸하는 원인을 족집게로 집어내듯 밝히는 것은 불가능한 일이다. 그러나 커다란 이빨을 가진 *파란트로푸스 보이세이*는 아프리카에서 100만 년을 살고 있었고 추운 기후에 적응한 호모 네안데르탈렌시스는 유라시아에서 20만 년 동안 살았지만 이들도 좋은 생존 환경이 확장되고 줄어드는 것을 반복하는 과정을 겪어야 했는데, 다른 종들보다 혹독한 시험을 치른 것이라고 할 수 있다. 기후변화는 기생충, 맹수류 그리고 인간에게 위험이 되는 동물들도 다양하게 나타나도록 만든다. 지난 300만 년 동안 특히 강력한 기후변화는 중요한 자원의 공급을 큰 폭으로 움직이게 만듦으로써 인구가 획기적으로 줄어들게 되는 경우가 발생하였다. 이런 모든 요인들이 결국 어떤 종이 절멸하도록 유도하게 된다.

이것은 인간의 기원에 대해서 흥미로운 발견을 보여주는데 우리에게 진화상 가장 가까운 사촌임에도, 즉 우리가 흔히 인간 진화의 성공을 보여주는 대표적인 특성이라고 꼽는, 직립보행, 도구제작, 대용량 두뇌를 가졌음에도 불구하고 그동안 인류들이 절멸하게 된 이유다. 이러한 발견은 우리를 결국 적응력의 문제로 돌아가게 만들었다.

기후변화와 진화

과거의 기후에 대한 정보가 급격하게 확대되면서 인간 적응의 진화에 대해서 다시금 생각하게 만들고 있다. 그러한 적응들이 우리의 선조가 변화하는 조건에 부딪쳐 나가는 데 어떠한 이점을 가져왔던 것인가? 예를 들어서 직립 보행은 우리의 가장 오래된 선조가 나무에서 생활하는 환경을 완전히 떠난 것을 의미하는 것은 아니다. 대신에 그들은 벌판을 걸어서 건너고 나무숲이 있으면 나무에 오르기도 하였던 것이다. 그러나 나중에는 아프리카의 환경이 습윤과 건조 사이를 극적으로 오갈 때 먼 거리를 걸어 다닐 수 있는 것이 호모 에렉투스가 맞닥뜨렸던 다양한 환

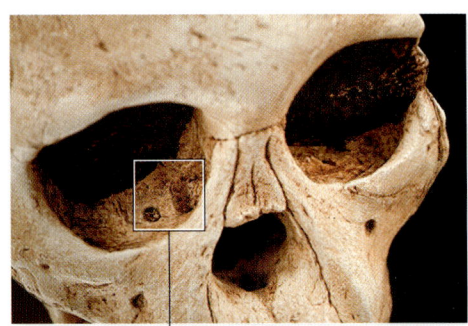

독수리 부리 자국

경 속에서 이점이 되었다. 이와 비슷하게, 석기 제작 기술이 시작될 단계에서, 코끼리의 어금니와 같이 음식을 부스러뜨릴 수 있는 망치돌과 맹수의 송곳니처럼 아주 날카롭게 자를 수 있는 날카로운 날을 가진 박편 같은 기본적인 도구들은 *호모* 그리고 늦은 시기의 *오스트랄로피테쿠스*들이 환경이 악화되었을 때 새로운 음식을 먹을 수 있게 만들었던 것이다. 이보다도 더 늦은 시기에는 환경적인 조건이 지속적으로 변하면서 우리의 진화하는 두뇌는 더욱 복잡한 환경과 사회적인 교류를 수용하기 시작하였던 것이다. 두뇌가 어느 정도 빠르게 정보를 처리하고, 기억을 되살리고 그리고 새로운 생각을 쥐어짜내는 능력에서 이루어진 발전은 결국 생존과 절멸의 차이를 만들어 낼 수 있었던 것이다.

오늘날 인간들의 가장 인상적이고 범상하지 않은 면의 하나가 바로 우리가 우리의 환경을 바꾸는 방법이다. 석기를 발명하고 불을 만들고 집을 짓고 음식물을 기르고 보관하는 일들이다. 이 모든 것은 결국 우리 주변의 것들을 바꾸는 일이다. 이 각각의 일들은 예측력을 높이는 것이고, 주변을 바꿈으로써 생존의 가능성을 높이는 일인 것이다. 이 모든 일들은 궁극적으로 오늘날 유일하게 살고 있는 우리, 즉 *호모 사피엔스*가 전 세계로 퍼져 나갈 수 있도록 만들었다.

초기 인류들에게서 진화된 어떤 능력은 변화하는 환경 속에서 특히 이로운 점이 된다. 인간 진화에 대한 이러한 다양성 이론이 모든 자연과학적인 자료의 검증을 거칠 수 있든지 또는 아니든지 간에 환경 변화의 드라마는 이제 우리의 기원에 대한 스토리에 대한 뛰어난 잠재 요소인 셈이다. 결국 우리 인류의 기원과 오늘날의 위치에 대한 새로운 인식을 제공할 수 있을 것이다.

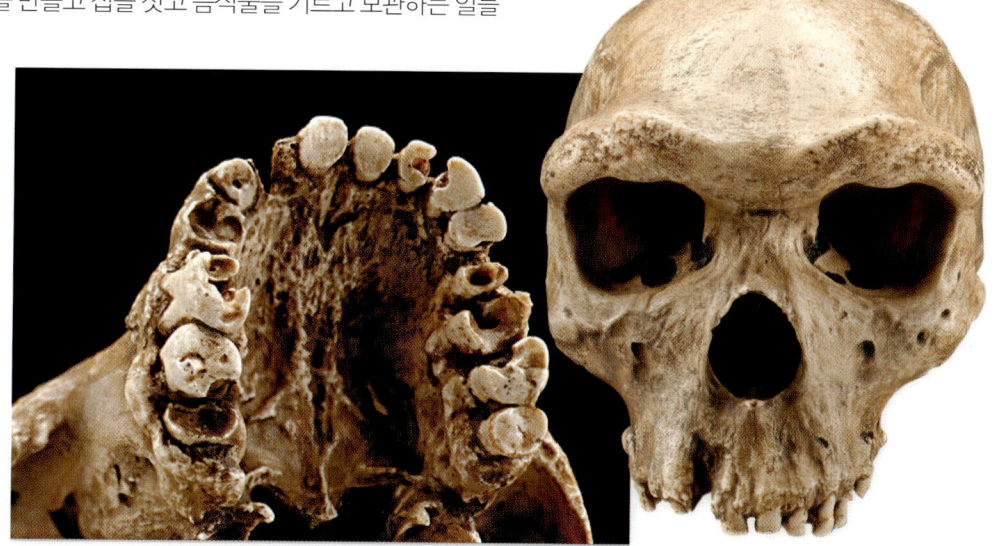

호모 하이델베르겐시스, 카베 1, 로데지안 맨,

약 *30만 년 전에서 12만 5천 년 전의 것으로 알려져 있다. 이 호모 하이델베르겐시스는 왼쪽 사진에서 보듯이 심각한 충치를 가지고 있었고 아마도 뼈의 감염으로 사망한 것으로 보인다.*

FAQ:
어떻게 진화가 일어나나?

유전적인 다양성은 진화의 바탕이다. 인구 집단의 유전자 풀은 돌연변이와 자손들이 부모로부터 받은 DNA를 새롭게 재구성하는 과정에서 약간의 변화가 일어난다.

살아있는 것들은 생존하기 위해서 주변의 환경에 적응하게 되어 있다. 자연 도태는 인구의 유전자 풀이 시간이 흐르면서 변화할 수 있는 중요한 요인이다. 유전적인 다양성은 가끔 종의 구성원들에게 훌륭한 능력을 주기도 한다. 그 개인이 그 유익한 유전자를 자손들에게 전하게 된다. 이러한 장점이 있는 유전자를 보유한 많은 개인들이 생존하고 또 그들의 후손들에게 그 특질을 전해 주게 된다. 만일 이러한 장점이 있는 유전적 특질이 오랫동안 자손대대로 일어나게 되면 새로운 종, 즉 환경에 더 잘 적응할 수 있는 능력으로 무장한 새로운 종이 진화하게 되는 것이다.

과거를 보는 창
남아프리카의 스와르트크랜스
180만 년 전

스와르트크랜스의 위험한 시간들

1948년에 남아프리카의 과학자들은 남아프리카의 돌로마이트 언덕에 있는 엄청난 동굴 유적인 스와르트크랜스를 발굴하기 시작하였다. 작업을 진행할수록 동굴 속에서는 수천 점의 동물뼈 화석들이 퇴적물 속에서 발견되었다. 이런 뼈 화석들 중에는 *파란트로푸스 로부스투스*라고 불리는 인간의 화석이 포함되어 있었다.

많은 뼈가 발견되어 초기 인류들이 살았던 모습을 복원하는 데 상당한 도움을 주었다. 과학자들은 *파란트로푸스*가 개미집을 파는 데 사용한 석기들을 발견하였다. 그리고 발견한 동물뼈들 중에는 사슴류, 얼룩말, 와일드 비스트 그리고 바분 등이 있었는데, 이러한 종들은 당시 이 환경에서 살고 있었던 것으로서 오늘날 이 지역은 관목초원 지대이지만 당시에는 초원 지대와 숲 환경이 혼재된 곳이었음을 보여준다.

왜 이런 동물들이 이 동굴에 퇴적되었을까, 라는 의문을 해결한 것은 두 개의 작은 둥근 구멍을 가진 젊은 고인류의 두개골이었다. 이 구멍들은 스와르트크랜스 동굴에서 발견된 표범의 송곳니와 동일한 간격으로 나있는 것이었다.

젊은 *파란트로푸스*가 표범의 공격을 받은 희생물이었을까? 그럴 것으로 보인다. 표범은 개미집을 파고 있는 *파란트로푸스*를 노리고 있다가 공격하여 사체를 이곳으로 끌고 와서 다른 맹수들이 빼앗아 가지 못하도록 나뭇가지 위로 끌고 올라왔을 것이다.

나무는 흔히 동굴의 수분을 이용하여 입구에서 크게 자라는 것을 볼 수 있다. 스와르트크랜스 동굴 입구에 서 있던 나무 위에 걸려 있던 표범의 먹이가 되었던 뼈가 결국 동굴 속으로 흘러들어간 것으로 생각된다.

파란트로푸스 로부스투스 같은 초기 고인류들은 주변의 위험한 동물들의 먹이가 될 때도 있었다.

제2부
인간이라는 존재의 시작

4 | 최초의 걸음　**5** | 가족과 성장　**6** | 도구와 음식
7 | 인간 체형의 균형미　**8** | 두뇌의 진화

CHAPTER 4

최초의 걸음

다음에 바닷가에 가서 걸어가면서 무엇이 뒤에 남게 되는지 살펴보라. 큼직한 발뒤꿈치 자국을 보게 될 것인데, 그것들이 어떻게 다른 것과 가지런하게 될까? 엄지발가락은 한발 한발 차례로 몸이 앞으로 나가는 것을 도와주게 된다. 발에 탄력을 주는 발의 아치가 보이는가? 그렇다면 자신이 만들어낸 발자국을 보라. 우리가 균형을 잘 잡으며 직선으로 앞으로 걸어갈 수 있는 것이나, 한 다리로 몸의 체중을 온전히 버틸 수 있는 것은 신기한 일이다. 당신이 만들어낸 발자국 행렬은 인간이 되는 데 최초의 표지석 중 하나를 보여주는 것이다.

1974년에 에티오피아의 하다르의 사막을 조사하던 미국인 고인류학자 도널드 조핸슨은 놀랄 만한 발견을 하게 되었다. 팔뼈, 다리뼈, 갈비뼈, 엉치뼈, 아래턱뼈, 손과 발뼈등 이러저러한 뼈가 발견되었는데 318만 년 된 한 여성의 것이었다. 에티오피아의 암하릭어로 이 유골을 '딘켄네쉬'라고 불렀고, 우리말로 번역한다면 '당신은 아름다워'라는 뜻인데 바로 우리가 '루시'라고 부르는 화석 인류다.

루시의 발견은 인류 진화사 연구에서 가장 성공적인 사건이라고 할 수 있다. 수년 동안의 헌신적인 조사 끝에 붙여진 루시의 학명 ,즉 *오스트랄로피테쿠스 아파렌시스(A. afarensis)*는 수백 구의 화석들이 남성과 여성 그리고 모든 연령대를 포함하고 있다. 이 화석 인류는 플라이오세의 가장 널리 알려진 화석 인류가 되었으며, *오스트랄로피테쿠스 아파렌시스*는 동아프리카 몇 개의 유적에서 390만 년 전에서 300만 년 전의 시기까지 살다가 사라진 인류다.

루시와 화석 친족들은 우리 조상의 생활, 즉 직립하여 걸음으로써 인간으로 진화하는 최초의 성공적인 시도를 이해할 수 있는 단서를 제공하고 있는 셈이다.

앞 페이지: 부쉬맨들이 걸어서 나미비아의 소금밭을 건너고 있다. 우리들의 독특한 체형, 두뇌 그리고 행위들이 다른 영장류들로부터 우리를 구별할 수 있게 한다.

반대편 페이지: 두 발로 걷는 것은 인류 진화의 초기에 나타난 우리 인간들의 고유한 특성이다

어떻게 사람이 걷나요?

인간들은 두 발로 서서 부드럽게 미끄러지듯이 보행을 하는 유일한 영장류다. 두 발로 걷는 행위는 쇼핑을 할 때나 아이를 업고 다닐 때, 춤을 추거나 뛸 때, 게임을 할 때, 그리고 두 다리로 균형을 잡고 움직이며 하는 모든 작업들에서 나타난다.

이러한 비상한 행위는 영장류들의 다양하고도 아주 능숙한 방식의 움직임에서 유래된 것이다. 영장류들은 대부분 나뭇가지 사이를 네 발로 뛰어 건너다니지만, 땅 위에서는 두 발로 움직

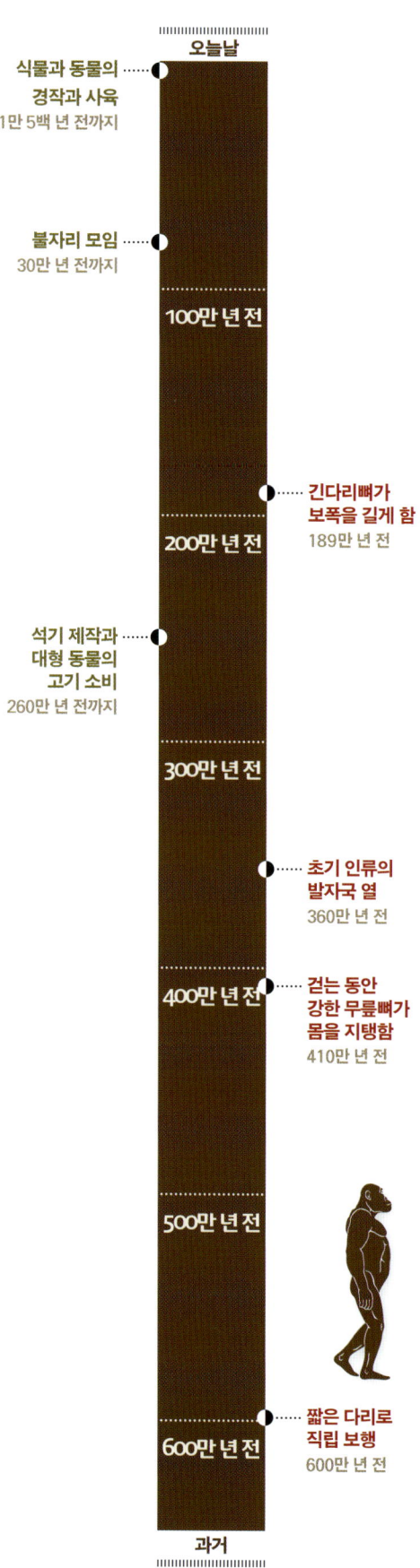

이는 리머가 있고, 짧은 거리지만 두 발로 종종 걸음하며 낮은 가지의 꽃을 따는 바분이 있다. 또한 대부분의 영장류들이 짧은 거리나 잠깐 동안은 두 발로 걸을 수 있다. 침팬지, 고릴라 그리고 오랑우탄은 몸을 비틀어 균형을 유지하면서 두 발로 걷는데, 몸을 비트는 것은 체중을 한 다리로 보낸 다음에 앞으로 나아가고, 다시 다른 다리로 체중을 보내 움직이는 동작인 것이다.

사람은 다르게 걷는다. 우리들은 두 다리로 몸을 전혀 비틀거나 뒤뚱거리지 않고도 아주 부드럽게 움직인다. 이러한 방식의 움직임은 척추, 궁둥이, 무릎 그리고 다리, 이 모든 부분이 종합적으로 조화롭게 움직여야 하는 것이다.

짧고 상부가 넓은 엉치뼈는 다리가 한 걸음씩 움직일 때 엉치뼈에 붙은 근육을 재조정하도록 만들어진 것이다. 유인원들의 엉치뼈가 좁고 길지만 사람의 것은 그 상부가 넓기 때문에 사람들은 큰 근육을 가지고 있는데, 이것은 걸음의 진화 과정에서 변화된 것이다. 이 근육은 모든 사람들이 좋아하든 아니든 간에 궁둥이가 커지게 만든다. 침팬지의 경우에는 이 근육이 측면에 있다. 사실 사람은 등이 상당히 넓은 편인데 침팬지가 걸을 때 뒤에서 보면 별로 넓지 않은 것을 볼 수 있다.

걸음을 걸을 때는 무릎을 구부려서 앞으로 내밀게 되고 무게 중심을 지키도록 몸의 중간부의 바로 아래에서 자연히 펴지게 된다. 무릎이 중간부에 해당되기 때문에 허벅지뼈는 위로 올라가서 엉치뼈의 앞방향으로 움직이게 된다. 유인원의 경우에는 이와 반대로 허벅지뼈가 거의 수직이 된 채 움직인다. 이 경우에 유인원들이 두 다리로 움직이는 동안에 몸이 한쪽 무릎 위에 갔다가 다른 무릎 위로 움직이게 된다. 다리의 끝인 발을 보면 유인원과 사람이 놀라울 정도로 다르다는 것을 발견하게 된다. 우리 사람들에게는 넓고 굵직한 엄지발가락이 다른 작은 발가락들과 오밀조밀 모여 있어서 힘차고 유연한 발걸음을 하는 데 도움을 준다. 발바닥의 중간에는 에너지를 모아주는 아치가 있고, 발목이나 뒤꿈치 그리고 다른 발뼈들이 몸을 안정감 있게 버틸 수 있도록 짜여 있다. 유인원의 발은 손같이 생겼는데 발가락이 길고 큰 발가락이 바로 손의 엄지 같이 생겼고 아치도 없어서 무엇을 잘 잡을 수 있도록 구성되어 있다. 이것은 바로 나무 위를 기어오르거나 서 있거나 그리고 둥지를 틀어 자리잡는 데 도움이 된다는 징표다.

이러한 해부학적인 구조는 우리들이 많이 생각해야 할 내용으로 보인다. 그러나 이 점은 직립하고 두 발로 걷는 구조를 가진 화석 증거들이 우리 인류의 계보에 속한다는 것을 알 수 있게 해준다.

화석 증거

우리가 시대를 거슬러 올라갈수록 두 발로 걷는 과도기적인 양상을 보여주는 화석 증거들이 많아진다. 가장 좋은 사례가 바로 에티오피아 아파르 저지에서 발견된 440만 년 전의 *아르디피테쿠스 라미두스*의 골격이다. 두개골의 대후공의 위치를 보면 유인원들보다도 훨씬 중심에 치우쳐 있다. 이것은 다른 초기 고인류, 즉 700만 년 전이나 600만 년 전의 고인류로 회자되는 *사헬렌트로푸스*의 골격에서도 마찬가지다. 대후공의 위치가 앞쪽으로 치우치고 있다는 것은 몸이 꼿꼿이 서 있을 때 안정감을 유지하기 위한 것이다. *사헬렌트로푸스*의 몸체의 어떤 부분도 보존되지 않았지만 *아르디피테쿠스 라미두스*의 골격을 보면 현재의 유인원들보다도 훨씬 똑바로 서서 걸었음을 보여준다. 직립하여 걸을 때 *아르디피테쿠스*는 엉치뼈의 상부에 연결된 근육으로 상체를 받치고 있었다. 그렇지만 아랫도리 부분은 유인원 같이 생겼고 기어오르는 근육이 발달하여 있었음을 볼 수 있다. 무언가를 잡을 수 있는 엄지발가락과 굵은 유인원 같이 생긴 팔과 손은 *아르디피테쿠스*가 아직도 나무 위에서 생활하였다는 것을 보여준다.

비록 불완전하기는 하지만 *오로린*의 골격도 있는데, 이 고인류는 600만 년 된 것이다. 이 몸체의 가장 문제가 되는 부분은 허벅지뼈다. 허벅지뼈의 상부, 즉 엉치뼈에 끼이는 부분과 나머지 부분 사이의 뼈부분이 유인원들의 것에 비해서 약간 두터워진 느낌을 준다. 이 작은 변화는 *오로린*의 허벅지뼈가 직립하여 보행하는 동안 체중을 한 다리에서 지탱할 수 있도록 만들었을 것으로 추정할 수 있는 것이다.

적어도 400만 년 전에 인류가 두 발로 걷는 생활을 한 것은 넓어진 무릎뼈의 구조를 보고서 알 수 있다. 다시 말해서 비교해부학적인 관찰을 통해서 알 수 있다. 유인원들의 무릎은 허약하게 만들어져서 먼 거리를 이동하는 경우에 한 쪽 다리가 몸의 전체 중량을 감당하기 어

화산재 속에 그대로 남아 있는 360만 년 전의 인류 조상이 직립 보행한 발자국. 고인류학자인 메리 리키가 1976년에 탄자니아의 라에톨리 유적에서 발견한 것이다.

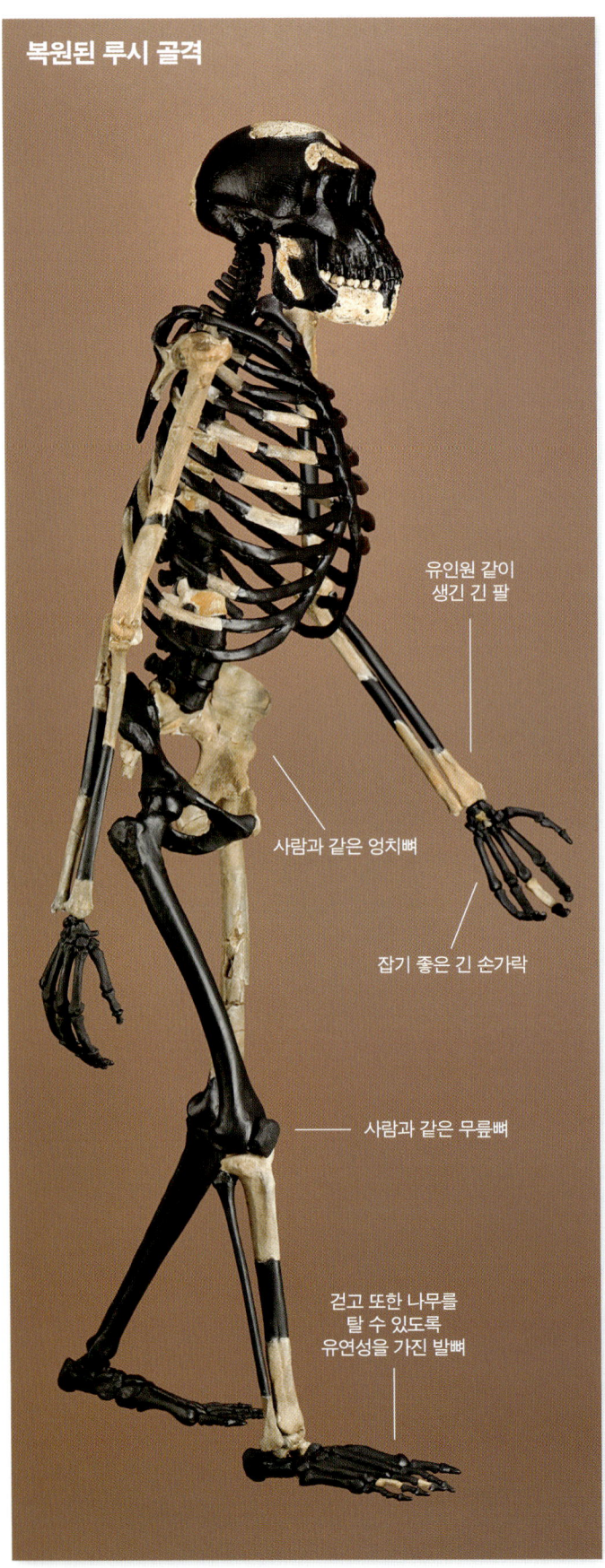

복원된 루시 골격

- 유인원 같이 생긴 긴 팔
- 사람과 같은 엉치뼈
- 잡기 좋은 긴 손가락
- 사람과 같은 무릎뼈
- 걷고 또한 나무를 탈 수 있도록 유연성을 가진 발뼈

렵게 되어 있다. 비록 우리는 우리 무릎 관절이 어느 정도 닳았던 것인지 찢어진 것인지 정확하게 알 수가 있지만, 우리 모두는 두 다리로 오랫동안 활동할 수 있도록 무릎 관절이 넓고 강하게 만들어져 있다. 약 410만 년 된 *오스트랄로피테쿠스 아나멘시스*의 정강이뼈를 보면 무릎 부분이 넓어져 있는 것을 확인할 수 있다. 이 사실은 이 고인류가 직립 보행에 획기적인 적응을 한 구조로 진화하고 있었다는 것을 보여주고 있다.

이 화석 인류보다도 약 100만 년 이상 늦은 시기의 척추뼈 화석을 보면 *오스트랄로피테쿠스*의 직립 보행 상황을 더 잘 알 수 있다. 다른 영장류와 마찬가지로 침팬지나 고릴라의 척추는 엉치뼈에서 머리뼈까지 완만한 곡선을 만들고 있다. 그런데 사람의 척추는 엉치뼈의 바로 위에서는 몸의 앞쪽으로 휘어져 있고, 갈비뼈가 붙는 몸통부의 등에서는 몸의 뒷방향으로 휘어져 있다. 이처럼 이중으로 휘어져있는 구조는 엉치뼈로 연결되는 부분의 하부 척추뼈가 쐐기모양으로 생겼고 또한 척추뼈 사이에 연골이 끼어 있어서 가능한 것이다. 아랫 부분의 휨은 주행에서 오는 충격을 흡수하는 기능을 한다. 250만 년 된 *오스트랄로피테쿠스* 화석 등뼈에서도 직립 보행에 잘 적응한 구조를 볼 수 있다.

화석 증거들을 하나하나 차근차근 검토하여 고인류들이 직립보행한 실험 과정의 기본이 되는 해부학적인 재구성을 복원할 수 있게 되었다. 직립 보행의 변화 과정은 600만 년 전에서 250만 년 전 사이에 이루어진 것이다. 이 기간 동안 인류는 유인원과 사람 중간 정도의 보행 방식으로 살았던 것이다.

가장 완전한 인류 화석이라고 할 수 있는 루시의 경우에 대단히 놀랄 정도의 조합을 가지고 있다. *오스트랄로피테쿠스 아파렌시스*의 경우에 루시 외에도 다른 화석 뼈에서도 보이지만, 대퇴부뼈가 작고 무릎뼈와 연결되는 부분에서 각을 이루고 있으며, 엉치뼈는 사람의 것과 같다. 이러한 화석은 이들이 짧은 다리를 가지고 걸었다는 확실한 증거다. 이러한 특성과 함께 길고 강한 팔, 구부러진 손가락뼈, 길다란 엄지발가락 등은 나무 위를 오르내리고 가지를 쉽게 붙잡을 수 있는 특성을 가지고 있으며, 우리 현대인보다는 기능이 다양한 발을 가지고 있었다. 이러한 복합적인 성격은 하나의 생활 방식에서 다른 방식으로 전환하는 과정에서 화석 속에 한순간의 과도기적인 모습이 결정체로 남은 것이라고 생각할 수 있는 것이다.

오래된 발자국

루시의 화석 골격이 완전할 정도로 보존되어 특별한 대접을 받고 있는 반면에, 인류 진화의 초기 직립 보행을 가장 획기적으로 보여주는 유적으로서는 탄자니아의 라에톨리가 있다. 이 유적에서는 360만 년 된 일련의 발자국들이 남아 있다. 가장 오래된 인류의 발자국으로서 오늘날 달에 남긴 현대인의 발자국처럼 인류 진화의 여정에서 획기적인 것이다. 단단한 화산재 속에 완전하게 남아 있는 라에톨리의 발자국은 이 자리에서 세 명의 고인류가 두 발로 꼿꼿이 서서 앞으로 향하고 있었다는 것을 보여주고 있다. 보폭이 39~48cm 정도이며, 이는 현대인의 보폭보다 작아서 이들이 후기의 다른 고인류들보다도 짧은 다리로 걸었음을 알 수 있다.

이 부근에서 *오스트랄로피테쿠스 아파렌시스*의 화석화된 이빨과 턱뼈 수십 점이 발견되었다. 이 화석들은 에티오피아의 하다르에서 발견된 화석 등과 유사한데 각기 다른 지점에서 발견된 아래턱뼈와 윗턱뼈가 대단히 가까운 집단처럼 들어맞는 것을 확인하였다. 그래서 연구자들은 라에톨리에서 출토된 화석들을 루시와 같은 집단의 것으로 분류하고 있다.

라에톨리 유적의 지질층에는 발자국 뿐 아니라 360만 년 전의 생태 환경을 알 수 있는 놀랄만한 증거들이 남아 있다. 사슴과 짐승, 아프리카 토끼, 세 개의 발굽 가진 말 그리고 20여 종에 이르는 포유류들의 흔적이 확인되었다. 그리고 또한 새들의 발자국, 코쿤의 흔적, 그리고 심지어 당시의 날씨에 대한 흔적, 즉 빗방울자국이 화산재에 찍혀 있었다.

이러한 모든 증거들을 가지고 360만 년 전의 장면을 복원할 수 있다. 가까운 지역의 화산 폭발에서 유래된 여러 겹의 화산재 중 하나가 라에톨리 일대에 15㎝ 두께로 퇴적되었다. 이 화산재는 탄산염 계통이어서 비에 젖은 다음에 굳어지게 되었다. 그런 다음에 세 사람이 이 평원을 걸어간 것이다. 한 사람이 다른 두 사람을 조심스럽게 따라 가는 모습으로…. 이러한 일이 있고난 후에 바로 새로운 화산재가 날려와서 발자국들을 덮게 되어 결국 잘 보존되었던 것이다. 그 후 지각 변동으로 융기가 일어난 다음에 지속적인 침식으로 발자국들이 햇빛을 보게 된 것이다.

그런데 사람들이 이 초기 고인류들이 비를 맞으면서 도대체 어디를 가고 있었을까? 라는 의문을 가지는 것은 당연할 것이다. 우리는 다른 사람의 발자국에 맞추어 보행을 복원하는 시도는 할 수 있겠지만, 누구도 이 초기 인류의 나들이 목적은 알 도리가 없다. 그리고, 더 큰 의문이 우리에게 남아 있다. 바로 '도대체 왜, 우리의 선조는 직립 보행을 하였을까?'라는 것이다.

왜 똑바로 서서 걷나?

과학자들은 인간의 진화 여정 속에서 직립 보행이 일어나게 된 이유에 대한 여러 가지 창의적인 설명을 제시하고 있다. 가장 그럴 듯한 설명은 특정한 시간의 화석 자료와 환경 조건에 대한 기록을 고려한 것이다. 이 질문에 대한 답을 위하여 핵심적으로 생각하여야 할 것은 그러한 변화가 일어난 600만 년 전의 아프리카에서 그 변화, 즉 직립 보행이 생존에 미치는 이점이 무엇인지를 생각하는 것이다.

인간이 음식을 구하려고 움직일 때 에너지를 어떻게 사용하는가를 이해하는 것이 중요하다. 초기 인류들이 낮은 나무가지에 달린 열매, 과일 그리고 꽃과 같은 것을 딸 때 두 발로

반대편: *320만 년 된 루시의 골격은 그가 속한 오스트랄로피테쿠스 아파렌시스가 꼿꼿이 직립해서 걸을 수도 있었지만 또한 나무에도 올라갈 수 있었다는 것을 보여준다.*
갈색 부위가 발굴로 얻어진 부분이고 검은 부분의 뼈는 루시와 같은 종의 화석들이나 해부학적으로 복원하여 구성된 것이다.

태생적으로 매달리는 특성

태어나서 처음 6개월 동안 아기들은 손에 맞는 손가락, 손 그리고 다른 물건들을 본능적으로 꽉 잡는 습성이 나타난다. 이것이 바로 '손바닥 잡는 반응'으로 알려진 것이며 아이들이 잡는 힘으로 자신의 체중을 감당할 수 있도록 해준다. 이러한 능력은 모든 영장류에게 있는 것으로 인류 초기에도 마찬가지였을 것이다.

수백만 년 전에 이러한 반응은 초기 인류의 아기들이 어미에게 매달려 있도록 도와 주었을 것이다. 특히 아기가 어미의 젖을 먹는 동안 가장 강력하게 반응하였을 것이다. 그러나 오늘날 현대 인간들의 아기들에게는 그렇게 효과적인 것은 아니다. 왜냐하면 현대의 엄마들이 긴 손가락을 가진 것도 아니고, 아기들은 꽉 잡을 수 있는 대향성의 발가락을 가지지 못했기 때문이다.

다른 영장류들의 아기들은 네 발을 사용하여 엄마의 털을 꽉 붙들 수 있지만, 사람의 아기들은 엄마가 이들을 안고 다니는 것에 의지하기 때문이다.

직립하여 줄곧 걷는 것이, 네 발로 걷다가 두 발로 일어섰다가 다시 네 발로 돌아가는 과정보다도 진화론적 관점에서 에너지 효율성이 훨씬 크다는 장점이 있다. 초기의 인류가 낮은 나뭇가지에서 음식물을 채취하였을 것이라는 점은 확신할 수가 없다. 그렇지만 침팬지나 다른 영장류들도 짧은 거리를 걸어가다가 나무의 낮은 가지에서 음식을 채취할 때는 두 발 걷기를 하는 것을 볼 수 있다.

엉덩이에서 다리로 연결되는 근육이 어떻게 수축하는가는 두 발로 움직이는 동작의 효율

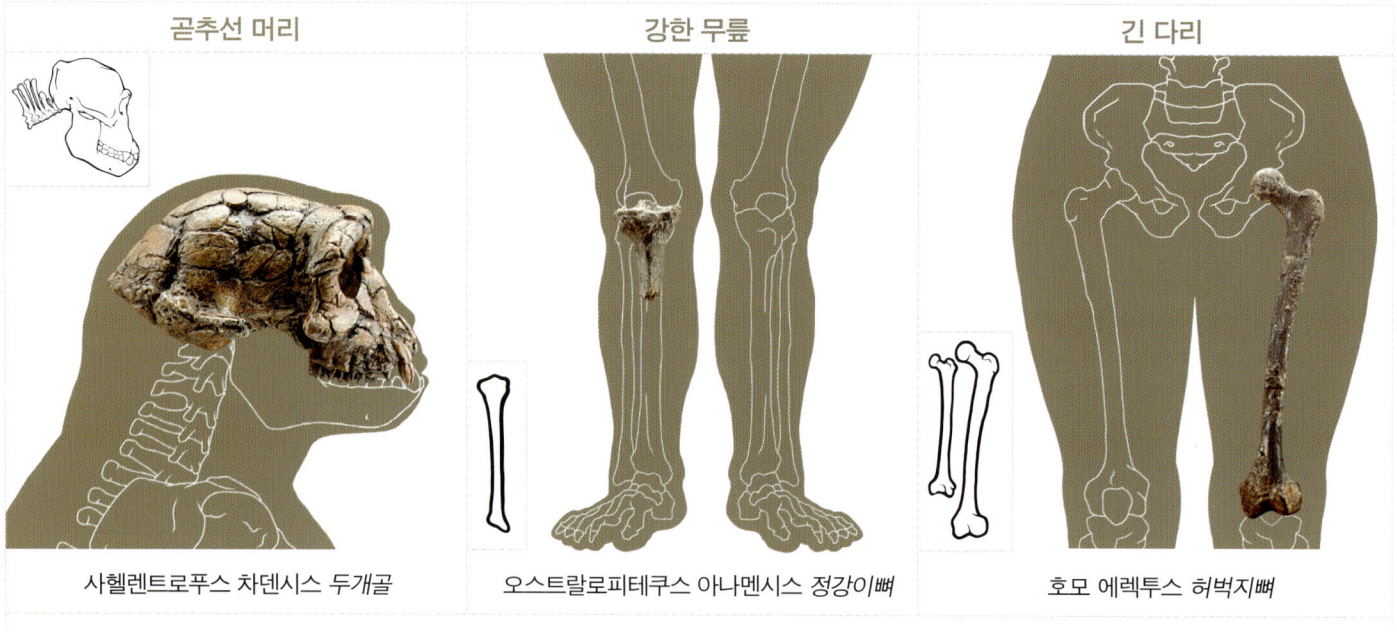

그림 속에 들어 있는 침팬지의 골격과 비교해 보면 인류의 진화 단계상 세 가지의 다른 종들에서 직립 보행을 가능하게 만든 핵심적인 요소를 확실하게 볼 수 있다. 이러한 특성들은 균형을 잡고 상체에 안정성을 주며 체중을 감당하고 긴 보폭을 가질 수 있도록 한 것이다.

과 밀접한 관련이 있다. 보행하는 동안 소비하는 산소의 양을 측정하는 것도 그 효과를 계산하는 한 가지 방법이다. 영장류에 대한 실험들에서 이루어진 측정치는 장거리 보행에서는 네 발 보행보다는 두 발로 걷는 것이 훨씬 에너지 효율이 높다는 것을 보여준다. 이것은 두 발 걷기로의 약간의 변화라고 하더라도 우리의 선조들이 음식을 구하는 범위를 넓힐 수 있다는 것을 보여주는 것이다. 오늘날 현대인들이 두 발로 걷는 것은 침팬지가 네 발로 걷는 것보다도 40~50퍼센트 정도 효율이 크다는 것을 알 수 있다. 이 다른 두 종이 흔히 움직일 수 있는 거리는 결국 보행 방식의 차이에서 오는 것이다.

그러나 다른 시나리오에서는 인류가 직립 보행하게 된 것은 손이 해방되어 음식이나 도구 또는 아기를 운반하기 쉬운 이점 때문이라고 말한다. 비교적 전통적이지 않은 아이디어이기는 하지만 고인류들이 직립 보행을 하게 되면 키가 커져서 더 위협적인 모습으로 보일 수 있다는 주장이 있는데, 이런 경우에는 집단 내의 공격적인 사람들이 이득을 볼 가능성이 많다.

이 문제에 대한 또 다른 주장은 두 발 보행이 진화한 환경을 연구함으로써 시작될 수 있다. 이는 인구 집단이나 종의 모든 구성원들의 생존 전략에 영향을 미칠 수 있는 요인이다. 현재

논쟁중인 질문이 바로 초기 인류들이 한 종류의 거주지를 좋아한 것일까 또는 변화하는 다양한 환경에 적응한 것일까에 대한 것이다. 600만 년 전에서 400만 년 전 사이의 초기 인류의 화석 유적에서 발견된 씨앗과 동물 화석들은 당시가 습윤하고 숲 환경이었다는 것을 보여준다. 또 다른 경우에는 다양한 생태 환경, 즉 덤불, 초원 그리고 숲이 섞여 있었다는 것을 가리킨다. 한 걸음 물러서서 보면 당시의 환경은 해양 코어의 기록에서는 온도나 습도가 훨씬 높거나 훨씬 낮은 상태로 매우 다양하였음을 보여준다.

과학자들이 상당히 긴 시간 동안의 기후 변화가 잘 기록되어 있는 층 속에서 초기 인류화석을 발견한 유적이 바로 하다르다. 340만 년 전에서 300만 년 전 사이의 퇴적물에서 잘 보존된 화분입자들을 분석한 결과 51개 종류의 풀과 덤불 그리고 나무들이 각기 다른 시기에 이 에티오피아의 유적에 살고 있었던 것을 밝혀냈다. 포유동물의 화석들과 함께 화분들이 당시의 식생과 기후가 서늘하고 더운 기후, 그리고 건조하고 습윤한 기후가 반복해서 나타나고 있었음을 보여주고 있다. *오스트랄로피테쿠스 아파렌시스*의 뼈들은 이러한 퇴적물의 여러 층에서 발견되었는데 이는 바로 이 인류종이 변화하는 기후에 잘 적응할 수 있었다는 것을 말해주는 것이다.

식생이 다양한 덤불숲이 기본적으로 분포하면서 숲과 초원을 오가며 변화하였다는 것을 토대로 볼 때 두 발로 걸었던 루시의 종들이 그러한 환경 변화에 잘 적응할 수 있었던 것일까? 직립 보행이라는 진화를 이해하기 위하여 답해야 하는 것은, '왜 두 다리로 이동하는 것과 나뭇가지를 오르내리는 복합적 능력이 적어도 400만 년 동안 지속되었을까?'라는 질문이다. 하다르에서 *오스트랄로피테쿠스*가 살고 있었을 시대에 두 발로 걷는 것은, 건조한 시기에는 개활지를 건너서 상당히 멀리 떨어진 거리에 있는 나무의 음식과 안전을 유지하는 데 유리하게 작용함으로써 변화하는 환경에서 잘 적응하였다는 단서가 있다. 걸을 수 있고, 또한 나무를 기어오를 수 있는 능력을 겸비한 유연성은 루시 종이나 이보다 이른 시기의 고인류 종들이 반복해서 변화하는 환경에 잘 살아남을 수 있는 요인이 되었을 것이다.

과학적인 증거들이 여러 가지의 가설이 있을 때 단 하나의 가설을 완벽하게 증명하기는 어렵다. 그러나 가장 신빙성 있는 해석을 확인하기 위해서는 과거의 환경, 두 발 걷기의 생물학, 그리고 인간이 되는 최초의 단계를 이해하는 것과 관련된 요소들에 대한 새로운 증거들을 찾아야 할 것이다.

빨리, 멀리 그리고 더 쉽게 걷기

직립 보행에 대한 그 다음의 이정표로 발견된 증거는 200만 년 전의 것이었다. 이 시기에 발견된 골격을 보면 체형의 비율이 변한 것을 볼 수 있다. 이 시기에 적어도 한 계통의 인류들의 다리가 길어지고 엉치뼈가 커지고 더욱더 굵어진 것을 알 수 있다. 장거리를 걷거나 지속적으로 뛰는 행위가 이러한 변화 때문에 가능하였을 것으로 보인다. 이제는 완전히 땅 위에서 살았다는 사실을 보여주는 증거인 셈이다.

에티오피아의 아와쉬 강 중류의 유적인 부리 유적에서 발견된 화석뼈를 보면 다리가 길어지는 것이 적어도 250만 년 전에 시작되었음을 알 수 있다. 이 뼈들은 *오스트랄로피테쿠스*

> **걸을 수 있고, 또한 나무를 기어오를 수 있는 능력을 겸비한 유연성은 루시 종이나 이보다 이른 시기의 고인류 종들이 반복해서 변화하는 환경에서 잘 살아남을 수 있는 요인이 되었을 것이다.**

한 무리의 오스트랄로피테쿠스 아파렌시스들이 하다르의 나무숲 환경 속에서 음식을 찾고 있는 모습이다. 이 호미닌들은 땅위에서 걸어다니는 것과 마찬가지로 음식을 구하기 위해 쉽게 나뭇가지를 탈 수 있었을 것이다.

*가르히*라고 명명된 두개골 파편들과 복잡한 관련성이 있다. 일부 과학자들은 이 두개골 파편들은 큰 어금니를 가진 *파란트로푸스*일 것이라고 생각하기도 했다. 그럼에도 불구하고 이 발견에서 여러 가지 복합적인 특성을 볼 수 있어서 이것이 정말 이미 제시된 하나의 계통에 속하는 것인지 판단이 서지 않았다. 두개골과 긴 다리가 하나의 종에 속하는 것이라면 250만 년 전 *오스트랄로피테쿠스*에서 우리가 속하는 속인 *호모*로 진화하는 바로 그 시점에, 여전히 길고 강한 팔을 가진 상태에서 다리만 길어진 셈이 된다.

190만 년 전에서 170만 년 전까지는 오늘날 우리와 흡사한 정도로 몸통에 비하여 다리가 길고 팔이 짧아진 체형을 볼 수 있는데, 이러한 모습을 처음으로 보여주는 종이 바로 아프리카에서 나타나는 *호모 에렉투스*다.

이러한 변화가 가져다주는 진화론적인 이점은 무엇이었을까? 아이를 업고 있는 어른이 어느 정도의 거리를 가려고 한다면 긴다리를 가진 사람이 작은 힘으로 더 빠르고 더 멀리 갈 수 있을 것이다. 같은 원리가 인류 진화 과정의 중요한 이정표에도 적용된다. 에너지 소비에 대한 실험과 해부학적인 연구 결과 긴 몸통에 짧은 다리를 가진 두 발 보행의 경우에 더 많은 에너지를 소비하게 된다는 것이 밝혀졌다. 유전적으로 다리가 길어지게 되면 보다 먼 거리를 걸을 수 있다는 것인데, 이것은 초기 인류가 넓게 펼쳐진 개활지에서 빠르고 효과적으로 움직이는 것을 도와준 것이다. 실제로 케냐 북부의 투르카나 호수나 탄자니아의 올두바이 고르지의 유적들에서 드러난 환경 관련 자료들을 보면, 동아프리카에서 지난 200만 년 전과 170만 년 전 사이에 습윤한 환경과 건조한 환경이 상당히 큰 폭으로 변화하고 있었음을 보여주고 있다. 바로 이 시기에 초원 개활지가 확산되기 시작하였다. 이 시기에는 비교적 쉽게 먼 거리를 걸을 수 있는 능력이 큰 장점이었다.

진화적인 비용

인간의 직립 보행은 엄청난 성공이었다. 직립 보행을 하였던 아르디피테쿠스의 초기 계보, 큰 턱을 가진 파란트로푸스 보이세이, 근육질의 호모 네안데르탈렌시스들 모두가 수십만 년 동안 번성한 것이다. 우리 현생 인류 자신들도 세상의 구석구석까지 두 발로 걸어서 영역을 넓혔던 것이다.

그러나 우리의 조상에게 큰 선물이 되었던 두 발 걷기는 그 장점에도 불구하고 한편으로 적응에 문제가 있었다. 두 다리에 체중을 의지하다 보니 허리가 아프다든지, 무릎 관절에 손상이 온다든지 발의 아치가 무너진다든지 하는 질병들이 나타난다는 점이다. 직립 보행을 하게 되면 보행 효율을 유지할 수 있는 정도로 고관절의 간격을 유지해야 하기 때문에 출산도의 크기가 제한될 수밖에 없게 된다. 당시의 이러한 제약은 머리가 큰 아이를 낳는 데 장애요인이 되었을 것이다.

두 발로 걷는 것은 우리 인간의 진화사에서 후대에 생겨나는 모든 특성의 기반이 되었다. 그러나 때로는 이로 인해서 우리가 느끼는 고통이 인류의 기원에서 가장 오래된 이 사건을 기억하게 만든다.

아이를 업고 있는 어른이 어느 정도의 거리를 가려고 한다면 긴 다리를 가진 사람이 작은 힘으로도 빠르고 더 멀리 갈 수 있었을 것이다.

FAQ:
옛날 발자국에서 무엇을 알 수 있는가?

화석 인류의 발자국 열은 고대 인류의 행위의 흔적이다. 이것을 보면 과학자들이 어떻게 고대인들이 걸었던가, 이 발자국 열이 만들어질 때 이들이 무엇을 하였나? 그리고 어떤 환경 속에서 살았나? 등에 대해서 추론할 수 있다.

과학자들은 360만 년 전에 탄자니아의 라에톨리 유적에서 가장 오래된 인간의 발자국을 찾아냈다. 이 발자국은 직립 보행한 것을 보여주고 있지만 이 고인류들이 완전히 오늘날과 같은 걸음걸이를 한 것인지에 대해서는 논란이 있다.

최근 케냐의 쿠르카나 호수의 유적에서 발견된 발자국은 비교적 현생 인류의 것과 닮았다. 150만 년 된 이 발자국들은 현대인의 걸음걸이 특징이라고 할 수 있는, 뒷꿈치와 발의 둥글게 솟은 부분이 찍힌 자국이 선명하다.

CHAPTER 5

가족과 성장

우리가 오늘날처럼 진화한 것은 결국 '돌봄' 덕분이라고 할 수 있다. 우리는 항상 돌보는 것은 아니고, 또한 언제나 같은 정도로 돌보는 것도 아니다. 그러나 돌보아진다는 것은 성장의 필수적인 과정이다. 우리는 이유기, 즉 엄마 젖을 먹고 자라는 기간이 지난 다음에도 인생의 필수적인 단계로서 유년기를 가지는 유일한 종이라고 할 수 있다. 우리의 인생을 통해서 우리는 다른 사람들과 음식을 나누고 우리의 자원을 공유하며 또한 경제적으로 유대 관계를 가지고 있다. 다 함께 사는 행위의 기원은 무엇이며 그리고 인간이 그러한 행위를 하는 특별한 방식이 있는 것인가?

오른쪽 사진: 프랑스의 프로방스 지방에서 새로 결혼한 부부가 가족과 친구들과 함께 축하하고 있다. 성인들의 짝짓기, 그리고 친족과 다른 이웃들과의 네트워크 유지는 대단히 오래된 뿌리를 가지고 있다.

초기 인류의 사회생활을 알기란 쉽지 않은 일이다. 유적에서 발견된 흙덩이로 범벅된 석기 몇 점을 가지고 우리의 조상이 얼마나 빨리 자랐고 또한 남녀가 어떻게 연애를 하였는지를 알아내는 것은 상당히 어려운 일이다. 그러나 화석뼈와 고고학적인 단서들을 잘 살펴보면 인간의 독특한 특성을 가진 사회생활이 시작된 시기의 놀랄만한 증거들을 제공하고 있음을 발견하게 된다.

모든 유인원들과 모든 영장류들도 각 개인들이 서로 복잡한 방식으로 상호 영향을 주는 사회를 구성하여 살고 있다. 영장류 종들이 자라는 것은 다른 포유류와 비교할 때 속도가 대단히 느리고, 아이들은 어수선하게 노는 동시에 관찰 학습을 하게 된다. 영장류의 성체들은 어린 것들을 보호하고 다른 성체들과 서로의 털을 털어주고 닦아주는 분위기의 정도에 따라서 복잡한 관계를 가지게 된다.

대부분의 유인원 종은 장기간의 감성적인 유대 관계를 형성하면서 그들의 지위에 신경을 쓰고 그리고 성에 대해서 많은 관심을 가진다. 위협하거나 친근감을 표현하기 위해서 송곳니를 드러내 놓거나 얼굴에 표정을 짓는다. 이들은 벌을 주거나 심지어 죽이기도 한다. 우리가 가지고 있는 영장류적인 유산을 고려한다면 우리의 선조들은 광범위한 사회적인 교류를 하고 있었다는 것을 확실하게 알 수 있다.

지난 600만 년 동안 우리의 사회적인 진화는 인간의 기원에서 가장 중심이라고 할 수 있을 만큼 중요한 사건이다. 우리가 다른 유인원과 얼마나 다른가를 생각하라: 오늘날 인간은 성장하는 과정이 침팬지보다도 6년 정도는 더 길다. 우리의 친족 격인 다른 영장류들에서 관

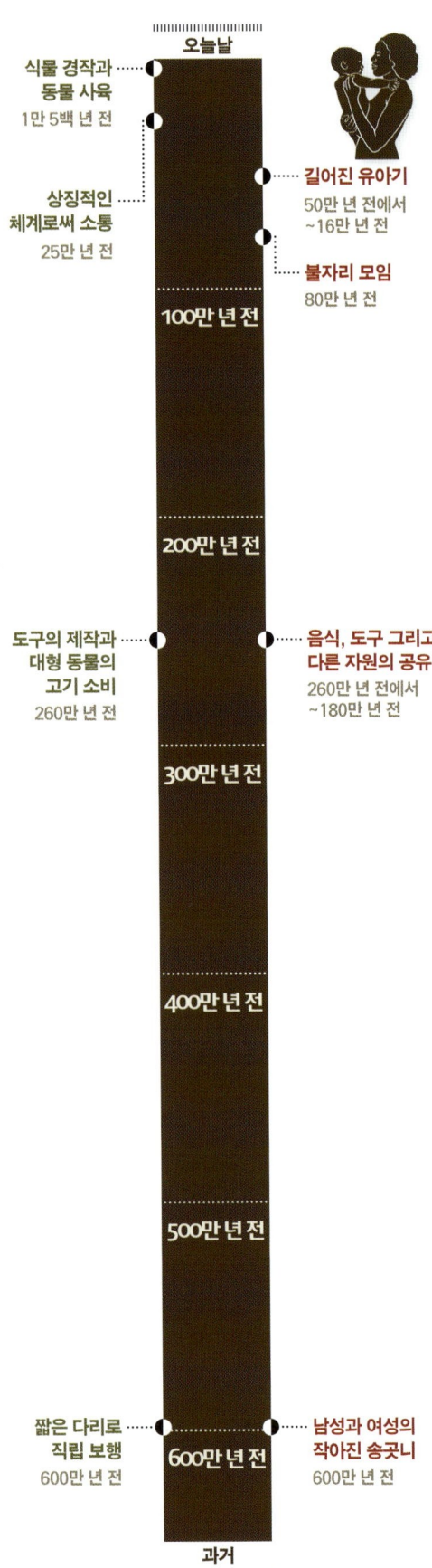

찰되는 것보다는 훨씬 더 많이, 부모나 다른 보호자들이 어린 것들에게 관심과 에너지를 쏟고 있다. 모든 인간들은 어린이들이나 허약자들을 '홈 베이스'에서 돌보는 데 힘을 쓴다. 홈 베이스라는 것은 가족이나 다른 집단의 구성원들이 매일 돌아올 수 있도록 설정된 안전한 장소를 말한다. 성인 남녀는 자원을 나누거나 상호 의지하는 차원에서 강한 경제적인 유대 관계를 가진다. 인간의 짝짓기는 대단히 다양한 형태를 가지고 있다: 평생 일부일처제에서 복혼제(복수의 배우자를 가지게 되는 짝짓기: 일부다처 그리고 일처다부)까지 다양하다. 실제로 다른 포유류에서 보이는 모든 짝짓기 방식이 인간 성인들의 짝짓기에서 발견된다.

인터넷이나 다른 온라인 네트워크가 인기가 있는 것은 사실이지만 인간의 사회생활은 두 가지 특성의 연장이라고 할 수 있다. 첫째, 실제로 우리 모두는 구성원들 중에서 다수가 서로 얼굴을 잘 모르는 인간의 광범위한 집단에 소속되어 있고, 그렇게 인식된다는 점이다. 우리는 우리 스스로를 국가의 한 구성원, 직업 사회의 한 구성원 등등 상징적으로 정의하고 있다. 둘째, 우리 모두는 우리의 바로 이웃뿐 아니라 멀리 얼굴도 잘 모르는 집단과도 강한 사회관계를 개발하고 의존하는 사회에 살고 있다. 우리는 우리의 시간과 돈을 다른 나라의 재난 피해자들에게 보내기도 하고, 적군과 전쟁을 하는, 다른 언어를 쓰는 사람들과 함께하기도 하는 것이다. 이러한 사회적인 네트워크는 다른 영장류들에게서는 전혀 볼 수 없는 특성이다.

진화하는 우리의 사회 생활의 이정표들은 인간 진화를 연구하는 데 가장 흥미진진한 주제일 것이다. 언제부터 인간의 사회생활이 변화하기 시작하였을까? 그리고 우리는 이를 어떻게 알 수 있었을까?

작은 송곳니

인간의 사회생활에 대한 화석 자료는 감질날 정도로 희귀하다. 에티오피아의 하다르에서 적어도 17구의 *오스트랄로피테쿠스 아파렌시스*의 화석 뼈가 함께 발견되었다. 아마도 이것이 함께 발견되었다는 사실만으로도 320만 년 전에 같이 살고 있었던 가족사회의 실체였을 것이라고 생각하고 있다. 탄자니아의 라에톨리의 발자국 유적에서 발자국 중간의 것이 좌우의 다른 것과는 약간 다른 모습을 보이고 있는데, 아마도 여성이 아이를 업고 가는 길이었을 것으로 추정하기도 한다. 다른 하나의 발자국 열은 아마도 큰 남자 성인에 의해서 만들어졌을 가능성이 크고 제 3의 발자국열은 이 발자국들에 조심스럽게 끼어들었을 것이라고 생각할 수 있다.

인간성이 출현한 최초의 증거 중 하나로 보는 작은 송곳니는 우리의 조상 중에서 가장 오래된 집단, 즉, 루시보다도 더 이른 시기에 발견되었다. 다른 많은 영장류들에서는 남성은 큼직한 송곳니를 가지고 협박하거나 겁주거나 다른 개체를 물어뜯는 데 사용하는 것이 남성 사회 교류의 특성이었다. 낮은 앞어금니에 비해서 뒤쪽으로 솟아 올라온 송곳니는 칼 같은 느낌을 준다.

가장 오래된 인류 종에서 남성의 송곳니는 작아지고 다른 이빨보다 그다지 길지 않다. 700만 년 전에서 600만 년 전까지 나타난 *사헬렌트로푸스 차덴시스*의 윗턱과 아랫턱에는 다른 영장류들에게서는 볼 수 없는 작은 송곳니가 남아 있다. 아랫턱뼈의 어금니 구조로 보아서 윗턱뼈 송곳니의 날카로운 돌기가 가능하지 않은 것이다. 더 인상적인 증거는 440만 년 전의 *아르디피테쿠스 라미두스*에서 볼 수 있다. 이 종의 많은 송곳니들이 발견되었는데, 남성과 여성의 것들이 이 속에 있을 것으로 판단하고 있다. 그러나 가장 큰 것과 가장 작은 것의 차이가 별로 없으며 오늘날 우리가 가지고 있는 다이아몬드형의 송곳니 형태를 보여주고 있다. 남성의 송곳니가 '여성화'되었다고 할 수 있다.

인간의 계보가 시작될 무렵에 영장류들이 서로 협박할 때 사용하던 주요한 신체 무기가 사라진 것은 사회생활에 핵심적인 변화가 있었음을 의미하는 것이다. 남성은 이제 더는 입을 순간적으로 크게 쩍 벌리며 남을 협박하는 행위를 하지 않는다. 남성들이 우월감을 표시하고 경쟁에서 우위를 보이기 위해 사용하던 송곳니의 중요성을 생각할 때, 초기 인류 남성들은 분

침팬지의 위협적인 송곳니는 앞 이빨 사이의 틈으로 끼어들 수 있도록 삐죽 튀어나왔다. 큼직한 송곳니와 이 앞이빨 사이의 틈은 인간이 진화하면서 사라졌다.

명히 방긋 웃는, 덜 위협적인 모습들이 가져오는 어떤 종류의 이점으로 보상 – 그것이 상호 협력을 얻어내는 것이든, 또는 여성과의 협력이든 간에 – 을 받았을 것이다.

여성의 입장에 대한 단서는 가장 오래된 고인류의 화석 자료에 틀림없이 있을 것이다. 그러나 *아르디피테쿠스 라미두스* 화석, 특히 우리가 '라미'라고 부르는 그 화석 골격에 힌트가 있다. 라미의 화석을 보면 가늘게 생긴 모습이 여성이라는 것을 확인할 수 있는데, 전체적인 크기는 같은 종의 다른 개체들과 동일하여 당시에 남성과 여성의 크기 차이가 거의 없었다는 것을 보여 준다. 남성의 송곳니가 작아진 것과 여성의 체형이 남성과 같게 된 것은 남성과 여성이 다른 영장류들보다도 더욱 친밀하고 협동적인 방식으로 상호 교류하였음을 의미하는 것이다.

뒷 장의 사진
우리의 가장 가까운 사촌인 네안데르탈인의 사회생활은 우리와 대단히 비슷하였을 것이다. 그러나 네안데르탈인이 복잡하게 진화한 언어를 사용하면서 소통을 할 수 있었을 가능성에 대해서는 아직도 알 수 없다.

침팬지	인간

아기의 두개골과 출산 아기 통로의 개방

꽉 조임: 침팬지와는 달리 인간 아기들의 큰 두개골은 엉치뼈에 있는 산도에 꽉 끼게 된다.

영장류의 유산

모든 영장류 종들에서 기본적인 사회적 유대는 여성과 어린 아기와의 관계다. 남성은 다양한 역할을 보인다. 그러나 유독 사람만 남성과 여성이 짝을 짓고, 남성이 어린 아기에게 음식을 제공하고, 보호하고, 그리고 직접적으로 돌보기까지 하는 것을 볼 수 있다. 체형과 크기가 비슷한 긴팔 기본과 같은 몇몇 영장류들도 수컷은 대부분의 시간을 자신의 경계 지역을 순찰하고 다른 수컷들이 접근하는 것을 예방하여 자신의 경계 지역 내에서 부부 관계가 오랫동안 유지되도록 한다. 인간 진화의 어느 시절부터 남성은 여성과 아기의 사회적인 교류에 깊이 관여하기 시작하였을 것이다. 송곳니가 작아지는 것이 바로 이러한 변화가 일어난 때라고 생각할 수 있는 것이다.

침팬지와의 비교는 연구자들이 인간 진화의 이정표에 새롭고 의미심장한 관점을 가질 수 있도록 할 것이다. 여성 침팬지는 배란기가 되면 궁둥이가 부풀어 오르는 것을 볼 수 있다. 이러한 암놈의 발정 표시는 스스로 남성을 받아들일 수 있다는 것을 보이는 행위로 언제 암컷이 수컷의 성적인 요구를 받아들일 수 있는가를 보여주는 것이다. 하지만 인간 여성은 그렇게 분명한 시위를 하지는 않는다. 그래서 언제 배란이 일어났는지를 전혀 남성에게 알려주지 않는다. 인간의 성행위는 배란과 관계되어 며칠간만 가능한 것이 아니다. 하나의 시나리오를 따른다면 진화의 초기, 한 인간 남성이 자신의 짝짓기 행위로 생긴 결과인 아기가 자신의 씨앗인

아이들을 키우는 일에는 어른들의 장기적인 책임이 뒤따른다. 오스트레일리아 원주민 여인이 어린 아이에게 실뜨개로 거북이 상징을 만드는 방법을 가르치고 있다.

지 확신할 수 없었을 것이다. 그러나 남성 중에 여성과 그 여성의 자식들을 지속적으로 매일 같이 돌보는 특수한 관계를 만들게 되면 이러한 사실은 더욱 명확하게 할 수 있다. 이렇게 함으로써 남성은 자손 번식에 성공할 수 있고, 자손을 돌보지 않는 다른 남성들과는 달리 자신의 유전자를 확실하게 물려줄 수가 있는 것이다.

인간 진화를 연구하는 다른 학자들에게 이러한 설명은 가족생활에 대한 이상적인 사례를 정당화하는 일이라고 생각될 수 있다. 예를 들어서 더욱 광범위한 비교를 해본다면 공개적인 장소에서 발정의 표시는 침팬지나 보노노에서 보다시피 영장류 종에서 대단히 희귀한 것이다. 발정 표시가 사라지는 것이 영장류의 하나의 속성이기 때문에 인간의 발정 행위 결여에 대한 특별한 설명은 필요가 없는 내용이다.

그렇다면 현재의 의문은 '언제, 왜, 성인 남성이 어린 아기에게 관심을 두고 음식을 제공하고, 돌보게 되었는가?'라는 것이다. 시간이 흐른 뒤 초기 인류가 상당히 진화한 다음에 사회 생활의 면모가 발달하는 단서들이 나타나는 것이다.

경제적인 유대

인간은 음식을 찾을 때 대단히 특별한 행동을 하게 되는데 음식을 찾아도 그 자리에서 바로 소비하지는 않는다. 대신에 다른 사람들이 있는 장소에서 먹기 위해서 가지고 간다. 이러한 일들은 오늘날 인간 사회에서 흔히 있는 일이지만 다른 포유류 짐승들은 가는 곳에서 바로 먹는 것이 보통이라는 점에서 이상한 행위라고 할 수 있다. 음식을 구하고 약간 시간이 흐른 다음에 먹는 것은 다른 포유류들 사이에서도 볼 수 있다. 이보다 더 나아가, 식료품점에 갔을 때 채소들을 재배하고 손질하고 운반하여 그 가게에 전시하고 있다는 사실을 생각하고, 다른 한편으로 야채를 사서 그 자리에서 포장을 뜯고 꺼내 먹지는 않는다는 것을 생각해 보라. 사람들은 음식을 장만하여 먹는 데 몇 시간이 걸리고, 심지어 며칠이 걸릴 수도 있다. 식당이라는 의미는 말하자면 모든 영장류가 먹는 방식이라고 할 수 있는 '발견하면 먹어라'는 방식에 가장 근접하다고 할 수 있다.

다른 사람에게 음식을 가져다 주는 행위는, 새가 둥지에 있는 새끼들을 위해 음식을 물어 오는 것과 같은 것이라고 생각하게 될지 모른다. 하이에나, 들개 그리고 다른 맹수들 역시 어린 것들을 보금자리에 두고 다닌다. 그러나 사람들은 음식을 운반하고, 그리고 음식을 대단히 우아한 방식으로 다른 성인들과도 나누어 먹는 것이다. 이러한 행위는 가정을 꾸리는 성인 남성과 여성들 사이에 상당한 기대치와 의무가 생겨나게 만드는 것이다.

인간 가족은 엄청나게 다양하지만, 모든 사회는 여성과 남성 사이에 자손 번식을 위한 유대뿐 아니라 경제적인 유대, 즉 성인 남녀가 자원을 나누고 합치는 책임까지도 가지고 있다. 비록 대부분의 문화에서 가족생활은 성인 사이의 '한 쌍 짝짓기'의 과정으로 시작하지만, 모든 사회는 '한 쌍 부부' 관계의 중요성을 인정하고 있으며, 다른 말로 바꾸면 이러한 경제적인 관계에 중점을 두는 것이라고 할 수 있다. 많은 전통 문화에서 이러한 관계는 혼인 지참금의 형태로 반영되거나 신부 값 지불로 이어지는데, 이것이 바로 가족의 결혼과 통합을 승인하는 데 대한 보상으로 간주되는 것이다. 이혼의 재정적인 측면도 마찬가지로 하나의 가족으로서

FAQ:
이성 간의 크기 차이가 항상 있는 것일까?

많은 영장류의 수컷은 같은 종에 속해 있는 암컷보다도 큰 것이 보통이다. 이러한 크기 차이는 종의 짝짓기의 행위 방식에 따라서 달라진다. 고릴라처럼 수컷이 상당히 큰 경우에 하나의 수컷이 여러 암컷들을 짝짓기의 대상으로 거느리는 경우가 대부분이다. 기본처럼 수컷과 암컷의 크기 차이가 작으면 상당히 오랫동안 한 쌍 부부로서 생활하게 된다. 과학자에 따르면 영장류 종들 중에서 수컷이 특히 큰 경우에는 자손에 대해서 특별한 관심을 두지 않는 것이 일반적이다. 가장 초기 인류 종인 *아르디피테쿠스 라미두스*의 화석을 보면 남성과 여성의 크기 차이가 그다지 크지 않다. 그런데 초기 인류 중에서도 어떤 *오스트랄로피테쿠스*나 *파란트로푸스*의 경우에는 남성이 여성보다도 상당히 크다. *호모 에렉투스*가 출현한 이후로는 남성과 여성의 크기 차이는 점차로 줄어드는 경향을 보인다.

세 살배기 오스트랄로피테쿠스의 두개골 CT 영상에서 나타난 이미지 속의 아파렌시스의 젖니(황색)와 빠지지 않은 간니(흰색)들은 유인원과 같은 성장 패턴을 보여준다. 분홍색 부분은 두뇌의 외부 표면이다.

남성과 여성 사이의 유대 관계를 토대로 경제적인 의무를 반영하는 것이다. 이렇게 자원과 에너지의 통합은 인간 가족생활이라는 진화의 중심적인 자리를 차지하고 있다.

불자리와 가정

고고학적인 증거들을 보면 음식 소비가 지연되고 운반되어 나누게 되는 시기에 대해서 복잡한 단서들이 있다는 것을 알 수 있다. 성인 남성과 여성이 음식을 가져 오고, 그리고 자원을 공유하게 되는 장소로서 마을이나 집터 유적이 발달하는 것은 인간의 사회생활에 대한 이러한 특징적인 성격을 잘 보여주는 흔적이라고 할 수 있다.

이러한 것이 발달하는 과정을 이미 가장 오래된 고고학적인 증거에서 볼 수 있다. 260만 년 전에서 250만 년 전경 에티오피아 아와쉬 강 중류의 고나와 보우리 유적에서는 수백m에서 수km나 미터 떨어진 곳까지 운반되어온 석재들이 남아 있다. 서부 케냐의 칸제라 유적의 발굴에서 살점이 붙어 있는 뼈들이 반복해서 같은 장소로 운반되어 왔고, 석기를 제작하는 데 사용된 석재들이 12~13 킬로미터나 떨어진 산지에서 운반된 것으로 밝혀진 것이다.

많은 초기 고고학 유적들은 사회 집단의 구성원들이 반복적으로 방문하는 자리였다. 그러나 일부 유적들은 인류뿐 아니라 하이에나도 방문하여 불완전하게 처리된 사체들을 씹어 흔적을 남기기도 하였다. 이런 장소들은 초기 인류들이 자리 잡은 곳이 어린 아이나 나이든 사람, 그리고 병든 사람들을 돌보기 좋은 곳은 아니었다는 사실을 알려준다. 그럼에도 불구하고 260만 년 전에서 180만 년 전의 유적들에서는 구한 음식을 바로 먹기보다는, 아마도 이들이 요리하여 집단의 구성원들과 나누어 먹었던 장소로 반복적으로 운반한 것이 확인되고 있다.

170만 년 전에는 *호모 에렉투스*의 여성들이 큰 몸집을 가지게 되는데 두뇌, 몸 그리고 빠르게 성장하는 아기들을 돌보는 데 소요되는 집중된 에너지의 규모는 여성들의 능력에 큰 짐이 되었을 것이다. 인류학자들이 흔히 '보모'라고 부르는, 어린 것들을 돌보는 것을 도와주는 사람들이 필수적이었을 것이다. 성인 남성도 이러한 복합적인 구성에 중요한 역할을 하였을 것이다. 음식을 공유하는 특정한 여성의 어린 것들을 돌보고 도와줌으로써 성인 남성들이 자손들의 생존률에 결정적인 차이

FAQ:

우리는 왜 놀이를 하게 되나?

놀이는 단순히 즐겁기 때문에 하는 것은 아니다; 두뇌와 신체의 건강한 발육에 상당히 중요한 행위이다. 인간이나 다른 영장류들에게 놀이는 성인과 아이들의 유대 관계를 만들고 그리고 의미심장한 생리적인 이점이 성인이 되어서도 유지되기 때문이다. 놀이는 두뇌가 성숙하도록 자극하는 일 말고도 스트레스를 줄이고, 생활 에너지를 늘리고, 수명을 연장하는 데 도움을 주기 때문이다. 놀이는 아이들의 상상력을 개발하고, 유연성, 강도 그리고 인지와 정서적인 기술까지도 발달시켜 주기 때문이다.

현대생활에서는 많은 요인들이 놀이를 위협하고 있다. 가난, 어린이 노동, 급한 생활 방식 그리고 학업에 대한 스트레스 등이 바로 그러한 것들이다. 유엔의 인권위원회는 "지구상의 모든 어린이들이 놀이를 할 수 있는 권리를 가지고 있다"고 천명하였다.

를 만들어낼 수 있었을 것이다.

인간의 두뇌 크기는 신생아와 아이들이 필요로 하는 돌봄의 규모를 결정하는 데 가장 중요한 요소 중 하나다. 나중에 다시 설명하겠지만 인간의 두뇌가 가장 빠른 속도로 확장된 것은 80만 년 전에서 50만 년 전 사이에 일어나는 진화 과정에서 나타난다. 이 시기만 하더라도 여성의 출산도 크기보다 더 큰 머리를 가진 신생아가 태어났다. 어머니뿐만 아니라 아버지의 돌봄이 인간 두뇌의 진화를 위해서 필수적인 일이었다.

79만 년 전 이스라엘의 게샤 베노트 야아콥 유적 (화가의 복원도, 좌측)과 불에 탄 플린트 석재(위) 들이 불자리가 있었다는 것과, 그리고 인류가 그 불을 조절할 수 있었다는 것을 보여주고 있다.

80만 년 전에서 40만 년 전에 불자리와 집을 만들었던 것으로 확인할 수 있는 인간의 집터가 나타나는 것이 바로 이 시기다. 상당히 영구적인 구조를 가진 모임 장소가 생겨난 것은, 유인원이나 초기 고인류들처럼 얼기설기 급조하여 하룻밤을 지새는 보금자리가 더는 필요없었다는 점을 보여주는 징조인 것이다.

궁극적으로 불자리를 만들고, 가정을 꾸리고, 또한 아이들이 안전하게 자라고 놀 수 있는 장소를 구성하게 만드는 진화상의 이정표는, 바로 남성과 여성이 하루하루 먹거리를 장만하는 데 서로 의지하게 되었다는 점이다. 이 새로운 형태의 관계는 결국 오늘날 모든 의식과 인간 사회의 혼인 제도의 원천이 되는 것이며, 우리 바로 윗대 조상들에게는 음식 분배와 부모로서 돌봄의 기회가 크게 확대되는 계기가 되었을 것이다.

길어진 성장기

인간의 사회생활에서 가장 영향력 있는 요소는 모든 사람들이 태어나서 다른 사람에 의해서 헌신적으로 양육되지 않으면 안 되는 기간이 있다는 것이다. 이것은 어머니의 양육에서 시작되는데 젖을 떼고 난 다음에도 어린 아이들에게 부모들이 지속적으로 양육을 해야 하는 보호 기간까지 포함되는 것이다. 다른 모든 영장류들은 어미의 젖을 떼자마자 스스로 음식을 장만할 수 있게 되는 것이 보통이다. 사람의 아이들도 나가서 음식을 발견할 수는 있겠지만, 유년 시절에는 어른들이 돌보고 음식을 장만해주지 않으면 안 되는 시기로 정의될 수 있을 것이다.

인간의 특성을 정의하는 것 중의 하나가 생애의 주기가 길어졌다는 것이다. 유년기 이외에도 인간은 성인기라고 부르는 성숙기의 후반부, 급속하게 성장하는 청소년기, 그리고 늘어지는 사춘기 등의 주기가 있는 유일한 영장류다. 성숙하지 않은 고인류들의 화석 뼈들을 통하여 초기 인류들의 성장 기간이 얼마나 되는가를 알 수 있다. 이러한 고인류 화석들 중에서 에티오피아의 디디카 유적에서 나온 세 살배기 *오스트랄로피테쿠스 아파렌시스*의 화석 인골은 330만 년 된 것이다. 그리고 시리아의 데데리야 유적에서 나온 두 구의 *네안데르탈* 어린이의 뼈 화석은 7만 년 전 과 5만 년 전 것으로 알려지고 있다. 디디야 유적 아이의 경우 이빨의 빠지는 속도로 미루어 유인원들과 비슷한 성장 속도로 생각되는데, 두뇌의 경우에는 약간 늦은 감이 있어서 인간과 유사한 속도로 추정된다. 데데리야 유적의 *네안데르탈*인의 화석골은 이와는 반대로 뼈의 패턴, 두뇌 그리고 이빨의 발달이 오늘날 현대인들의 성장 속도 정도로 확장된 것을 볼 수 있다.

150만 년 전 케냐의 나리오코토메에서 발견된 투르카나 소년은 아프리카의 *호모 에렉투스*의 사례다. 현미경으로 관찰한 이빨의 에나멜층 상태로 볼 때 이 소년은 유인원과 비슷한 속도로 자란 것으로 보인다. 두 번째 어금니는 오늘날 대체로 11세나 12세 정도에 빠지는 것이 보통인데, 이 소년의 경우 8세 정도에 사망한 것으로 보이지만, 이 어금니가 이미 빠져 있었다. 이 사실은 호모 에렉투스들이 오늘날 인류들에게는 있는 유년기를 가지지 못했던 것을 보여주고 있다.

오늘날 우리의 전형적으로 길어진 성장 패턴을 보여주는 가장 오래된 사례가 모로코의 제

인간은 영장류들 중에서 유독 긴 유년기와 성인기를 가졌다. 이러한 단계들은 인간들이 배우고, 놀고, 사회화하고 중요한 경험들을 흡수할 수 있게 만든다. 또 한 가지, 다른 영장류들과 다른 인간만의 특성은 자손 번식 능력이 없어도 상당한 기간 동안 생존할 수 있다는 점이다.

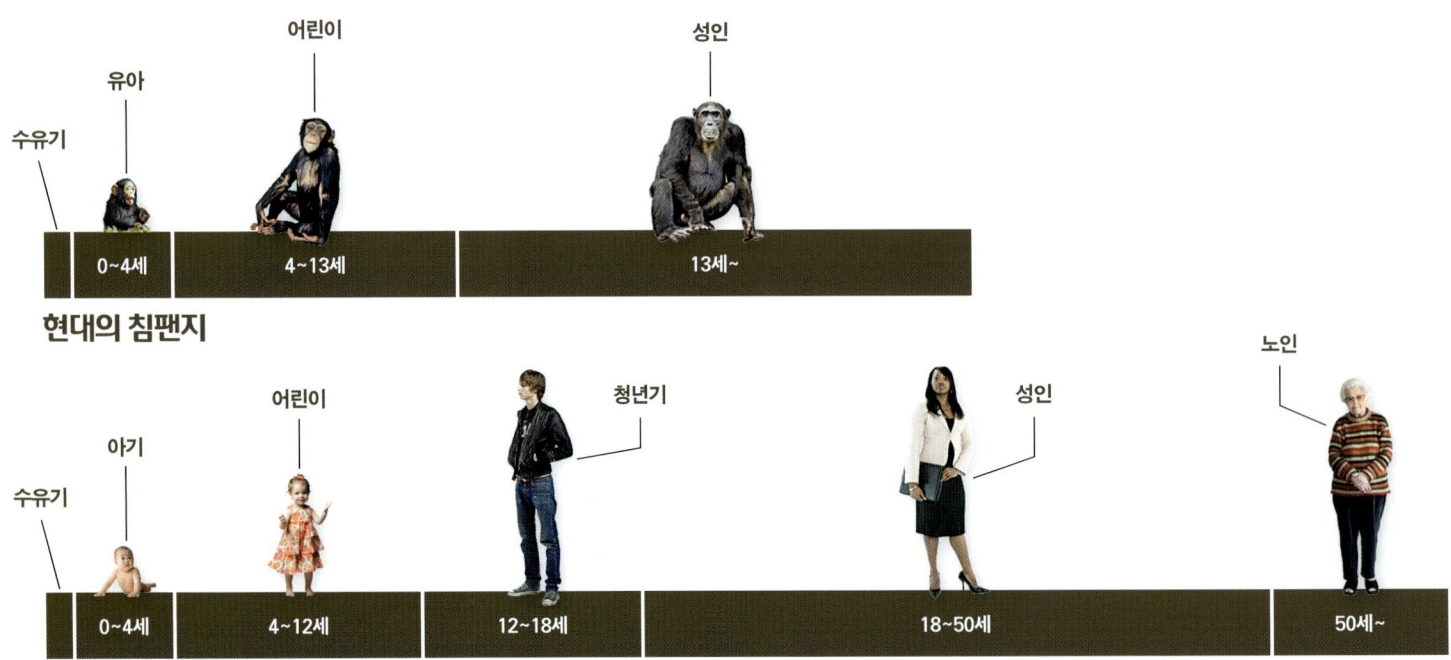

현대의 침팬지

현대의 사람

인간이라는 존재의 시작: 가족과 성장 | 79

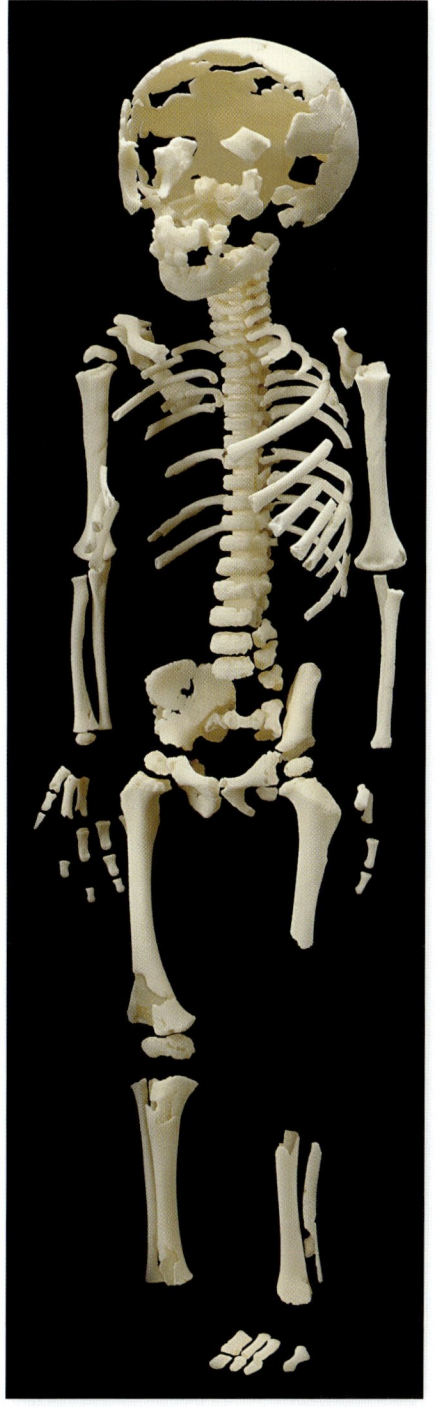

7만 년 전에서 5만 년 전의 두 살 난 네안데르탈 어린아이의 골격으로 83cm의 키를 가지고 있다. 데데리야의 시리아 동굴 안에 매장된 것이다. 오늘날의 어린이들과 같은 성장 속도를 보인다.

벨 이부루드 유적에서 발굴된 16만 년 된 *호모 사피엔스* 화석의 턱뼈. 이빨의 에나멜 층에 대한 정밀한 분석 결과 이 사람은 오늘날 7세나 8세 정도된 어린이 정도의 발달 모습을 보여주는데, 사망한 나이를 고려할 때 길어진 유년기가 있었다는 것을 확인시켜 주는 사례인 셈이다.

인간의 사회 생활에서 우리가 알아야 하는 두 가지의 다른 독특한 성질이 있다. 첫째, 우리는 다른 영장류들에 비해서 상당히 빠른 속도로 자손을 번식할 수 있는 능력을 가지고 있다. 오늘날 많은 문화에서 아기들의 터울이 평균 네 살 정도인데, 이것은 어머니가 아기를 임신하고 있거나 어린이를 키우는 동안 하나 아니면 둘 정도를 책임질 수 있다는 것을 의미한다. 빠른 자손 번식을 할 수 있는 능력은 상당히 길어진 성숙기를 생각한다면 호모 사피엔스의 진화가 이루어지는 시점까지 가족이나 사회적인 도움 체제 구축이 핵심적인 요소였을 것이다.

둘째로 인간은 자손 번식을 할 수 있는 시기보다도 훨씬 긴 생애를 살고 있다. 우리 인간 종은 할머니와 할아버지를 가지고 있다. 늙은이들은 세상에 대한 지식체계를 구성하는 데 도움을 주는 누적된 경험을 가지고 있다. 화석 기록들이 우리에게 누가 우리 인간사에서 가장 오래된 할머니 할아버지였던가를 말하지는 않지만, 조지아 공화국의 드마니시 유적에서 발굴된 178만 년 전의 늙은 남성 화석은 대단히 흥미로운 증거다. 이 고인류의 윗턱과 아랫턱은 뼈가 많이 남아 있지 않다. 이빨들은 죽기 전에 빠진 것이 틀림없다. 이빨이 없는 것은 바로 생존과 관계되기 때문에 이 사람은 소속 사회의 구성원 중 젊은 사람들의 도움으로 음식을 섭취했을 가능성이 크며, 이러한 사실에서 일부 인류학자들은 아마도 이것이 인류사에서 가장 오래된 부양의 증거라고 생각한다. 이 유적에서 드러난 증거로 미루어 우리의 조상들이 나이에 관계없이 늙은이거나 어린이거나 또는 서로 간에 돌보는 능력이 이 시기에 이미 존재하였던 것을 알 수 있다. 이러한 사회생활의 발달은 위험하고 어려움이 많은 세상을 살아나가는 데 강력한 안전 장치를 제공하였던 것이다.

CHAPTER 6

도구와 음식

우리의 초기 조상들은 돌의 한쪽 모서리를 쪼개 내서 도구를 만들었다. 돌을 깨뜨린 그 순간 우리의 주변 환경을 변화시키기 시작한 것이다. 이전에는 이빨로 했지만 예리한 모서리를 가진 묵직한 돌망치들을 가지고 음식 재료들을 자르고 부수면서 음식을 조리하였다. 버린 석기들이 쌓여있는 것은 자연에 쓰레기를 버린 사람이 있었다는 것을 암시하는 일이다. 우리의 선조들은 생존하기 위해서 그리고 안락함을 위해서 자원을 찾아 멀리 몇 마일이나 떨어진 넓은 지역으로 돌을 지니고 다닌 것이다. 초기의 석기 제작자들은 오늘날의 우리 눈에는 전혀 보잘 것 없는 '작은 씨앗'을 들고 다닌 것이다.

400만 년 전에, 초기 인류들은 새로운 종류의 음식을 가공하는 것을 시작하였다. 이들은 큼직한 이빨을 진화시킴으로써 가공을 시도하였다. 커진 이빨들은 어금니들, 즉 어금니와 앞어금니들이다. 다양한 음식을 먹는 것은 진화에 대단히 중요한 일이다. 그리고 넓적해진 어금니로 거친 음식을 갈고 부수는 방식이 등장하게 될 것이다. *오스트랄로피테쿠스*의 이빨에 남아 있는 미세한 흠자국들의 다양한 모양은 고인류들이 먹는 음식의 종류가 다양하였다는 것을 보여준다. 초기 인류 단계에서는 음식의 종류에서 어떤 변화든 간에 이빨의 진화적인 변화를 가져오게 되었던 것이다. 먹을거리 – 생물체가 구하고 먹는 음식 – 들은 바로 생명체의 생존, 자손 번식 그리고 생명체가 환경 적응력에 필수적인 에너지와 영양소의 원천이기 때문에 중요한 것이다. 어떤 새로운 음식들이 생겨서 우리의 조상들이 부수고 잘게 썰고 그리고 먹을 만하게 장만할 수 있는 방식에 영향을 주는 것이라면 인간의 진화에 중요한 요인이 되었다.

300만 년~250만 년 전 사이에 *오스트랄로피트*들은 남아프리카에서 지속적으로 번성하였지만 다른 지역에서는 절멸하였다. 이 시기는 기후 변화가 전 지구적으로 극심할 때였다. 이 시기 동안 북극을 중심으로 빙하가, 저위도 지방에서는 건조해지고, 초원 지대가 축소와 확장을 반복하였다. 그리고 한랭과 온난, 건조와 습윤 사이에 기후 변동의 폭이 커졌다. 이 시기가 끝날 무렵부터 150만 년 동안 인간 진화 과정에 두 종의 새로운 계통의 인류가 출현하는 것이다.

파란트로푸스계는 음식을 씹는 방식을 강화하였다. 어금니와 앞어금니가 엄청나게 커졌고, 얼굴과 턱뼈도 커져서 씹는 강도를 흡수할 수 있었으며, 가장 중요한 턱 근육의 뿌리가 붙어 지탱할 수 있는 두개골의 정수리 부분에 뼈돌기가 생성될 정도로 근육 강도가

다음 페이지: 베트남의 정육점에서 여러 종류의 고기들이 전시되고 있다. 동물성 단백질에 대한 인류의 관심과 이를 얻기 위해 도구를 만드는 능력은 *260만 년 전에 이미 존재했다.*

강해졌다. 이빨 구조의 강화를 통한 적응은 대단히 성공적이었다. 이러한 씹는 구조를 가장 극적으로 보여주는 고인류 종이 바로 *파란트로푸스 보이세이*인데, 적어도 100만 년 이상 동아프리카에서 번성하였다.

그렇지만 이 장에서는 다른 계통의 사람들이 적응한 방식에 대해서 다루게 되는데, 작은 턱을 가지고 궁극적으로 돌에서 떨어져 나온 작은 석기 박편을 가지고 살아남은 인류와 그 기술을 탄생시킨 새로운 방식에 대해서 논하게 될 것이다. 바로 이들이 *호모*다.

돌로 만든 이빨

가장 오래된 석기 제작의 증거는 지금으로부터 260만 년 전 에티오피아의 아와쉬 강 중류의 고나 유적에서 발견된 것이다. 이 유적에서 발견된 석기들에는 날카로운 박편, 여러 매의 박편을 떼어낸 석핵, 주먹 크기의 망치돌 등이 포함되어 있다. 석핵, 박편 그리고 망치돌의 한 세트 도구들은 초기 고인류들이 화산암을 이용하여 만든 것으로 이제까지 발견된 것 중에서 가장 기본적인 것들을 구비하고 있다. 동아프리카의 리프트 계곡은 어디를 가든지 굳어진 용암의 노두가 드러나 있고, 드물기는 하지만 규암이나 쳐트(세형돌날몸들) 같은 암석들도 초기 인류들이 이용했다.

260만 년 전 이전의 고인류들 중 어떤 종도 석기를 사용한 흔적은 없다. 그러나 260만 년 전이 되어 초기 인류 중에서 인공적인 가공 형태를 뚜렷이 보이는 석기를 제작할 수 있는 능력을 갖춘 집단이 나타났던 것이다. 이 사람들은 이미 망치돌과 석핵의 타격 구조를 마스터하였으며 둥근 원석의 양면에서 정교하고도 강한 연속적인 타격으로 박편을 떼어낼 줄 알았다. 석기 제작의 가장 기본적인 기술이라고 할 수 있는 타격 각도를 90도 이하로 유지할 줄 알았으며, 그리고 타격면에서 예리하고도 길쭉한 석편을 어떻게 하면 연속해서 만들 수 있는지를 잘 알고 있었다.

230만 년 된 케냐의 투르카나 호수 서쪽에 있는 로카레레이 유적에도 많은 돌조각들이 남아 있었는데, 이 중에서는 깨어진 면들이 서로 맞아 들어가서 재조합되는 것들이 있다. 이러한 작업은 발굴 후 고고학자들이 석기를 연구실로 가져와서 시도하게 되는 지루하기 짝이 없는 과정이다. 로카레레이 재조합 석기는 수십 점의 박편으로 구성되어 있는데, 이 시기에 도구 제작자들이 어떻게 좋은 돌을 찾아내고 한 번 한 번 정확한 타격으로 돌을 다루어야 하는지와 그리고 작은 돌 덩어리 하나에서 날카로운 박편들을 많이 만들 수 있는 방식을 이미 알고 있었다는 것을 보여준다.

이 초기 도구 제작자들의 기술 수준은 260만 년 전의 어느 시점에서, 오늘날에는 다른 자갈돌들과 섞여서 구분하기가 쉽지 않겠지만, 자갈돌들이 많이 남아 있는 건조한 시냇가에서 제작되었을 것으로 짐작하는 정도다. 260만 년 된 최초의 석기들은 유적에 집중적으로 나타난 것인데, 고인류들이 이 지점을 반복해서 방문하여 도구를 사용함으로써 생겨난 석기 집중 유적이다.

돌을 운반하면서 석기를 만드는 행위는 초기 인류의 생존에서 두 가지 문제를 해결하였을 것이다. 첫째, 석기의 출현은 인간의 신체 외부에서 처음으로 음식이 조리되는 것을 의미한다. 날카로운 박편이나 뭉개는 도구들은 고인류의 입 속에 있는 이빨의 기능에 큰 도움을 주었을 것이다. 과거에 도저히 손대지 못하였던 새로운 종류의 음식들을 이제 먹을 만하게 된 것이다. 날카로운 박편들은 동물의 두터운 가죽을 벗기고 뼈에 붙어 있는 살을 발라낼 수 있게 하였다. 위험한 다른 맹수들이 접근하기 전에 동물의 사체로부터 먹을만한 다리 한 짝을 잘라내 다른 곳으로 옮겨 갈 수 있도록 하였다. 석기로 나뭇가지를 다듬어 땅 속에 남아 있는 뿌리와 같은 것들을 뒤지거나 또는 땅 속의 물을 취하는 구멍을 팔 수 있었을 것이다. 이러한 행위들은

반대편: *우리의 가장 가까운 사촌인 침팬지의 도구들은 다양한 목적으로 사용된다. 망치돌과 모루는 단단한 오일 팜 너트를 깨는 데 사용되고 아래의 작은 나뭇가지들은 개미를 잡을 때 개미굴에 넣는 도구다. 그리고 위쪽의 다듬어진 가지는 잠자는 부쉬베이비를 사냥할때 찌르는 데 사용된다.*

아래: *기니아의 바쏘에 사는 침팬지들이 무리를 지어서 견과류를 깨는 장면이다. 바로 이러한 행위가 도구 사용의 지혜가 세대 간에 이어지게 만드는 것이다.*

우리가 우리 조상으로부터 물려받은 이빨과 손만 가지고 있다면 불가능한 일이다. 망치돌은 석기들을 제작하는 것에만 유용한 것이 아니라, 견과류를 깨거나 나무의 뿌리나 가지를 으깨는 데 그리고 뼈를 부수어 지방질이 많은 골수를 꺼내는 데도 유용한 도구였을 것이다. 이 기본적인 도구들은 몸 외부에서 음식을 준비하고 씹을 수 있도록 하였으며, 다른 어떤 포유류가 입에 넣고 씹을 수 있는 것이면 이 도구 제작과 사용을 통해 인류들도 먹을 수 있게 된 것이다.

원래의 석재가 있던 석재노두나 강자갈이 모여 있는 장소로부터 멀리 도구를 가져갈 수 있는 능력은 두 번째 문제를 해결하였다. 이 석기들을 어떠한 음식자원이 있는 곳이라도 가져

망치돌

석핵(몸돌)

박편

위 그림에서 보여주는 것은 고인류들이 둥그스름한 망치돌을 이용하여 또 하나의 다른 돌에서 날카로운 날을 가진 박편을 떼어내는 과정이다.

갈 수 있는 새로운 '석기 이빨'이 된 것이다. 초기 인류들이 음식을 발견하고 이것을 석재노두가 있는 곳까지 들고 갈 필요는 없는 것이고, 음식을 구하러 나갈 때 석핵이나 망치돌을 들고 다니거나 또는 집단의 구성원들이 찾아서 사용할 수 있도록 어떤 장소에 두면 되는 것이었다. 석기를 운반할 수 있다는 점은 석기 제작 기술과 마찬가지로 대단히 핵심적인 것이었다. 음식을 가져와서 음식을 조리하는 것이 같은 장소에서 함께 일어날 수 있게 만든 것이다. 이러한 점에서 도구를 운반한다는 것은 인간의 사회생활과 음식의 분배가 가족 중심으로 발전되는 근본적인 변화가 일어날 수 있기 위한 전제 조건이었던 것이다.

새로운 에너지원에 대한 접근이 이루어진다는 것은 인간의 진화에서 중요한 이정표다. 석기가 나타나자 동물의 뼈들에서 살을 떼어낸 흔적들이 나타나고 석기를 이용하여 도살할 때 생긴 훼손이 목격된다. 케냐의 칸제라 유적의 200만 년 된 석기날에 대한 현미경 관찰에서 억센 식물성 껍질들을 자를 때 생긴 마모흔들을 확인할 수 있었다. 도구 제작자들은 확장된 두뇌에 도움을 줄 수 있는 에너지가 가장 풍부한 음식에 집중하였을 것이다.

언제부터 초기 인류 도구 제작자들이 동물을 먹는 것에 의존하게 되었던가? 또는 규칙적으로 사냥을 하게 되는 시기는 언제부터인가? 아직도 분명하지는 않다. 아직도 50kg에 못

주먹도끼 제작자들이 성공하였다는 또 다른 단서는 이들이 살았던 조건들을 보면 알 수 있다. 올로게세일리에 유적에서 작업하는 동안 스미소니언 연구 팀은 이 유적에서 과거 아슐리안 사람들이 수십만 년 동안 경험하였던 경관, 음식과 수자원이 엄청나게 변하고 있었다는 것을 발견하였다. 환경의 활발한 변화는 아슐리안 주먹도끼가 문화의 정체성을 말하는 것이

수천 개의 주먹도끼들이 흩어져 있는 케냐의 올로게세일리에 유적 광경. 스미소니언 연구소의 릭 포츠 교수가 이 유적 초기 인류의 삶과 적응에 대해서 연구하고 있다.

아니라, 오히려 유연한 적응력을 증가시키는 요소의 일부였다는 것을 거꾸로 보여주는 셈이다. 주먹도끼는 석기시대의 '스위스 아미 나이프(Swiss Army Knife)'라고 할 수 있는데 소지하기 편하고, 즉각적으로 사용할 수 있고, 박편을 만드는 데 편리한 자원이며, 오랫동안 사용할 수 있는 날이 있고, 또 쉽게 즉석에서 재가공할 수 있다는 장점이 있다. 이 도구는 아주 정교한 자르기 작업부터 나뭇가지를 쳐내는 기능까지 수행할 수 있는데, 현대의 실험에서도 주먹도끼가 할 수 있는 일들이 다양하다는 것을 보여주고 있다. 올로게세일리에 유적에서는 모룻돌도 발견되었는데, 이것들은 나무 줄기나 여러 가지 식물들의 가지를 으깨는 데 사용하였다. 변화하는 환경 속에서 아슐리안 도구들은 여러 가지 다른 용도로 사용되었을 것이다.

이 두 종류의 돌들은 다른 돌들보다도 멀리 운반되었다. 주먹도끼 제작자들은 암석의 기계적인 특성에 대해서 세밀하고도 직관적인 지식을 갖추고 있었다. 그들은 어떤 돌이 가장 좋은 질을 가지고 있는지를 판단하는 능력을 갖추고 있었으며, 이런 석재들이 존재하는 지리적인 위치에 대한 정보도 가지고 있었다. 100만 년 동안 이런 대형 자르개 도구를 만들었다는 것은 인류의 진화가 정체된 것으로 보이게 만들었다.

주먹도끼가 그렇게 오랫동안 초기 인류의 기술에서 중심적인 역할을 할 수 있었던 이유는 무엇일까? 이 질문에 답하기 위해서는 기술 변화가 급속하게 이루어지고 또한 문화적인 노하우가 언어적으로 소통이 가능한 오늘날의 시각에서 보면 안 된다. 수십 년 동안 고고학자들은 주먹도끼를 만드는 전통이 수만 세대 지속되려면 어떤 형태로든 언어가 있어야 한다고 생각해왔다. 그러나 만일 주먹도끼를 만드는 법을 가르치는 데 언어가 실제로 중요한 역할을 하였다면 도구 제작자들은 틀림없이 똑같은 말을 오랜 기간 동안 수없이 반복하여 말했을 것이라는 점을 생각하지 않을 수 없다. 나중에 다시 논하게 되겠지만, 언어의 가장 중요한 특성은 변화하는 것이다. 변화하지 않으면 새로운 생각이나 혁신을 설명할 수 없는 것이다. 주먹도끼 제작자들의 제품 보증서는 그들이 만든 도구에서 확인할 수 있는 안정성에 대한 감각인 것이다.

답변의 일부는 초기 올도완 석기 공작에서 어떻게 주먹도끼가 발달하게 되었던가를 이해함으로써 가능하다. 올도완 도구 제작자들이 시작하는 것은 둥근 천석이나 암석으로부터 떼어낸 울퉁불퉁한 중간 석재인데, 석기의 예리한 날을 만들거나 박편을 생산하는 과정에서 많은 폐기 석재들과 부스러기 돌들이 생기게 되는 것을 의미하는 것이다. 이 대형 석재는 아마도 100개 이상의 박편을 힘들이지 않고 만들어낼 수 있을 만큼 큼직한 돌일 것이다. 주먹도끼 제작자들은 대형 박편을 깨뜨려내고 박편의 두터운 부분을 다시 약간 손질하여 쓸만한 날로 가공하였다. 도구 제작자들의 작업이 끝나면 주먹도끼는 휴대하고 다닐 수 있는 편리한 도구로서 아슐리안 식량 수탈자들의 기동성을 높여준 것이다.

초기 인류는 도구를 사용하여 단백질과 지방이 풍부한 대형 포유류들을 먹게됨으로써 인간 조상의 생태를 상당히 변화시켰다.

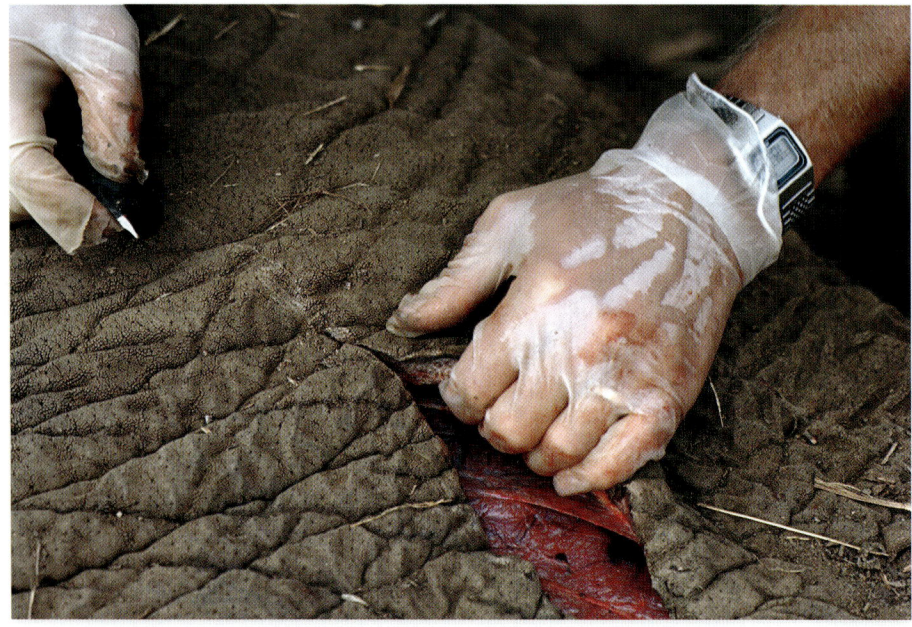

고고학자들이 석기를 가지고 실제로 코끼리를 도살하는 실험을 하고 있다. 이 실험은 석기에 남은 사용흔을 현미경으로 관찰함으로써 알아낸 고대 도구의 사용법 덕분이다

형시키는 데 중요한 혁신을 가져온 것이다.

셋째, 초기 인류들의 도구 사용은 그들로 하여금 단백질과 지방이 풍부한 대형 포유류들을 선호하도록 만듦으로써 당시 조상들의 생태를 상당히 변화시켰다. 이것은 영장류의 진화에서 선호 음식을 바꾸는 유일한 사건이었다. 침팬지와 몇몇 다른 영장류들은 작은 짐승들을 죽여서 먹기도 했지만, 작은 먹잇감은 전체 음식의 비중에서 2내지 5퍼센트 정도였다. 석기를 만든다는 것은, 이와 대조적으로, 자신의 몸체보다도 훨씬 큰 짐승들을 먹잇감으로 삼을 수 있었으며, 아프리카 맹수들의 위험한 영역 속으로 큰 걸음을 내딛게 된 것이다.

애초에 이러한 차이는 정도의 문제였을 것이다. 그러나 잘 다듬어진 석기가 이루어낸 음식과 생활 양식의 확장은 궁극적으로 인간들이 거대한 숫자의 에너지원과 기회를 추구할 수 있도록 만들었던 것이다.

편리한 도구

초보적인 도구들은 루이스와 메리 리키가 단순한 석기를 처음으로 발견하였던 탄자니아의 올두바이 고르지 유적의 이름을 따서 부르게 되었다. 100만 년 동안 올도완 석기들은 초기 *호모* 집단의 목적을 충족시켜 주었다. 170만 년 전경에 호모들이 20~40cm 정도의 대형 박편을 떼어내는 기술을 터득하게 되었을 때 주요한 기술 발전이 진행되었다. 160만 년 전까지는 들고 다닐 수 있는 이러한 대형 박편의 날 주위를 잘게 두드려 다듬었고, 끝이 뾰족하거나 둥글게 도구를 만드는 것이 보통이었다. 이러한 석제 도구들이 바로 주먹도끼이며, 이러한 도구를 만드는 전통을 흔히 '아슐리안'이라고 부르는데, 이것은 주먹도끼가 최초로 발견된 프랑스의 쌩 따쉴이라는 유적에서 따온 이름이다.

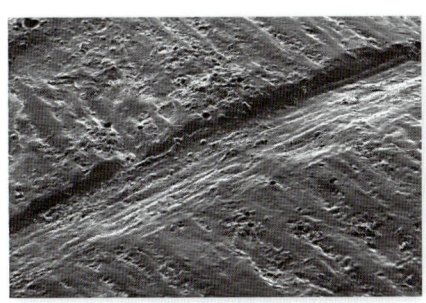

전자현미경으로 현대의 뼈에 대한 석기 사용흔(아래)과 구석기시대의 뼈에 남은 도살흔(위)을 구분할 수가 있다.

주먹도끼, 끝이 가로로 만들어진 가롯날도끼 그리고 이 밖의 대형 자르개들이 특징적인 아슐리안 문화는 40만 년 전에서 25만년 전까지 지속되었다. 아마도 아프리카나 유럽의 일부 지역에서는 이보다 늦은 시기까지 지속되었을 것이다. 120만 년 동안 지속된 주먹도끼 공작은 박편, 석핵, 망치돌의 기초 도구 집합들과 함께 상상을 초월할 정도로 긴 시간 동안 계속된 셈이다. 최초의 100만 년 동안 160만 년 전에서 60만 년 전까지의 시간에는 대형 아슐리안 자르개 석기 제작에 큰 변화가 없었다. 아슐리안 석기를 만드는 석재에 따라서 약간의 변화와 발전이 있기는 하지만, 60만 년 전의 아슐리안 주먹도끼도 100만 년 전의 것이나 크게 다를 바 없이 원시적인 형태를 가지고 있기도 하다. 혁신을 위한 충동이 아직도 *호모 에렉투스*나 *호모 하이델베르겐시스*들의 마음 속에 일어나지 않았다는 것을 말하는 것이다.

도구 제작자들은 어떠한 석재든지 간에 주먹도끼로 만들 수 있었다. 스미소니언 연구소가 조사하고 있는 케냐의 올로게세일리에 유적의 경우에 초기의 도구 제작자들은 유적 일대에서 14가지의 다른 화산암을 구할 수 있었는데, 이 암석들은 쪼개짐이나 내구성에서 다른 성질을 가지고 있었다. 우리의 연구에 의하면 도구 제작자들은 이 돌들에 대해서 너무도 잘 알고 있었다. 이 돌들에 대한 기계적인 시험 결과 올로게세일리에 사람들이 주로 사용한 것은 두 가지의 암석이었다. 이 암석들은 가장 쉽게 박리되고, 강하고 오래 지속되는 날을 만들 수 있는 석재들이었다.

미치는 어린 얼룩말과 작은 가젤양들을 도살한 증거들이 칸제라 유적에 잘 남아 있다. 그러한 크기의 동물들은 손으로도 잡을 수 있는 것들이다. 왜냐하면 작은 먹잇감들은 아프리카의 맹수류에게는 금세 소비되고 또 시체 청소부들에 의해서 아무 것도 남겨지지 않는다. 그러나 260만 년 전에서 150만 년 전경의 고고학 유적에는 이러한 동물들을 도살한 흔적들이 남아 있지만, 초기 인류들이 도구를 가지고 큰 짐승들 즉 얼룩말 또는 와일드 비스트, 그리고 이보다 희귀하기는 하겠지만, 하마나 코끼리 같은 동물들을 공격하여 쓰러뜨린 증거는 없다. 도구를 사용한 초기 인류들은 여러 가지 다른 종류의 동물들 고기나 골수를 능숙하게 확보하였으며, 그리고 이러한 작업들은 숲이나 초원지에서 다양하게 이루어졌다. 이러한 증거들은 초기 석기 제작자들이 동물성 단백질을 구할 때 주어진 새로운 기회를 잘 대변하는 것이다.

도구를 만들기 위한 도구

도구를 만드는 일은 인간의 특성을 규정하는 것으로 간주되어왔다. 그러나 제인 구달이 처음으로 탄자니아의 곰비 보호 구역에 사는 침팬지들이 흰개미를 잡기 위해서 작대기를 얼마나 잘 다듬는가에 대해서 서술한 이후로, 유인원들도 도구를 만들 수 있다는 것이 알려지게 되었다. 침팬지들의 도구들은 물을 빨아들일 수 있는 나뭇잎 스폰지에서 습지를 잘 건널 수 있도록 도와주는 작대기, 개미굴에 넣을 수 있는 작대기에서 개미굴을 파헤칠 수 있는 나뭇 가지에 이르기까지, 견과류를 깰 수 있는 망치돌과 모루돌, 부쉬베이비 같은 작은 영장류들을 찌를 수 있는 창으로 사용하는 작대기 등 다양한 도구들을 사용한다.

침팬지의 도구 사용, 도구 제작, 털 손질과 다른 행위들은 문화라고 묘사되기도 하는데, 이것은 각각 다른 지역에 살고 있는 집단들이 저마다 독특한 행위 방식이 있다는 의미다. 견과를 깨뜨리기 위해서 망치돌과 모루돌을 사용하는 것은 서아프리카 지역의 침팬지들에게서도 관찰되는데, 대단히 흥미로운 것은 이 돌들을 다른 나무로 이동할 때 가져가는 행위다. 음식의 찌꺼기, 즉 견과류 껍질들이 둥글게 만들어진 돌 도구들 옆에 쌓여 있다. 어린 침팬지가 돌망치를 사용하여 견과류 껍질을 깨는 방법을 보고 배우는 것이나, 나뭇가지를 다듬어서 개미를 잡아내는 법을 배우는 데 몇 달 또는 몇 년이 걸린다는 사실로 볼 때 유인원과 우리의 선조가 공유한 이러한 능력들이 초기 인류 단계에서 석기를 만드는 시작 단계임을 알 수 있다.

초기 인류의 도구 제작은 침팬지의 도구 제작과는 세 가지 점에서 다르다. 첫째, 침팬지는 손을 이용하여 작대기, 나뭇잎 그리고 다른 자연물을 다듬는다. 반면에 인류의 가장 오래된 기술은 다른 도구를 만들기 위해 도구를 사용하는 것이다. 망치돌을 가지고 석핵에서 박편을 떼어내는 방법은 우리에게 알려진 가장 오래된 도구 제작 기술이다. 도구를 사용해서 도구를 만드는 것은 초기 인류의 기술 특성인 셈이다.

둘째, 가장 오래된 도구 제작자들은 박편, 석핵 그리고 망치돌 등 수백 편의 석기들이 집중되어 있는 양상을 만들어 내는데, 이것은 음식을 그 자리로 가져온 것과 관계된다. 침팬지들은 도구를 견과류 나무나 다른 음식자원으로 가져오는데 반해서 초기 인류들은 도구와 음식을 물가나 나무 그늘 밑과 같이 자신들이 살고 있는 경관 속의 어떤 특정한 장소로 가져왔다. 음식과 도구와 관련된 이러한 '이중 운송' 체제는 인간의 사회적인 행위를 궁극적으로 변

돌인가 또는 석기인가?

석기라고 하는 것은 자연적으로 부스러진 돌이 아니라 인간에 의해서 의도적으로 변형된 것이다. 초기의 석기들은 돌에서 망치돌을 가지고 의도적으로 내리쳐서 날카로운 돌쪼가리를 얻어낸 것들이다. 그 결과 몸돌에는 떨어져 나간 흔적들이 겹쳐져 있고 떨어져 나온 박편들과 부스러진 망치돌이 남게 되는 것이다. 이러한 변형된 모든 돌들을 보고 고고학자들이 석기라고 판정하게 되는 것이다. 후대의 석기 제작 기술에는 석기를 제작하는 과정에서 정확한 형태로 만들어내기 위해서 일정한 단계를 적용하게 된다.

석기의 출토 상황도 역시 중요한데 암석의 절벽 바닥이나 강과 같이 빠른 물이 흐르는 곳에 쌓이면서 자연적으로 쪼개진 돌들과 구분하기 어렵기 때문이다. 가장 쉽게 석기를 판정하는 중요한 기준의 하나는 도저히 자연적으로 생성될 수 없는 상황에서 발견된 변형된 돌 조각이다.

하는지와 그리고 작은 돌 덩어리 하나에서 날카로운 박편들을 많이 만들 수 있는 방식을 이미 알고 있었다는 것을 보여준다.

이 초기 도구 제작자들의 기술 수준은 260만 년 전의 어느 시점에서, 오늘날에는 다른 자갈돌들과 섞여서 구분하기가 쉽지 않겠지만, 자갈돌들이 많이 남아 있는 건조한 시냇가에서 제작되었을 것으로 짐작하는 정도다. 260만 년 된 최초의 석기들은 유적에 집중적으로 나타난 것인데, 고인류들이 이 지점을 반복해서 방문하여 도구를 사용함으로써 생겨난 석기 집중 유적이다.

돌을 운반하면서 석기를 만드는 행위는 초기 인류의 생존에서 두 가지 문제를 해결하였을 것이다. 첫째, 석기의 출현은 인간의 신체 외부에서 처음으로 음식이 조리되는 것을 의미한다. 날카로운 박편이나 뭉개는 도구들은 고인류의 입 속에 있는 이빨의 기능에 큰 도움을 주었을 것이다. 과거에 도저히 손대지 못하였던 새로운 종류의 음식들을 이제 먹을 만하게 된 것이다. 날카로운 박편들은 동물의 두터운 가죽을 벗기고 뼈에 붙어 있는 살을 발라낼 수 있게 하였다. 위험한 다른 맹수들이 접근하기 전에 동물의 사체로부터 먹을만한 다리 한 짝을 잘라내 다른 곳으로 옮겨 갈 수 있도록 하였다. 석기로 나뭇가지를 다듬어 땅 속에 남아 있는 뿌리와 같은 것들을 뒤지거나 또는 땅 속의 물을 취하는 구멍을 팔 수 있었을 것이다. 이러한 행위들은

반대편: 우리의 가장 가까운 사촌인 침팬지의 도구들은 다양한 목적으로 사용된다. 망치돌과 모루는 단단한 오일 팜 너트를 깨는 데 사용되고 아래의 작은 나뭇가지들은 개미를 잡을 때 개미굴에 넣는 도구다. 그리고 위쪽의 다듬어진 가지는 잠자는 부쉬베이비를 사냥할때 찌르는 데 사용된다.

아래: 기니아의 바쏘에 사는 침팬지들이 무리를 지어서 견과류를 깨는 장면이다. 바로 이러한 행위가 도구 사용의 지혜가 세대 간에 이어지게 만드는 것이다.

우리가 우리 조상으로부터 물려받은 이빨과 손만 가지고 있다면 불가능한 일이다. 망치돌은 석기들을 제작하는 것에만 유용한 것이 아니라, 견과류를 깨거나 나무의 뿌리나 가지를 으깨는 데 그리고 뼈를 부수어 지방질이 많은 골수를 꺼내는 데도 유용한 도구였을 것이다. 이 기본적인 도구들은 몸 외부에서 음식을 준비하고 씹을 수 있도록 하였으며, 다른 어떤 포유류가 입에 넣고 씹을 수 있는 것이면 이 도구 제작과 사용을 통해 인류들도 먹을 수 있게 된 것이다.

원래의 석재가 있던 석재노두나 강자갈이 모여 있는 장소로부터 멀리 도구를 가져갈 수 있는 능력은 두 번째 문제를 해결하였다. 이 석기들을 어떠한 음식자원이 있는 곳이라도 가져

망치돌

석핵(몸돌)

박편

위 그림에서 보여주는 것은 고인류들이 둥그스름한 망치돌을 이용하여 또 하나의 다른 돌에서 날카로운 날을 가진 박편을 떼어내는 과정이다.

갈 수 있는 새로운 '석기 이빨'이 된 것이다. 초기 인류들이 음식을 발견하고 이것을 석재노두가 있는 곳까지 들고 갈 필요는 없는 것이고, 음식을 구하러 나갈 때 석핵이나 망치돌을 들고 다니거나 또는 집단의 구성원들이 찾아서 사용할 수 있도록 어떤 장소에 두면 되는 것이었다. 석기를 운반할 수 있다는 점은 석기 제작 기술과 마찬가지로 대단히 핵심적인 것이었다. 음식을 가져와서 음식을 조리하는 것이 같은 장소에서 함께 일어날 수 있게 만든 것이다. 이러한 점에서 도구를 운반한다는 것은 인간의 사회생활과 음식의 분배가 가족 중심으로 발전되는 근본적인 변화가 일어날 수 있기 위한 전제 조건이었던 것이다.

새로운 에너지원에 대한 접근이 이루어진다는 것은 인간의 진화에서 중요한 이정표다. 석기가 나타나자 동물의 뼈들에서 살을 떼어낸 흔적들이 나타나고 석기를 이용하여 도살할 때 생긴 훼손이 목격된다. 케냐의 칸제라 유적의 200만 년 된 석기날에 대한 현미경 관찰에서 억센 식물성 껍질들을 자를 때 생긴 마모흔들을 확인할 수 있었다. 도구 제작자들은 확장된 두뇌에 도움을 줄 수 있는 에너지가 가장 풍부한 음식에 집중하였을 것이다.

언제부터 초기 인류 도구 제작자들이 동물을 먹는 것에 의존하게 되었던가? 또는 규칙적으로 사냥을 하게 되는 시기는 언제부터인가? 아직도 분명하지는 않다. 아직도 50kg에 못

불

주먹도끼 제작 기술이 나타나기 전 초기 인류들은 아프리카에서 아시아로 올도완 석기 제작 기술로 무장한 채 퍼져 나갔다. 이 간단한 도구 모음조차도 고인류들이 새로운 환경에 적응하는 데 큰 도움이 되었다. 120만 년전 경 아프리카로부터 시작된 두 번째의 인류 확산 과정에서 주먹도끼는 서아시아와 남아시아로 퍼져 나게 되었다. 80만 년 전에 대형의 자르개 도구들이 동아시아 지역에서도 만들어졌다. 남중국의 보서 분지에서는 고인류들이 대형의 자르개 제작 기술을 가지고 유성우의 충격으로부터 회복하는 지역에서 살아가고 있었다. 50만 년 전에는 아슐리안 주먹도끼가 영국을 포함한 북유럽의 추운 지역까지 퍼져 나갔다.

인간의 조상들이 새로운 장소에 도달하더라도 변화는 더디게 나타나지만 어떤 경우, 혁신은 새로운 가능성을 열어 주었다. 가장 중요한 것이 불을 사용하는 것이다. 이미 180만 년 전에 불에 탄 작은 흙바닥이나 불에 탄 뼈들이 몇몇 유적에서 발견되었는데, 아직도 이 시기에 고인류가 불을 사용하였을 것인지에 대해서는 확신하기 어렵다. 가장 오래된 확실한 증거는 79만 년 전에 발견된 불자리인데, 이스라엘의 게셔 베노트 야코브 유적이다. 불에 탄 씨앗, 나무 그리고 석기를 만드는 과정에서 생겨난 작은 플린트 석재편들이 집중되어 있었는데, 이는 고인류의 생활에 중요한 발전이 있었다는 것을 보여주는 증거다. 화덕에서 불을 사용하는 것은 우리 조상들이 음식을 요리할 수 있었다는 것과 따뜻함과 맹수로부터 안전을 지켜주는 역할을 했다는 것이다. 그리고 집단 내에서 음식을 나누어 먹으며 정보를 교환하는 장소의 역할까지 하였을 것이다. 다양한 음식 재료들을 불로 요리함으로써 소화를 쉽게 했을 뿐만 아니라 각종 음식 재료가 가지고 있는 에너지원을 더욱 많이 섭취할 수 있었을 것이다.

도구 제작자들이 새로운 지역으로 진출하면서 인류는 온난하거나 추운 기후에 해부학적으로 잘 적응할 수 있는 신체가 필요하게 되었다. 물론 도구와 불이 닥쳐올 생존의 조건들에 대하여 새로운 문화적인 적응 방법을 제공하기는 했지만, 인간 신체의 진화는 지속적으로 중요한 것이었다.

석기시대의 '스위스 아미 나이프'라고 할 수 있는 주먹도끼는 휴대가 편리하고, 즉각적으로 사용할 수 있으며, 박편을 만드는 데 편리한 자원이며, 오랫동안 사용할 수 있는 날이 있고, 즉석에서 재가공할 수 있다는 장점이 있다.

FAQ:
우리는 어떻게 초기 인류들이 고기를 먹기 시작한 것을 알 수 있을까?

고고학적인 유적은 흔히 예리한 석기를 사용한 대형 동물들의 도살 흔적을 보존하고 있다. 이러한 유적에서는 많은 수의 석기들과 도살 흔적들이 발견되는데, 뼈들 중에는 도살흔이 남아 있는 것이 있고 또한 골수를 빼내 먹기 위해서 부서진 것들이 있다.

이러한 종류의 증거들은 고인류의 먹거리가 식물성 재료에서 비교적 다량의 고기가 포함된 것으로 전환하고 있었음을 보여준다.

도살 유적을 연구함으로써 고고학자들은 선호하는 사냥감의 변화와 시체를 처리하는 데 사용된 도구의 변화를 볼 수 있다. 고인류의 늦은 단계의 종들은 도구를 사용하여 동물을 사냥하고, 불을 사용하여 요리를 하였다.

이 두 가지 혁신은 크고 위험한 사냥감을 포함하여 더 많은 종류의 먹거리를 이용할 수 있게 만들었다.

CHAPTER 7

인간 체형의 균형미

오늘날을 살고 있는 인간들의 체형은 매우 다양하다. 말레이시아의 바텍인과 같이 작은 몸매 또는 케냐의 마사이족과 같이 키가 크고 마른 모습도 있다. 고산지와 고위도 지방에 잘 적응할 수 있는 체형으로 궁둥이가 클 수도 있다. 이러한 체형은 새로운 것이 아니다. 이렇게 다양한 체형은 수십만 년 동안 진화하여 온 것이다. 그리고 이보다 더 다양한 모습들이 그 이전에 있었다. 인간의 몸은 시간이 흐르면서 엄청나게 변하였다. 어떤 단계를 거치며 진화하였을까?

인간에게는 별의별 체형과 크기가 있다. 우리들 중 많은 사람들은 스스로의 체형이 이상적이지 않다고 생각할 것이다. 근육과 지방, 그리고 피부의 다양함에도 불구하고 우리의 골격 비율은 오늘날 현생 인류 사이에선 비교적 일정하다. 그러나 *호모 사피엔스*들은 지난 600만 년 동안 진화한 많은 모델 중에서 가장 최신의 것만을 가지고 있다.

우리보다 앞선 단계의 사람들이 가진 신체 비율은 우리 것과는 다르다.

우리 인간 조상들은 네 가지의 일반적인 체형 종류 중 하나를 가졌다. 첫 번째, 초기 인류의 것으로 320만 년 전의 *오스트랄로피테쿠스*인 루시가 바로 그 예다. 이 체형은 유인원과 인간의 체형 비율을 혼합한 것이다. 두 번째는 초기 호모의 것으로서 150만 년 전의 투르카나 보이라고 불리는 화석골로 잘 대표되는데, 오늘날 현대인의 체형 비율의 시작을 보여준다. 세 번째는 *하이델베르겐시스*의 것으로, 이 종은 70만 년 전의 것이다. 그리고 *네안데르탈*인의 것도 이 범주에 속하는 것이다. 이 두 가지 종의 인류 체형은 어려운 삶을 살았고 추운 기후에 적응한 사례다. 마지막으로 현대인의 체형인데 우리의 조상들보다는 훨씬 갸름한 모습을 가지고 있다.

루시와 그녀의 친척들

만약 침팬지와 우리의 초기 인류들이 어깨를 맞대고 서 있다면 우리는 무어라고 말할까? 루시는 체형이나 크기에서 침팬지와 대단히 비슷하다. 우리가 제4장과 5장에서 본 것처럼 루시가 사람이라고 할 수 있는 단서는 두 발로 직립하여 걸었다는 점과 송곳니가 작아진

반대편: *체조 선수의 긴 다리와 비교적 짧은 팔은, 이 특징이 이미 200만 년 전에 생겨난 것으로 보여주고 있다.*

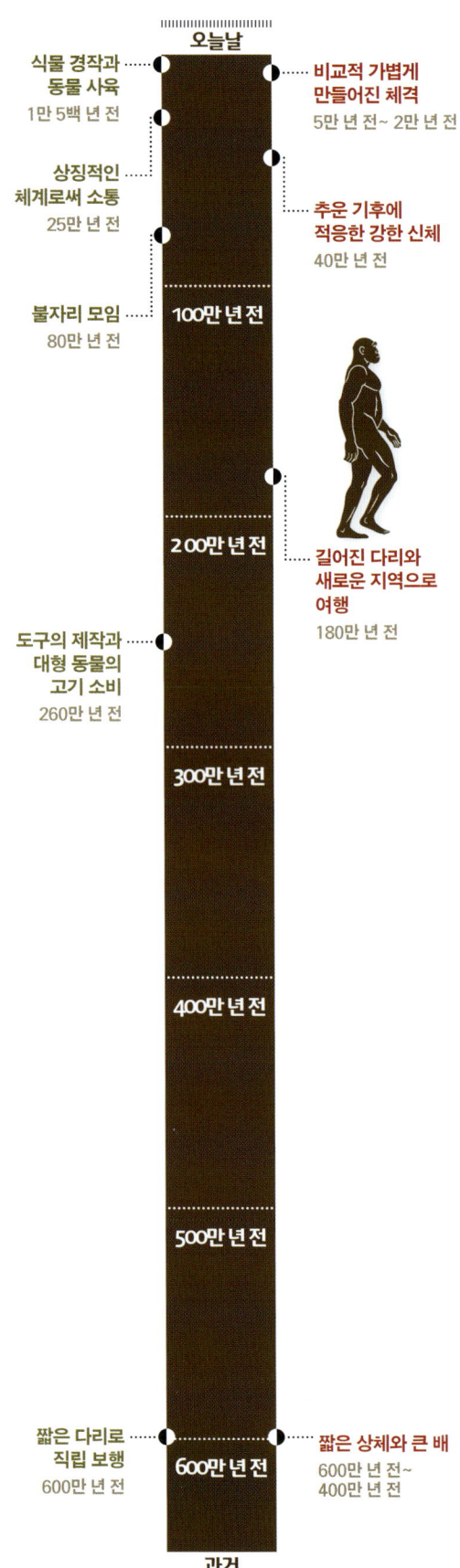

것이라는 점이다.

  루시는 키가 1m가 좀 넘고 체중이 29kg 정도 되는 작달막한 여성이다. 아마도 머리가 문고리에 닿을 정도였을 것이다. 그녀의 다리는 키가 비슷한 침팬지의 것과 비슷한 길이를 가졌지만 팔은 짧았다. 그러나 그녀의 팔은 후대사람들의 팔보다 길었고 강한 것이어서 나무를 오르내리는 유인원의 강한 상체를 생각하게 한다. 긴팔을 가진 반면에 짧은 다리를 가지고 있어서 오늘날 우리보다도 팔이 허벅지 훨씬 아래까지 내려왔을 것이다. 그녀의 손이 우리의 것과 비슷하지 않았고, 침팬지의 손가락처럼 긴 것이 아니었다고 하더라도 그녀의 손가락은 무릎까지 닿았을 것이다.

  두 가지 다른 양상이 루시족과 침팬지 사이에 공통적으로 보이는데, 갈비뼈의 구조와 어깨뼈의 연결 모습이다. 보통 유인원의 어깨뼈는 손의 위치에 비해서 높고 머리와 가까워서 유인원들은 목이 없는 것처럼 보인다. 루시의 어깨뼈는 이처럼 높지는 않지만 좁다. 이러한 구조를 아래가 넓고 위가 좁은 루시의 갈비뼈 구조와 함께 고려해 본다면 루시는 유인원 모습의 상체를 가지고 있었고, 긴 내장을 가진 큰 배를 수용하기 위한 큰 공간을 가지고 있었다. 이러한 구조로 미루어 보건대 *오스트랄로피테쿠스*들은 유인원과 마찬가지로 고기나 곤충들보다도 배 속에서 천천히 내려가면서 훨씬 긴 소화 시간이 필요한 식물성 먹거리에 의존하였을 것이다.

침팬지와 비슷한 점에도 불구하고 루시의 체형은 그녀가 일반적인 유인원은 아니라는 것을 분명하게 보여준다. 그녀의 발에서 두개골의 바닥부까지 그녀의 골격은 인간 같은 체형을 가진 것으로 말할 수 있다. 침팬지의 엄지는 나머지 발가락과는 다른 방향으로 움직일 수 있어서 엄지손가락과 같은 기능을 하지만, 루시의 엄지발가락은 우리와 마찬가지로 다른 발가락과 전방으로 평행하고 있다. 침팬지의 다리는 구부러져 있지만, 루시의 다리는 몸 전체의 체중을 감당할 수 있도록 완전히 직선으로 펼 수 있는 무릎 구조를 가지고 있다.

루시의 엉치뼈는 넓고 대접같이 생겼는데, 침팬지의 길쭉한 칼같이 생긴 것과 비교하면 사람의 것과 같은 형태를 가지고 있다. 루시와 침팬지의 체형에서 결정적으로 차이나는 것은 바로 척추뼈이다. 침팬지의 척추는 엉치뼈에서 머리뼈에 이르기까지 활처럼 연속적으로 구부러져 있다. 이와 대조적으로 S자 모양으로 휘어진 척추뼈가 루시의 엉치뼈와 침팬지의 것과 비슷한 크기의 두개골을 연결하고 있다. 이렇게 획기적으로 차이나는 척추 구조로 미루어 볼 때 루시는 머리를 높이 쳐들고 허리를 꼿꼿이 세우고 걸었던 것으로 보이며, 이런 자세는 유인원들은 도저히 유지할 수 없는 것이다.

우리와 같은 체형비

언제부터 체형비가 유인원과 초기 인류가 가진 체형과의 혼합에서 변화하기 시작한 것일까? 오래된 단서가 에티오피아의 아와쉬 강 중류 지역 보우리 유적에서 발견되었다. 250만 년 전의 층에서 고고학자들은 루시보다도 훨씬 긴 허벅지뼈를 가진 인류 화석을 발견하였다. 이 화석은 다리가 대단히 길어진 것에 비해 팔뼈는 유인원과 비슷한 상태로 남아 있었다. 같은 층에서 고고학자들은 오늘날 절멸한 와일드비스트와 말이 도살되어 남겨진 뼈들을 찾았다. 이로부터 275m 떨어진 지점에서 우리가 *오스트랄로피테쿠스 가르히*라고 부르는 *오스트랄로피트*의 두개골이 발견되었다. 석기 자국이 남아 있는 뼈들과 두개골이 갈비뼈들로부터 어느 정도 떨어져서 발견되었기 때문에, 이런 세 가지 헷갈리는 증거들 간에 어떠한 관련이 있는지 정확하게 알 방법은 없다. *오스트랄로피테쿠스*가 도구를 만들어서 고기를 먹고, 그리고 약간 길어진 다리를 가지고 있었던 것인지에 대한 의문이 남아 있지만 현재로서는 앞으로 새로운 발견만이 답할 수 있는 것으로 보인다.

250만 년 전에서 150만 년 전 사이에 나타나는 *호모*들은 *오스트랄로피테쿠스*에서 진화하였으며 다양한 특성을 가지고 있었다. 이제까지 발견된 두개골은 몇 가지 다른 종들이 이 시기에 살고 있었다는 것을 말해 준다. 200만 년 전까지 이 중에서 호모 에렉투스(직립 원인)라고 부르는 종이 진화하는데, 키가 크고 다리가 길며, 허벅지뼈가 탄탄하게 생겼고, 엉치뼈 역시 강하게 만들어진 화석 인골이 케냐의 투르카나 호수변에서 발견되었다.

> **침팬지와 비슷한 점에도 불구하고 루시의 체형은 그녀가 일반적인 유인원이 아니라는 것을 분명하게 보여준다.**

반대편: 근육질의 팔과 유인원 같이 생긴 큰 상체부는 루시를 단단한 모습으로 보이게 하는데 이 그림은 작가 존 구르체에 의해서 복원된 키가 1m 정도인 320만년 전의 *오스트랄로피테쿠스 아파렌시스*다.

오스트랄로피테쿠스 아파렌시스	호모 에렉투스	호모 네안데르탈렌시스
AL 288-1, 루시	*KNM-WT 15000*, 투르카나 소년	러 뻬라씨 1과 케바라 1
약 320만 년 전	약 150만 년 전	약 7만 년 전에서 6만 년 전

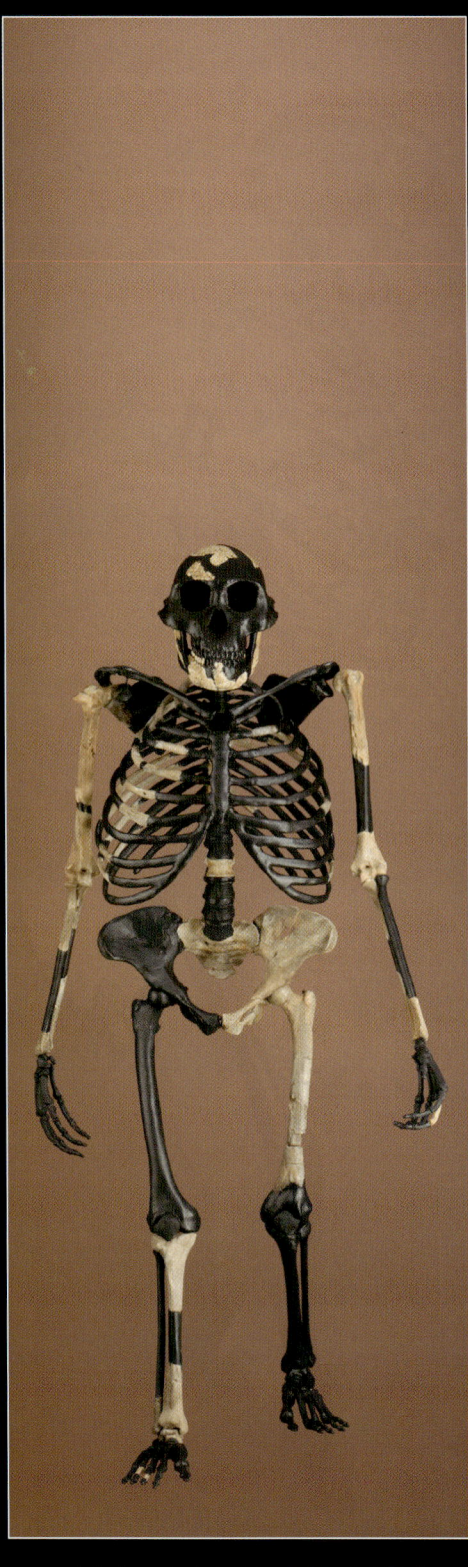  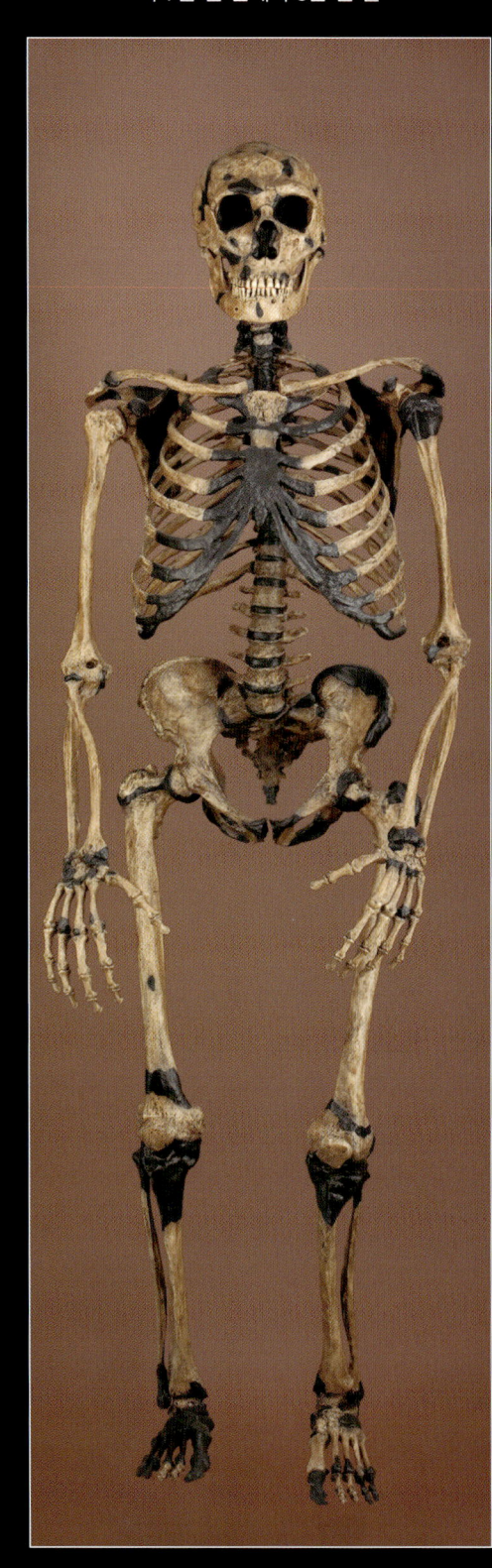

키가 작고 긴 팔과 짧은 다리를 가진 특징 | 젊은 호모 에렉투스의 골격은 더운 환경에 적응한 긴 다리와 갸름한 체형이 특징임을 보여준다. | 키가 큰 조상으로부터 진화하였음에도 불구하고 유라시아의 추운 겨울에 적응한 네안데르탈은 작은 키와 단단한 체구를 가지고 있다.

우리와 비슷한 신체 구조가 완전하게 드러난 *호모 에렉투스 화석골*은 투르카나 보이라고 알려진 것으로서 투르카나 호수의 150만 년 전 층에서 발견된 것이다. 이 소년은 죽을 때 여덟 살밖에 되지 않았지만 키가 157cm에 달하였다. 같은 종에 속하는 한 여성의 골격은 소년보다는 더 부서진 채로 발견되었지만, 키가 180cm 정도 되는 것으로 추산되었다. 초기 아프리카의 *호모 에렉투스*는 키가 크고 호리호리한 몸매로 루시의 '짜리몽땅'한 몸매와는 달랐다. 투르카나 소년의 다리는 현대인의 다리와 다를 바 없을 정도로 길어지고, 윗팔뼈나 아래팔뼈도 모두 길어진 모습이다. 그의 긴 다리는 장거리 보행이나 뛰기에 적합하여 당시 호모 에렉투스의 행위를 추정하는 데 중요한 단서가 되지만 그의 척추뼈는 약간 뒤틀린 것을 볼 수 있는데 아마도 이 점 때문에 소년이 일찍 죽은 것 같다.

투르카나소년의 가슴은 *오스트랄로피트*의 앞 뒤 폭이 넓고 대롱같이 생긴 모습에서 앞뒤가 좁은 주석통 모양으로 생긴 가슴통으로 진화하였다. 그의 엉치뼈는 *오스트랄로피트*들보다도 좁게 생겼다. 이것은 *호모 에렉투스*의 배가 작아진 것을 보여주는데, 이들의 음식이 이전 단계와는 달라졌다는 것을 의미하는 것이다.

*오스트랄로피트*들의 시기 이래로, 고기는 인간의 먹거리에서 더욱 중요하게 되었는데, 고기는 식물성 먹거리들보다도 한꺼번에 훨씬 많은 영양을 섭취할 수 있기 때문이다. 그렇지만 고기는 소화하기가 쉽지 않은 단점이 있다. 고기를 많이 먹기 위해서는 진화론적인 변화가 필요하게 되었다. 적어도 *호모 에렉투스*가 출현하는 시기까지 우리의 대장은 작아지고 소장은 길어졌는데, 이것은 소화 시간을 줄이는 것뿐 아니라 우리 배의 부피를 줄이는 결과를 가져온 것이다. 우리의 배는 점차로 대형 고양이과의 짐승처럼 되었는데 고기로부터 빠르게 영양분을 흡수하고 찌꺼기는 버리는 방식을 취한 것이다. 오늘날 고릴라들은 식물을 소화하는 데 여러 날이 걸리지만, 우리는 단 몇 시간이면 소화가 이루어진다.

짧아진 내장으로 진화하게 되면서, 인간의 몸은 내장에서 흡수한 에너지들을 몸 속의 모든 중요한 기관으로 각각 보낼 수 있었다. 이 중에서 가장 비싼 기관이 바로 뇌다. *호모 에렉투스의* 뇌는 *오스트랄로피트의* 것에 비해서도 거의 두 배나 되는 크기다. 먹거리가 고기로 전환되고, 그리고 크기가 작아진 배가 신속하게 에너지를 공급할 수 있게 됨으로써 결국 인간의 두뇌를 두 배로 진화할 수 있게 만들었다.

초기 *호모 에렉투스*들의 길고 좁은 체형은 더운 기후에 적응하는 데 중요한 요건이었다. 오늘날 동아프리카에 살고 있는 케냐의 마사이나 남수단의 딘카와 같은 종족들은 비슷한 체형을 가지고 있음을 볼 수 있다. 더운 기후에서는 땀을 흘려서 가능한 열을 내뱉는 것이 좋은 것이다. 긴 팔다리와 좁은 체형은 피부를 공기 중에 노출시키는 속도가 가장 빠른 체형이다. 땀을 흘릴 수 있는 피부 면적이 크면 클수록 땀은 빠르게 증발하게 된다. *호모 에렉투스*는 아마도 더운 기후에 살았기 때문에 초기 인류들 중에서 털이 적고 피부에 땀샘이 많은 체질로 진화하였을 것이다. 가느다란 몸체와 긴 다리는 이 종이 아마도 낮에 가장 오랫동안 보행하였고, 또한 열대의 뜨거운 태양 아래서 음식물을 구하러 다녔을 것이라고 추측하게 한다.

인간의 조상을 복원하는 것

절멸한 고인류를 시각적으로 표현하는 것은 인간과 유인원의 신체 구조에 대해서 대단히 해박한 지식을 요구하는 예술이다. 이러한 분야에 종사하는 복원 예술가들은 근육의 구조, 지방 그리고 뼈와 조직의 양 등을 이해하기 위해 인간이나 유인원들의 시체를 해부한다. 그런데 어떤 뼈들은 화석이 남아 있지 않아서 복원 예술가들은 없는 부분을 메우기 위해 과학자들과 함께 일하게 되는 것이 보통이다. 화석이 완전한 경우에 – 물론 이러한 경우가 흔하게 나타나지만 – 같은 종의 뼈에서 유사한 사례를 관찰하는 것도 중요한 방법이다. 이런 경우, 그 크기는 대상에 맞추어 변화시켜야 한다.

그러나 아직도 복원이라는 것은 정보를 토대로 한 추정에 지나지 않는다. 눈에 흰자위가 언제 진화하였는지, 그리고 조상의 피부색이나 머리털의 결이 어떠했는지 어떻게 알 수 있겠는가?

오스트랄로피테쿠스 아파렌시스(왼쪽)의 갈비뼈와 엉치뼈 사이의 공간에서 보여지는 큼직한 소화기 흔적은 식물성 음식의 소화를 담당했다. 고기들은 **호모 에렉투스**(중간)와 같이 비교적 작은 소화기관에서도 신속하게 소화되었을 것이다. **호모 하이델베르겐시스**(오른쪽)는 짧은 소화기관 속에서도 쉽게 소화될 수 있는 날 것, 그리고 익힌 음식들에 의존하였을 것이다.

새로운 환경에 적응

아프리카 이외의 지역에서 가장 오래된 고인류의 증거는 조지아 공화국의 드마니시에서 발견되었다. 이 유적에서는 *호모* 화석들과 석기들이 발견되었는데 178만 년 전에서 175만 년 전까지 것으로 알려졌다. 동쪽으로 중국 그리고 인도네시아의 석기와 화석의 증거들로 보면 이 지역은 이보다 약간 늦은 시기인 170만 년 전에 도달한 것으로 보인다.

이러한 지리적인 확산은 초기 *호모*가 새로운 환경과 생태계에 잘 적응할 수 있게 하였다. 초기 집단은 간단한 도구들 – 즉 망치돌, 석핵 그리고 예리한 박편 등, 가장 오래된 석기 제작기술을 가지고 다른 대륙을 탐험하러 갔던 것이다. 이렇게 볼 때 *호모* 속의 모자이크성의 적응 체계는 이 초기 방랑자들을 새로운 서식지로 확산하여 갈 수 있도록 이끌었다는 것을 알 수 있는 것이다.

모든 과학자들이 어느 종이 바로 이 역할을 하였던가에 대해서 동의하는 것은 아니지만

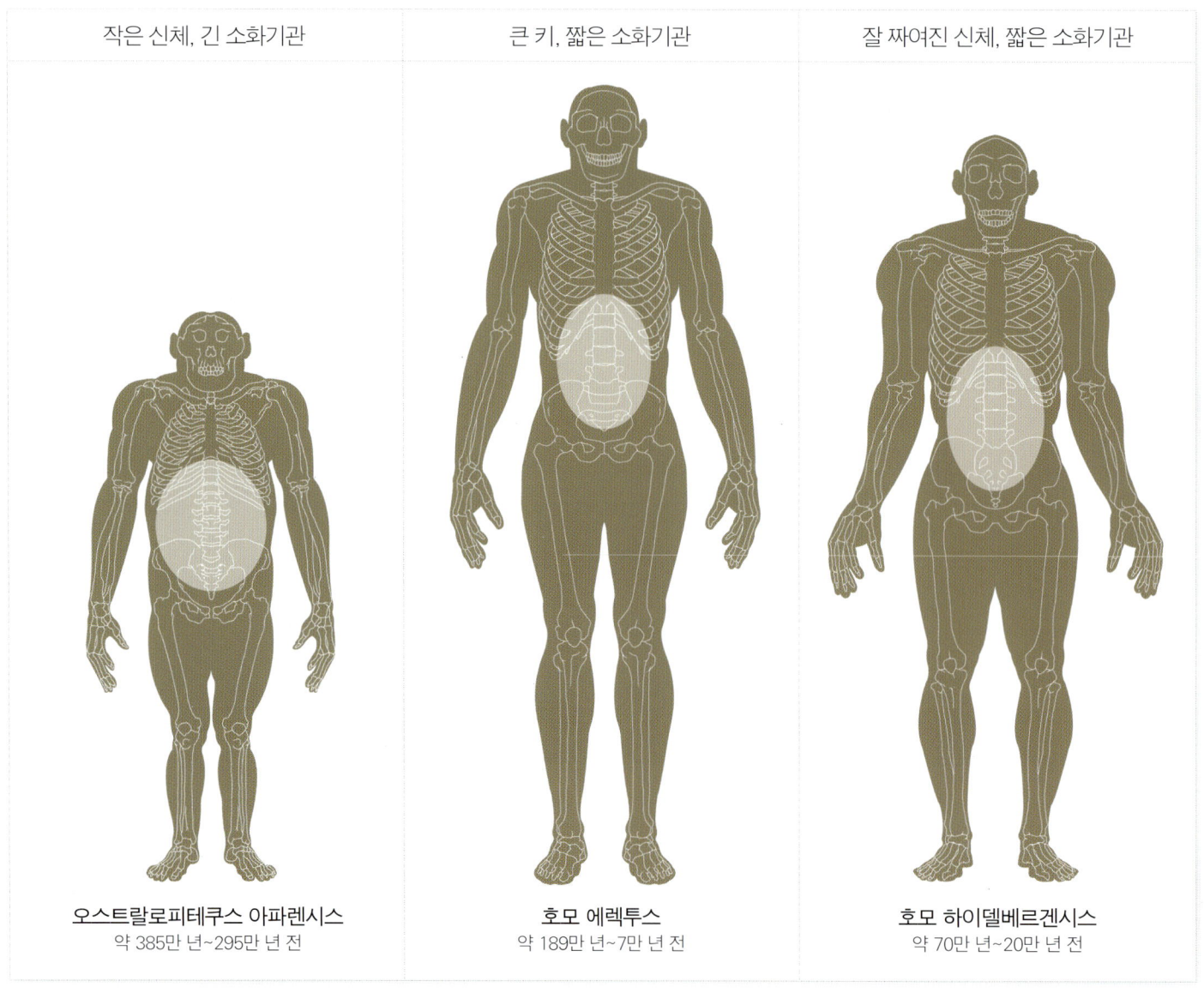

| 작은 신체, 긴 소화기관 | 큰 키, 짧은 소화기관 | 잘 짜여진 신체, 짧은 소화기관 |

오스트랄로피테쿠스 아파렌시스
약 385만 년~295만 년 전

호모 에렉투스
약 189만 년~7만 년 전

호모 하이델베르겐시스
약 70만 년~20만 년 전

드마니시에서 발견된 화석들은 대체로 *호모 에렉투스*와 같은 모습을 가지고 있다. 170만 년이 된 것으로 알려진 중국의 유안무 유적에서 출토된 두 개의 앞니는 투르카나 소년의 것을 많이 닮았다. 인도네시아의 자바에 적어도 166만 년 전에 도달한 최초의 고인류는 시대가 늦은 유적에서 발견된 고인류들과 마찬가지로 *호모 에렉투스*라고 생각해왔지만, 이 가장 오래된 인류 화석에 대한 해석은 앞으로 오랫동안 연구해야 할 과제이다. 또 하나의 수수께끼 같은 증거는 후대의 유적에서 나왔다. 우리가 *호모 플로렌시스*라고 분류한 화석, '호비트'라는 별명을 가진 인류의 체형 비율이나 특성이 *호모 에렉투스* 이전의 아프리카 고인류들을 닮은 점이 있다. 그렇다면 키가 크고 길쭉하게 생긴 힘센 *호모 에렉투스* 이전에 아프리카로부터 어떤 종이 아시아로 건너올 수 있었을까?

일반적으로 생각한다면 가장 오래 전에 들어온 고인류는 *호모 에렉투스*처럼 오랫동안 걸을 수 있어 넓은 활동 영역을 유지하였고, 동물 단백질과 지방을 섭취하기 위해서 사냥과 시체 청소부 역할을 성공적으로 할 수 있었던, 고기를 먹는 고인류였을 것이다. 대단히 중요한 시기인 190만 년 전에서 170만 년 전 사이에 동아프리카는 습도와 호수의 수위가 상당히 오르내렸던 시기였다. 고인류 집단들은 습윤한 기후가 도래하였을 때는 나일강 계곡을 따라 북쪽으로 확장했지만, 다시 기후가 건조해져 중간에 길이 막히게 되면 그들은 다시 남쪽으로 이동할 수 없었다.

180만 년 전까지 고인류들은 북서 아프리카까지 진출하였다. 알제리의 아인 하네쉬 유적에서 고인류들은 넓고 풀이 자라는 평원이 강에 의해서 갈라지고 사이사이에 습지, 관목과 숲이 혼재된 땅을 만나게 되었을 것이다. 북동쪽으로는 코카서스 산맥의 언저리, 강이 흐르는 계곡과 나무가 서있는 개활지, 물이 마른 습지초원, 그리고 비죽 튀어나온 바위들이 혼재하는 숲을 차지하고 살았을 것이다. 인도의 북쪽과 중앙부에서 남부 중국을 관통하면서 동물들이 많이 살고있는 초원지들이 군데군데 있었을 것이다. 170만 년 전에서 160만 년 전까지 고인류들은 북위 40도에 이르는 중국의 니헤완 저지의 서늘하고 건조한 초원 지대와 나무숲 지대까지 진출하였으며, 남위 7도의 덥고 습윤한 자바의 평원과 삼림을 차지하고 있었을 것이다. 동남아시아의 좁은 반도와 연육 통로를 개척하면서 선주자들은 해안 사호, 해안 사주 그리고 해변들을 만나게 되었을 것이다. 이렇게 다양한 생존 조건에 적응하는 능력은 우리 선조가 이미 가지고 있었던 것이다.

추운 환경이 침입하다

130만 년 전과 100만 년 전 사이에 고인류들은 서유럽에 도달하고 북쪽으로 영국 섬까지

얼음 위에서 물고기를 노리고 있는 이누이트 사냥꾼은 키는 작지만 추운 기후 속에 사는 다른 사람들과 마찬가지로 짧고 단단한 몸매를 가지고 있다. 대조적으로 열대 지방 사람들은 키가 크고 날씬한 몸매를 가지고 있어 표면적이 더 넓다.

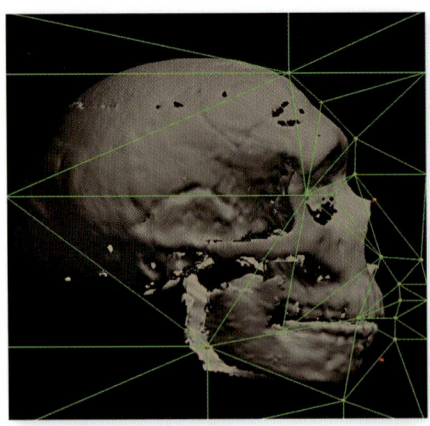

네안데르탈인과 현대인의 얼굴 모습 차이는 네안데르탈인 두개골에서 해부학적으로 중요한 지점을 이미지 구성 소프트웨어에 대입한 다음, 현대인의 얼굴을 네안데르탈인으로 변화시켜 보았을 때 대단히 명확하게 나타난다.

진출하였는데, 이런 과정에서 석기 유적들은 많이 남아 있지만 고인류 화석은 그다지 많지 않다. 스페인의 시에라 드 아타푸에르카에 있는 그란 돌리나 동굴 유적은 100만 년 전에서 80만 년 전의 것으로 알려져 있다. 그러나 이 동굴의 선주자들이 *호모 에렉투스*인지, *호모 하이델베르겐시스*인지 또는 *호모 안티세서*인지 아직도 확실하게 파악할 수 있는 화석이 나오지 않았다. 그러나 이 선주자들은 후대의 대규모 빙하 형성 시기는 아니더라도 매년 추운 계절을 감내하고 살았을 것이다.

체형이 커지는 것, 다리 근육이 강화되는 것, 그리고 엉치뼈가 넓어지는 것이 70만 년 전에서 30만 년 전 유럽에 살았던 *하이델베르겐시스*에서 관측된다. 몸집이 크고 넓은 체형을 가졌다는 점은 아프리카의 *호모 에렉투스*와 현격한 차이가 있는데, 이러한 특징은 추운 기후에 잘 적응한 것을 보여주는 것이다. 엄청나게 강건한 뼈는 그 강도가 이전의 고인류들이나 오늘날 우리들과는 비할 수 없을 정도다.

*하이델베르겐시스*가 유럽 쪽에서 집중적으로 나오는 반면에 아시아 지역에서는 *호모 에렉투스*가 지속적으로 살고 있었다. 60만 년 전에서 25만 년 전 사이에 아프리카에서 살고 있던 고인류 집단은 같은 시기의 유럽에 살고 있던 고인류들과 유사한 모습을 보인다. 그러나 시간이 지나고 거리가 멀수록 또한 다른 환경에 적응하게 되면서 유럽과 아프리카의 고인류들은 각기 다르게 진화하게 되었던 것이다. 유럽의 고인류들은 결국 *네안데르탈*인으로 진화하게 되었고, 아프리카에서는 우리의 직접적인 조상이 된 *호모 사피엔스*로 진화한 것이다.

대략 20만 년 전에서 2만 8천 년 전 사이에 *네안데르탈*인들이 추운 기후 속에서 살아남기 위한 생활 방식을 가진 것을 명확하게 볼 수 있다. 약간 짧은 팔 그리고 낮은 다리와 넓고 강건한 상체부들은 체온을 효과적으로 유지할 수 있게 했을 것이다. *네안데르탈*인들은 엄청나게 큰 코를 가졌는데 코의 내부 공간이 넓어져서 춥고 건조한 공기를 코 속에서 데울 수 있었고, 수분을 더하여 숨을 쉴 수 있도록 만들어졌으며 숨을 내 뱉을 때 코 속에서 수분을 거두어들일 수 있도록 만들어졌다. 이 구조는 폐가 지속적으로 얼어붙은 공기를 접함으로써 생길 수 있는 부상을 미리 방지하는 역할을 한다.

*하이델베르겐시스*와 같이 *네안데르탈*인들은 빙하가 온 유럽의 북쪽을 덮고, 산악의 빙하도 낮은 지역까지 내려와 있는 정말 추운 빙하시대를 살았다. 그러나 이러한 사이클은 정확하게 춥고 더운 기후 조건 사이를 긴 사이클로 반복하는 것이었다. 때로는 아프리카의 하마가 열대 지역에서 영국까지 이동한 적도 있다. *네안데르탈인*들도 따뜻한 기후를 경험하기도 하였지만, 이들의 체질은 유럽, 중근동과 중앙아시아의 서늘한 계절과, 드물기는 하지만 추운 빙하시대에 살아남을 수 있도록 만들어졌다.

모든 것을 종합해 볼 때 *네안데르탈*인들은 강한 근육질 종이라고 할 수 있다. *네안데르탈*인들의 부상 패턴을 현대인의 것과 비교한 연구에 따르면 *네안데르탈*인들은 몸 상체부의 골절과 머리 부상의 정도가 오늘날의 로데오 선수와 비슷하다고 한다. *네안데르탈*인들의 화장터 가까이에서 발견된 동물뼈와 그들의 매장 유적에서 발견된 흔적을 보면, 이들은 자신들의 주식인 고기를 얻기 위해 오로크, 코뿔소, 그리고 곰 등을 사냥하는 과정에서 특히 근접하여 사냥하는 경우가 많아 다쳤던 것으로 보인다. 단단한 뼈와 강한 근육은 이들이 가지고 있는 두드러진 장점이라고 할 수 있다.

비교적 부드럽게 생긴 종

네안데르탈인들은 우리의 공동 조상인 *호모 하이델베르겐시스*로부터 강건함을 물려 받았다. 그러나 오늘날 우리들의 뼈대는 골격이 작아지고 약해지는 경향을 보이고 있다. 오늘날 우리는 *네안데르탈*인보다 키는 크지만 뼈는 가늘어지고 몸은 더 가볍다. *호모 하이델베르겐시스*나 *네안데르탈*들과 비교하면 우리는 비교적 연약하다고 할 수 있다.

가볍게 만들어진 것은 우리의 머리도 마찬가지다. 우리의 얼굴은 작고 *하이델베르겐시스*나 *네안데르탈*인처럼 강한 모습을 가지지 못하였다. 오늘날 우리들의 눈두덩이는 다른 고인류보다도 현격히 작아진 모습이다. *네안데르탈*인들의 턱은 깊고 강하게 만들어져 있지만 우리의 턱은 속이 얕고 가볍게 만들어졌으며 또한 독특하게 턱의 아래 끝이 앞으로 삐죽 튀어나온 모습으로 되어 있다. 이러한 턱의 구조는 이빨과 이뿌리를 버티고 있는 턱 부분이 작아지는 방향으로 진화한 결과다. 이러한 턱끝돌출부가 나타난 것은 턱의 중심을 강화시키는 턱의 구조가 내부 공간이 줄어들면서 이른 시기의 고인류들처럼 더는 안쪽으로 튀어나오지 못하고 바깥 쪽으로만 자라게 되는 결과로 생겨난 것이다.

현대인의 지구공 모양으로 생긴 머리와 작고 납작한 얼굴(여성들은 수염도 없이)은 사육종 동물들의 것과 비견될 수도 있는데 대체로 사육종 동물들의 새끼들이 야생종의 성체들보다도 점점 더 약한 뼈를 가지고 어린 모습을 보이는 것을 볼 수 있다. 예를 들어 개의 경우에 사람들은 가장 순화된 늑대를 길들이게 된다. 왜 고인류들의 강하고 거친 면모가 현대인들에게서 사라지는 것인지는 분명하지 않다. 하나의 가능한 설명은 돌봄과 양육을 통해 더욱 부드러운 면모를 이끌어냈을 수도 있을 것이다.

*네안데르탈*들과 체질은 추운 기후에 잘 적응한 것이지만 현대인들은 기술, 사냥 전략, 혁신, 사회와 교역의 네트워크를 가지고 지구상의 다양한 환경을 정복하였다. 현대인들의 생활양식이 시간 흐름에 따라, 식량을 경작하고 일상생활에서 요구되는 행위가 적은 체제로 변함에 따라 억센 체형이 가지는 진화상의 장점은 더는 출현하지 않았다.

*네안데르탈인*의 허벅지뼈를 *호모 사피엔스*의 것과 비교해 보면 네안데르탈인들의 힘난한 생활을 강한 뼈 구조에서 엿볼 수 있다.

FAQ:
호비트들에 대한 논쟁은 무엇인가?

최근에 인도네시아의 플로레스 섬에서는 *호모 플로렌시스*라고 부르는 새로운 종이 발견되었는데 별명이 호비트로 붙여진 이 인류는 1만 7천 년 전에 절멸한 것이다. 이 종은 체형이 투르카나 소년의 것이 아니라 루시의 것을 닮았는데, 고인류의 체형 진화에 대한 흥미로운 질문을 던지고 있다.

오래된 고인류 체형이 오랫동안 고립된 동물들의 경우처럼 섬동물의 난쟁이화 현상으로 다시 나타날 수가 있는가 그렇지 않으면 150만 년 전에 사라져야 할 인류 진화계통의 하나인 선조들의 체형이 그대로 지속적으로 유지되었는가? 앞으로 새로운 증거들이 논쟁의 해답을 얻는 데 도움이 될 것이다.

CHAPTER 8

두뇌의 진화

인간의 두뇌는 지식과 정신, 창의성과 잔인함의 원천이다. 신앙, 지성 그리고 감성이 셀 수 없는 뉴런의 작은 우주 속에서 만나는 장소다. 우리의 고대 선조들은 살아남는 게 관건이었기 때문에 인간의 두뇌는 우리가 진화를 거듭하면서 세 배로 커졌다. 뇌는 언제나 배고픈 기관으로서 인간이 소비하는 에너지에 의해 움직인다. 우리의 확장된 머리가 바깥 세계로 쑥 내밀며 이루어지는 출산은 우리의 존재를 신비롭게 만드는 것이다. 다행스럽게도 그 누구도 아무도 혼자서 일하지 않는다. 양육하고 응원함으로써 우리는 번성하고 안정될 수 있는 것이다.

인류의 요람인 아프리카에서 멀리 떨어진 곳에서, 인간의 기원에 대해 과학자들이 새로운 가설을 만들도록 한 초기 인류가 살았다. 이 새로운 호미닌을 우리는 '호비트'라는 별명으로 부르는데, 인도네시아의 자바에서 625km 떨어진 플로레스섬의 리앙 부아라는 동굴에서 2003년에 발견되었다. 이 동굴에서 발견된 호미닌 화석은 새로운 종명, *호모 플로렌시스*라고 명명되었다. 루시와 마찬가지로 '호비트' 화석은 어른 여성의 것이다. 이 여성은 1m 정도의 아주 작은 키를 가진 사람인데, 루시보다도 작다. 그리고 이 여성은 루시 정도 크기의 두뇌를 가지고 있었는데 420㏄ 정도다. 그러나 *호모 플로렌시스*는 루시보다도 훨씬 후대의 사람으로서 아마도 9만 5천년 전에서 1만 7천년 전 사이에 살았던 것으로 보인다.

과학계는 이 종의 몸의 크기가 줄어든 것, 특히 뇌의 크기가 줄어든 것에 대해서 의아하게 생각하였다. 인류학자들은 인간의 두뇌가 시간이 지날수록 커지도록 진화해온 것을 오랫동안 관찰해 온 바 있다. 왜 호모 플로렌시스의 뇌가 그렇게 작을까 몸과 두뇌가 어떤 이유에서 줄어들게 된 것인가 그렇지 않으면 작은 채로 작은 섬에 와서 그렇게 유지된 것인가? '호비트'는 그렇게 작은 두뇌로는 할 수 있다고 생각하기 어려운 일들, 도구를 만들고, 불을 사용하고, 사냥을 하고 그리고 공격적인 도마뱀을 쫓아버리는 등의 일을 할 수 있었다. 어떻게 *호모 플로렌시스*가 이러한 일을 할 수 있었을까? 이러한 행위를 하기 위해서는 어느 정도의 두뇌가 필요한 것인가? '호비트'의 출현은 인간의 두뇌가 도대체 무엇인가? 그리고 어떻게 진화하였는가? 등의 질문에 대해서 새로운 관심을 불러일으키고 있다. 침팬지의 두뇌는 대체

반대편: 티베트 교사의 머리를 감고 있는 전기선들은 뇌 과학자들이 인간의 두뇌 작용을 측정하는 데 도움을 주고 있다.

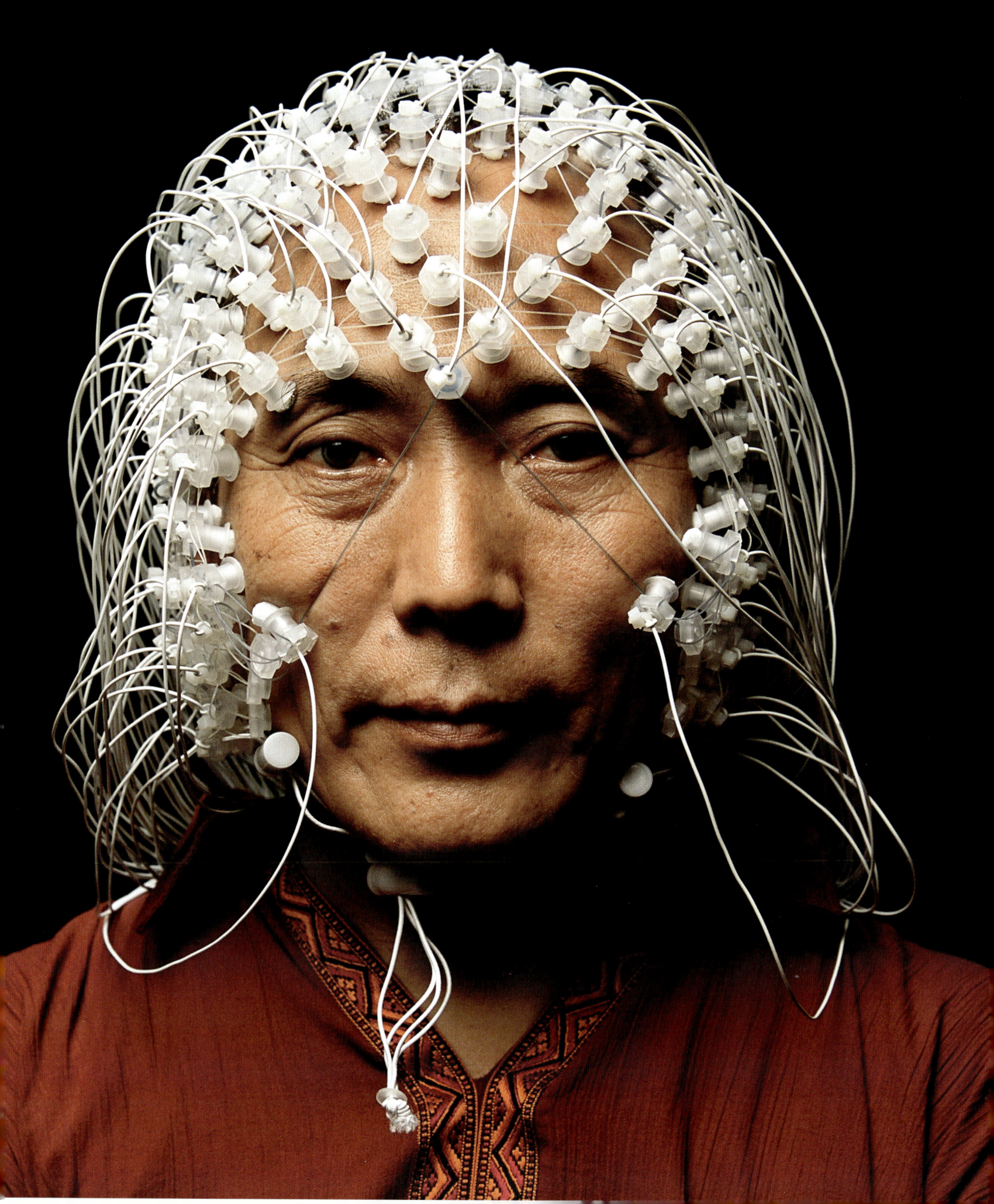

로 400cc 정도이고 사람의 두뇌는 1,350cc 정도여서 세 배가량 차이가 난다. 두뇌의 바깥 부분인 대뇌부는 사람과 다른 영장류들의 두뇌 사이의 큰 차이를 대부분 차지하고 있다. 두뇌의 바깥면에 있는 깊은 골은 대뇌부를 주요한 부분과 뇌엽들로 나누는데 이것은 다시 신경세포의 미세한 패턴과 그 사이의 연결을 기준으로 나누어진다. 세포체가 뭉쳐 있는 것처럼 검게 보이는 부분은 두뇌의 피질이라고 부른다. 반면 신경세포를 연결해 주는 튀어나온 하얀 부분은 두뇌의 수질이라 불리는 것으로서 두뇌의 통신 네트워크를 형성하는 물질이다. 다른 영장류들의 두뇌와 비교할 때 인간의 두뇌는 내부 연결이 특이하다. 인간의 확장된 네오코르텍스(신피질)는 대뇌의 부분 중에서 가장 최근에 진화한 것인데 침팬지보다도 훨씬 많은 신경세포들을 연결하고 있는 것을 보여준다.

이것은 뇌의 수질이 대뇌 피질의 활동적 영역에서 확장하는 증거다. 우리 두뇌의 많은 부분들은 고차원적인 정신 영역과 관계되기 때문에 더 잘 연결되어야 하고, 또한 정보의 처리가 빨리 이루어져야 한다. 인간 두뇌 크기의 75퍼센트 정도 되는 두뇌 피질 내에서 정보 처리가 이루어지는데, 엄청나게 짧은 순간에 새로운 정보를 처리해 밖으로 내보내고, 수십 년 동안 누적된 정보를 종합하여 새로운 이미지를 창조하고, 해석은 물론 추상화하는 작업까지 가능하게 한다. 이러한 두뇌 연결선이야말로 인간 두뇌의 진화에 대단히 중요한 역할을 하였다. 이렇게 본다면 *호모 플로렌시스*가 작은 머리로도 대단히 세련된 행위를 하며 살았다는 것을 설명할 수도 있을 것이다.

두뇌의 의미

19세기에 신경학자들은 두뇌의 특정 부위가 말하거나 언어를 이해하는 등의 특정 행위를 조절한다는 것을 발견하였다. 그 이후 과학자들은 두뇌의 구조와 그 하는 일을 연구해 왔다. 일련의 기술들이 이제 두뇌의 구조, 두뇌의 향위 그리고 인간에게 고유한 정신적인 행위를 조절하는 부위 사이의 연결을 발견할 수 있는 가능성을 열었다. 두뇌의 행위가 늘어나고 줄어드는 것은 PET 스캔으로 확인할 수 있는데, 이 작업은 두뇌의 메타볼리즘을 3차원적으로 기록할 수 있게 하며, MRI는 특정한 행위를 하는 동안 두뇌에 에너지가 어떻게 공급되는가를 확인할 수 있는 기능을 가지고 있다. 우리가 두뇌에 대해서 많이 알게 될수록 두뇌 기능은 인간의 지적 능력을 대치하여 인간의 기본적인 능력을 측정할 수 있게 될 것이다.

인간에게는 자아 인식이라는 능력이 있기 때문에, 우리 정체성의 활성적인 부분들이 회색질과 백질의 일정 부위와 연결된다는 것을 상상하는 것은 어려운 일이었다. 그러나 이제는 이 또한 잘 알려진 사실이 되었다. 대뇌의 앞이마 부분은 두 가지 이유에 대한 좋은 예를 보여준다. 이 영역은 인간 진화 과정에서 크게 확장되었는데, 이 영역이 바로 인간이 가진 고유한 특성의 근거를 찾을 수 있는 곳이다. 전뇌 부분은 그 위치 때문에 가장 자주 다치는 부위다. 부상과 부상 후의 행위는 전두엽이 주위를 인식하는 것과 계획을 세우는 일에 관여하고 있다는 것을 보여준다. 감성적인 반응, 기억 그리고 운동 행위에도 상당한 역할을 하고 있다. 이 운동 행위들은 작고 복잡한 손, 손가락, 얼굴 근육의 움직임 같은 것을 조절하는 것이다. 잘 정의된 이 영역이 바로 표현 언어와 관련되는 것이다. 이 다양한 기능 때문에 전두엽 부상은 문제가 심각하다. 커피를 마시다가 잊어버리기도 하고 집을 찾아 가지 못할 수도 있다. 흔히 스트레스에 의해서 전두엽에 손상이 생긴 사람은 사회적인 행위에 큰 변화가 생긴다. 이러한 증상들 중에는 분위기에 변화가 있고, 유머 감각이 사라지고, 동정심이 없어지고, 성적인 흥미가 없어지거나 사회적으로 적절하지 않은 성적인 행위를 보이기도 하며 남이 속이는 것을 모르는 현상 등이 포함된다.

그리고 우리의 개성이라고 할 수 있는 많은 것, 우리의 기억, 우리가 다른 사람들과 교류할 수 있는 능력, 심지어 농담을 할 수 있는 능력 등이 우리 뇌의 기능에 의존한다. 사실 인간 문화적 현상의 온갖 것들 – 우리의 신념과 가치 체계, 우리의 복잡한 사회적 삶, 경제나 과학의 영역에서의 무수히 복잡한 셈, 예술과 상상 영역의 창의력의 발달 – 이렇게 놀랍고도 유례없는 개성들은 뇌가 없으면 존재하지 않을 것이다.

호모 플로렌시스에서 보이는 호비트 같은 신체 비율은 인류 진화의 과정에서 두뇌가 항상 작은 것에서 큰 것으로 진화한다는 통념에 위배되는 것이어서 과학자들을 놀라게 했다.

두뇌의 크기

뇌 내부의 연결과 각 부분의 기능들이 중요하지만, 인간 두뇌의 진화에 대한 연구에서 주로 다루는 것은 화석 두개골의 내부다. 모든 화석 두개골들을 관찰해 보면 용량이나 부피가 지속적으로 커온 것을 알 수 있다. 600만 년 전에서 300만 년 전까지의 고인류 두개골 용량은 350cc에서 500cc 정도인데, 대체로 유인원들의 두개골 용량의 범주에 들어가는 셈이다. 오렌지나 포도, 그레이프플루트, 작은 참외 등의 과일 크기로 비유하면 이해가 빠를 것이다. 350cc 정도의 *사헬렌트로푸스*의 두개골 용량은 *파란트로푸스*와 *오스트랄로피테쿠스*의 두개골 용량보다는 작다. 이 후대의 호미닌들은 400cc나 500cc 정도의 크기를 가졌지만 *오스트랄로피테*

기후의 다양성과 두뇌 크기

80만 년 전에 시작된 기후변화의 폭(위)은 두뇌의 확장(아래)과 잘 맞아 떨어지는 것을 볼 수 있다. 크고 복잡한 두뇌는 이 시기에 살았던 사람들이 다른 사람들과 그리고 주변 환경들과 새롭고 다른 방법으로 상호 작용할 수 있도록 만들었을 것이다.

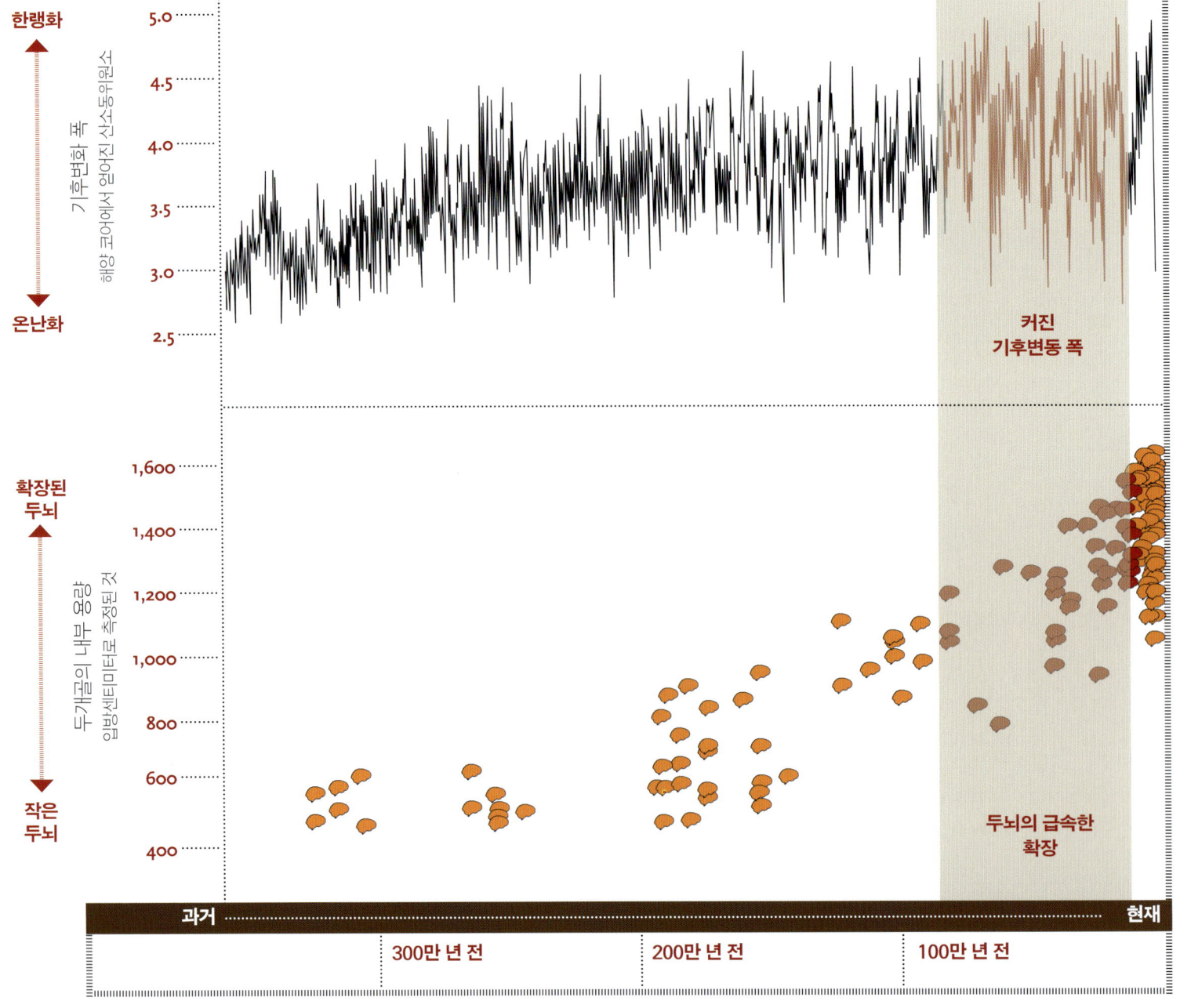

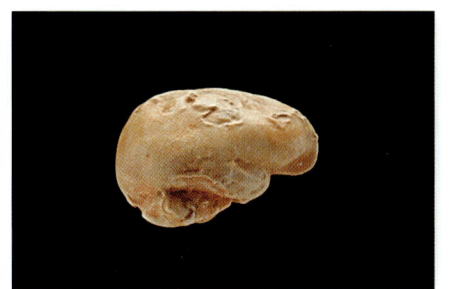
오스트랄로피테쿠스 아파렌시스
310만 년 전: 500㎤

호모 루돌펜시스
190만 년 전: 775㎤

초기 호모 에렉투스
180만 년 전: 850㎤

인류 화석의 내부 모형은 우리의 조상들이 얼마나 두뇌가 컸는지, 또 두뇌 표면의 세부를 알 수 있게 하는 실물 증거다.

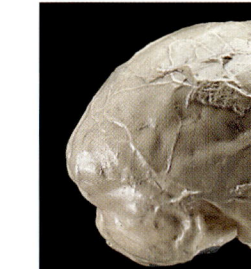
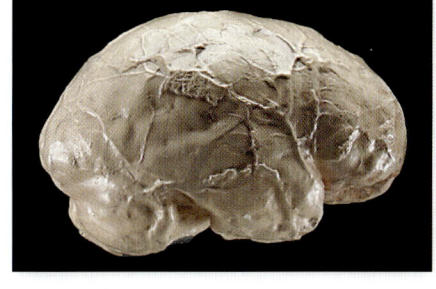

호모 하이델베르겐시스
35만 년~15만 년 전: 1,200㎤

호모 사피엔스
26,000년 전: 1,322㎤

쿠스 *아파렌시스* 남성의 경우에는 550cc 정도다. 350cc 와 500cc의 크기 차이는 상당한 것이기는 하지만, 이 정도로 커지는 데 300만 년이 걸린 셈이다. 초기 호미닌 집단의 시기 동안 두개골이 그다지 빨리 확장되지 않은 것은 대부분의 고인류학자들이 동의하고 있는 셈이다.

이러한 초기 인류들의 두뇌 기능이 우리와 가장 가까운 시기의 마지막 공동 조상이나, 오늘날 살아 있는 유인원들과 어느 정도 차이가 나는지는 대답하기 어려운 질문이다. 학자들은 인지 능력을 대체로 두뇌의 크기를 체중으로 측정한 정상적인 몸의 크기와 비교하여 추정한다. 이러한 계측법에서는 몸통이 큰 동물들이 큰 두뇌를 가지고, 작은 동물들은 작은 두뇌를 가지는 것이 보통의 생각이다. 만일 두뇌의 크기가 몸집에 비례해서 작은 경우라고 한다면 지적 능력 또한 작다고 추정하는 것이다. 반대로 몸집에 비해서 큰 두뇌를 가지고 있다면 영리할 가능성이 많은 것이다. 예를 들어 마나비는 바다동물이며 큰 몸집으로 천천히 움직이는데 두뇌는 작다. 이와 반대로 병 모양 코를 가진 돌고래는 몸집에 비해서 큰 두뇌 용량을 가졌다. 큰 두뇌가 나타나는 200만 년 전까지는 이 돌고래가 지구상에서 몸집대비 가장 큰 두뇌를 가진 종이었을 것이다. 이 비율은 돌고래는 도구를 이용하는 등의 복잡한 행위를 할 수 있는 데 반해 마나세는 복잡한 정신 능력을 행할 능력이 나타나지 않은 것을 이해할 수 있게 한다.

이러한 방법을 절멸한 인류들에게 적용한다면 좋겠지만, 몸체의 크기를 잘 모르기 때문에 어려운 일이다. 그래서 고인류학자들은 오늘날 살고 있는 인류들과 유인원들의 몸체 크기와 체중, 그리고 두뇌를 비교한 공식을 만들어 고인류 화석에 적용하는 방법을 만들었다. 그러한 추정치는 고인류 화석의 뼈가 어느 정도 완벽한가에 따라 정확도가 달라질 것이지만 250만 년 전 이전의 인류들은 같은 크기의 몸집을 가진 유인원들보다는 약간 큰 편의 두뇌를 가졌다. 이 연구에 따르면 100만 년 전까지 살고 있던 *파란트로푸스* 속의 가장 늦은 시기의 멤버들까지 이러한 비율로 약간씩 증가한 것을 보여준다.

두뇌 용량은 200만 년 전에서 150만 년 전까지는 증가하는 것이 분명하다. 이 기간 동안 초기 호모와 관련되어서야 그레이프 플루트 크기의 두뇌가 진화한다. 이 시기 고인류들의 두뇌 크기의 변화는 상당한 정도여서 초기의 고인류들의 두뇌 크기와 어느 정도 비슷한 크기인 500cc부터 초기 *호모 에렉투스*의 크기인 800cc까지 나타난다. 최대 크기는 대체로 그레이프 플루트의 크기 즉, 직경 12cm 정도다. 초기 *호모*의 체중은 이 시기 동안 역시 증가하는데 대략 60퍼센트 정도까지 증가한다. 150만 년 전까지는 두뇌의 평균 크기가 300만 년 전의 *오스트랄로피테쿠스 아파렌시스*보다도 80퍼센트 증가하였다. 이러한 수치는 두뇌가 몸집의 크기보다 약간 빠르게 커지는 것을 알 수 있게 한다. 이 시기에 이르면 *호모 에렉투스*가 석기를 사용하고, 사냥을 하고, 여러 종류의 음식을 섭취하는 등 새로운 기회를 만드는 것을 볼 수 있다. 좋은 상황을 만나고 조정하는 전략은 바로 더 커진 두뇌에 의해서 이루어진 것이다.

초기 *호모 에렉투스*들은 현대인의 몸집 크기에 거의 도달하였을 것이다. 그래서 150만 년 전 이후에 나타나는 중요한 두뇌 용량 증가는 신경과 정신 능력에 걸쳐 추가되었을 것이다. 가장 빠른 두뇌 확장은 80만 년 전에서 20만 년 전 사이의 시기에 일어났다. 이 시기의 후기 *호모 에렉투스*와 *하이델베르겐시스*의 두뇌는 칸탈로푸(구형의 참외류 과일로 아주 작은 수박 크기 정도) 정도의 크기로 급격히 늘어났으며, 바로 *네안데르탈*인과 현생 인류의 큰 두뇌 용량으로 발달하는 바탕을 만든 것이다. 이 시기 동안 두뇌의 크기는 여러 종류의 인류 종들에 따라 50퍼센트~70퍼센트 정도 증가하였다. 이러한 두뇌 용량 증가는 60만 년 동안 일어난 것으로 이 기간 동안 고인류들은 강건하게 생겼지만 키나 몸집은 거의 비슷하였다.

*호모에렉투스*의 경우에는 1,025cc에서 1,225cc 정도가 전형적인 크기다. 그리고 *호모 하이델베르겐시스*의 두뇌 용량의 경우에는 1,100cc에서 1,325cc 정도가 보통이다. 20만 년 전까지는 *하이델베르겐시스* 계통은 *네안데르탈*인과 현생 인류 둘로 나누어지게 되는데, 이 두 종 모두 두개골의 평균 용량이 1,450cc 정도가 된다. 그러나 이스라엘의 아무드 유적에서 나온 *호모 네안데르탈렌시스*는 1,740cc에 달하고, 프랑스의 크로마뇽에서는 나온 것도 1,730cc 정도였다. 오늘날 우리 두뇌의 크기는 이보다 약간 줄어들었고, 몸집도 약간은 줄었다.

우리의 배고픈 두뇌

물론 크기는 좋은 점도 있지만 그렇지 않은 점도 있다. 즉 모든 진화에 나타나는 현상에 적용되는 비용과 이익의 법칙이다. 인간의 두뇌도 마찬가지 법칙이 적용된다. 두뇌의 성장과 유지에 가장 많은 비용이 든다. 어른의 경우 두뇌는 몸의 2퍼센트 정도밖에 차지하지 않는다. 그러나 쉬고 있을 동안 흐르는 피의 양이나 소비하는 산소의 양으로 측정한다면 신체가 소비하는 에너지의 20퍼센트~25퍼센트 정도를 차지하고 있다. 어린아이가 태어날 때 두뇌의 크기는 어른의 25퍼센트 정도밖에 되지 않지만, 쉬고 있는 동안 소비하는 에너지양의 약 60퍼센트가 뇌로 간다. 인간은 정말로 배고픈 두뇌를 가진 셈이다. 두뇌는 우리 몸의 그 어떤 부위보다도 많은 에너지를 사용하고 있다.

고대의 두뇌를 읽는다

완전한 두개골 화석은 드물게 발견되지만 있다면 보물 같은 정보를 제공할 수 있다. 뇌수는 화석화되기가 어렵지만 뇌수의 외부 모양이 두개골의 내부에 찍혀 있다. 두개골의 내부를 복제해서, 흔히 이것은 안쪽 복사체라고 부르는데, 뇌수의 외부에 있었던 희미한 능선과 골짜기들을 보여줄 수 있고, 두뇌의 다른 영역들의 상대적인 비율을 평가할 수 있게 한다.

화석화의 과정에서 퇴적물이 뇌수가 있던 자리 사이사이에 끼어들 수 있는데, 이것이 바로 자연적인 안쪽 복사체가 된다. 고인류 학자들은 두뇌 내부의 본을 떠내기도 한다. 의료영상기술, CT 등을 이용하여 화석 두개골에서 뇌수 용적을 계산하고, 내부 구조를 측정하며, 두뇌의 디지털 모형을 만들어 낸다.

어떻게 에너지를 공급하게 될까? 두뇌는 어릴 적에 급격하게 성장하고, 어른이 되어서는 대뇌의 기능을 유지하기 위해 어떻게 에너지를 공급할까? 제6장에서 언급하였듯이 두뇌가 커지는 가장 중요한 이유는 바로 영양가가 높은 좋은 음식을 발견했기 때문이다. 두뇌의 성장과 유지에 필요한 동물성 지방과 단백질이 풍부한 고기, 익은 과일들이나 큼직한 구근식물 등 풍부하고 안정적인 먹을거리를 장만하는 일은 아무 데서나 발견되는 풀이나 나뭇잎을 뜯

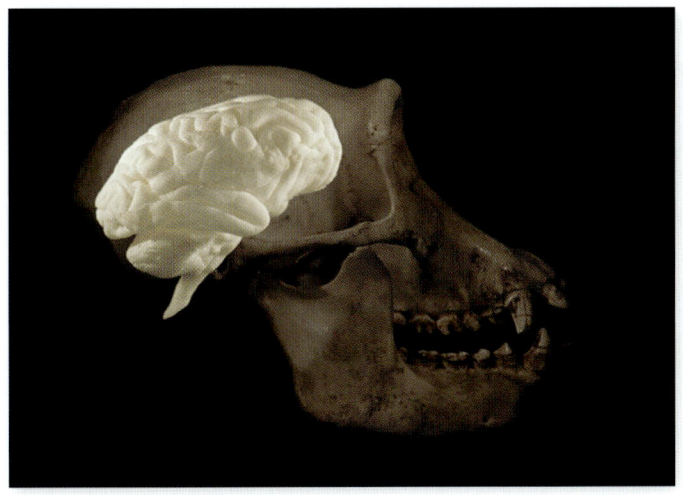
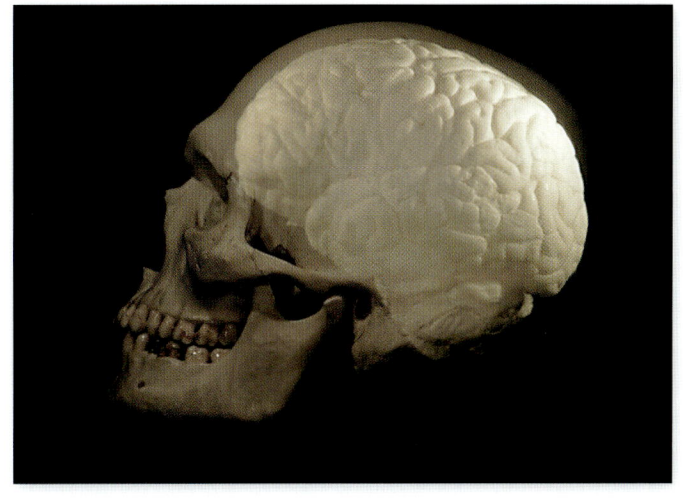

침팬지의 두개골(왼쪽)과 현생 인류의 두개골(오른쪽)의 비교는 크기에서 두드러진 차이를 보인다. 그러나 복잡성과 신경세포 사이의 연결 밀도는 더 심한 차이를 보인다.

어먹는 것보다는 훨씬 어려운 일이다. 에너지 효율이 가장 높은 식량을 얻어내는 영리함을 유지하자면 큰 두뇌가 필요한 것이다.

큰 두뇌를 가진 아이를 낳는 일은 산모나 아이가 죽을 수 있는 위험한 일로, 큰 두뇌의 또 다른 대가라고 할 수 있다. 그리고 아이가 태어난 다음에도 큰 두뇌의 아이를 키우기 위해서는 엄청난 시간과 다른 사람들의 손이 필요하게 된다. 갓 태어난 아기들은 사람의 돌보는 손길이 절대적으로 필요한데, 세상에서 가장 허약한 포유류라고 할 수 있다. 키우는 사람의 깊은 사랑을 바로 받을 수 있는 것이 아이가 잘 크고 살아남는 데 가장 중요한 일이다. 그리고 두뇌가 크는 것은 적어도 십여 년이 걸리게 되므로, 아기들이 잘 커서 어른으로 살아남을 확률을 높이기 위해서는 부모들과 주변 사람들의 아주 집중적이고 지속적인 보육이 필요한 것이다.

지금의 두뇌 크기가 적응이라는 측면에서 그렇게 문제가 많다면 어떻게 이렇게 큰 두뇌로 진화하게 되었을까? 그것은 먹을거리의 변화, 즉 조상들이 배고픈 두뇌가 진화하기 위해서 고기와 골수와 다른 음식들을 먹을 수 있도록 필요한 도구를 사용하기 시작하였을 때부터 가능해진 것이다. 그러나 두뇌가 어떻게 해서 커지게 되었는지에 대한 설명은 애초 무엇이 두뇌 확장에 가속을 붙게 만들었는가에 대한 충분한 설명이 되지는 못한다.

두뇌의 확장과 석기 사용이 호모의 특징이 되기 때문에 두뇌의 진화와 석기 사용은 어떻든 서로 연결되어 있다는 것을 생각할 수 있다. 그러나 두뇌 용적의 증가와 가장 오래된 석기의 제작이나 석기 기술의 특정한 변화와의 분명한 관계는 알 수 없다. 그래서 석기 자체만 가지고 말하는 것은 설득력이 있다고 할 수가 없다.

사회적인 상호 교류는 영장류의 두뇌 진화에 대단히 중요한 요소다. 바분이나 다른 구대

륙의 원숭이들에서는 대규모의 집단 크기가 대뇌의 표피가 큰 것과 관계가 있다. 대부분의 유인원 집단에서는 집단의 규모가 변하고, 각 개체들이 낮 동안 식량을 구하는 데 일정한 규모를 유지하는 것이 아니라, 규칙적으로 모이기도 하고 흩어지기도 한다. 사회 집단 구성의 유연성은 특히 침팬지 사회에서 잘 나타나지만 인간도 먹잇감 장만을 위해 사냥하거나 채집하는 경우에는 마찬가지다. 사실 우리도 집 바깥에서 일을 하면서 아이를 학교에 보내고 하루가 마감될 시간에 함께 일하는 동료들과 헤어지고 난 다음에 가족과 다시 만난다. 이와 같

퍼즐을 풀거나 다른 방식으로 스스로의 세계를 탐험하는 것은 어린이에게 인생 최초의 몇 년 동안에 두뇌의 빠른 성장을 할 수 있게 하고 신속한 신경망 복제를 가능하게 만든다

이 떨어졌다 붙었다 하는 사회적인 관계는 사회적인 복잡한 기억을 가지는 것이나, 떨어졌다 다시 만날 때 다른 사람의 정신 상태를 이해하는 것이 상당한 이점이 있다는 것을 의미한다. 간단하게 말해서 만나고 헤어지는 것의 유연성은 사회적인 유대와 사회적인 교류의 광범위한 네트워크의 발달과 함께 넓은 영역의 세련된 두뇌의 기능을 필요로 하게 되었던 것이다.

두뇌 진화의 또 다른 요인은 환경의 복잡성이다. 새로운 환경으로 퍼져나가고 보다 넓은 주거 범위를 가지게 됨에 따라 *호모 에렉투스*와 그 이후의 인류들은 새로운 거주지를 접하게 되었고, 생존을 위한 새로운 도전을 하게 되었다. 세련된 정신적인 상상력과 과거의 기억을 시간, 장소, 그리고 사회 집단에 대한 새로운 정보 입력과 함께 종합하는 것이 생사를 좌우할 수 있는 귀한 먹을거리를 찾아내는 데 도움을 주었을 것이다.

개체들은 춥고 덥고 그리고 건조하고 습하고 등의 기후변화에 잘 반응할 수 있어야만 번성할 수 있다. 종들은 단지 이들 구성 개체들이 새로운 자원의 진폭과 개인적인 차원의 기억에 국한되지 않는 다른 심각한 조건들에 맞추어 나갈 수 있을 때 유지될 수 있다. 대뇌의 활동적인 기능, 즉 경험, 기획력, 그리고 상상력의 사용 등이 축적되면서 환경이 변할 때 언제나 큰 도움이 되고 결국 두뇌의 진화를 촉진하게 되는 것이다.

두뇌 용량의 가장 빠른 성장은 대략 80만 년 전에 시작되었는데, 전 지구적인 환경 변화가 확대되었을 시기와 겹친다. 고대의 환경이 불안정한 것은 동아프리카의 화석 유적들에서도 볼 수 있는데 고인류의 화석과 도구들이 남아 있는 장소에서 시간이 지나면서 호수 환경과 건조한 환경이 교대로 나타나는 것을 볼 수 있다. 우기와 건기의 지속 기간들을 예측할 수 있었지만, 어떤 때는 안정적으로 나타나던 우기와 건기가 완전히 달라져서 전혀 예기치 않은 시기가 나타나기도 하였다.

이러한 역동적인 상태에서 감각을 종합하고, 시간과 공간의 논리적인 이해, 사고 그리고 음성적인 표현 등을 위한 지휘센터로서 기능하는 대뇌가 잘 발달된 두뇌를 가진다는 것은 엄청난 이점이 있는 것이다. 가장 앞쪽의 전두엽인 앞 전두엽은 대뇌의 어떤 부분보다도 더 발달하였다. 다른 두뇌 영역과의 연결 네크워크는 유연성과 기발한 반응을 할 수 있도록 만들어졌다. 그래서 두뇌가 진화함으로써 우리 일생 동안 새로운 것을 배울 수 있게 하고, 결정을 하고 그리고 새로운 관계와 기억을 창조해 내는 유연한 기관으로 변한 것이다. 초기 인류의 항상 달라지는 생존 도전의 관점에서 본다면 두뇌는 인류 고유의 적응력을 선사하는 방향으로 진화한 것이다.

두뇌가 진화함으로써 우리의 일생 동안 새로운 것을 배울 수 있게 하고, 결정을 하고 그리고 새로운 관계와 기억을 창조해 내는 유연한 기관으로 변한 것이다.

우리의 사회적인 두뇌

두뇌가 작업하는 것을 이해하는 것은 과학계의 가장 큰 숙제이자 인간이 되는 것의 의미를 이해하는 작업의 일환이다. 두뇌의 진화를 거슬러 올라가 보면, 여러 인류의 조상 단계인 *오스트랄로피테쿠스 아파렌시스*, *호모 에렉투스*, *호모 하이델베르겐시스* 등 여러 단계를 거치면서 두뇌는 전체적으로 커졌다. 그렇다면 이 종들을 모두 인간이라고 불러도 괜찮을까? 과학자들은 우리처럼 생각할 수 있는 종들을 구분할 수 있게 두뇌 진화의 경계가 존재하는지에 대해서

FAQ:
두뇌 : 크기가 문제인가?

두뇌가 크면 지적 능력도 커지는 것일까? 두뇌의 절대적인 크기는 잘못 이해될 소지가 있다. 큰 동물들이 큰 두뇌를 가진 것은 그들이 더 지적(知的)이기 때문이 아니라 단지 큰 몸을 관장하기 위해서 큰 두뇌가 필요한 것 때문이다.

인간들은 가장 지적인 종이라고 하지만 우리가 가장 큰 두뇌를 가진 종이라고 할 수는 없다. 고래나 코끼리는 우리보다 훨씬 큰 두뇌를 가졌다. 몸체의 크기에 대한 두뇌의 크기가 중요하다.

이 기준으로 본다면 더 큰 두뇌를 가진 것은 더 높은 지적인 능력을 가진 것이라고 할 수 있다. 우리는 우리의 몸집에 비해서 지구상에서 가장 큰 두뇌를 가진 생물이다.

논쟁을 해왔다. 그러나 두뇌 크기의 가장 의미심장한 증가는 우리를 인간이라고 정의하는 그 어떤 행위상의 주장과도 일치하지 않는다. 예를 들어, 두뇌의 크기는 우리의 선조가 도구를 만들기 시작하고 나서도 상당한 시간이 흐른 다음에 급속하게 발전하기 시작하였고, 고고학 자료에서 상징적인 행위를 보여주는 확고한 증거가 나타나기 훨씬 이전에 이루어진 것이다. 그래서 인간의 특성이 시간을 두고서 나타나는 것은 두뇌의 크기와 별다른 관계가 없었다. 그러나 커진 두뇌는 인간으로서 우리의 정체성을 생각할 수 있게 만들었다는 점에서 중요하다.

인간이라는 정체성에 대한 의문은 '호비트'의 미스터리에서 그 설명의 실마리를 찾아야 할 것 같다. *호모 플로렌시스*의 작은 두뇌가 던지는 시사점은 두뇌가 지속적으로 커지지도 않았고, 그것이 필연적인 결과도 아니었다는 점을 보여주는 것이다. 두뇌가 작아졌다는 것이 이 문제에 대해 확신을 가지게 해주었다. 뇌를 먹여 살려야 하는 조건이 완화된다면 인간의 정신적인 우월성의 상징이라고 생각하는 큰 두뇌는 하나의 부담으로 남을 수 있다. '호비트'라고 부르는 *호모 플로렌시스*가 인도네시아의 작은 섬 플로레스에서 정확하게 이러한 상황을 맞이한 것이다. 일반적인 법칙으로서 과거에 덩치가 컸던 동물들이 플로레스 섬이나 크레타 섬, 마다가스카르 섬 등에 살아남게 되면 덩치와 두뇌가 함께 줄어들었다. 작은 섬들에서처럼 두뇌에 에너지를 공급하기 위해 필요한 먹을거리가 신통치 않으면 큰 두뇌를 가지고 있는 것은 동물에게 큰 부담이 아닐 수 없다. 이 설명은 곧바로 '호비트'가 섬에서 조그만 머리로 진화한 것인지, 또는 섬에 들어올 때부터 조그만 머리로 왔는지를 대답할 수는 없다. 그렇지만 이 설명으로 인류의 진화 과정에서 장애물이 높다고 하면 인간 두뇌의 진화 과정에서 필연적으로 커져야 한다는 말은 성립되지 않는다는 것을 보여준다고 할 수 있다.

진화적인 관점에서 우리의 인간다움이라는 점을 생각할 때 이 설명은 더욱 깊이 있게 이해할 수 있게 한다. 인간 행위의 몇 가지 결정적인 요소는 두뇌가 커진 결과를 처리하는 총체적인 노력에서 유래된다. 우리가 성장하는 데 몇 년씩 걸린다는 사실은 두뇌가 성숙하는 데 걸리는 시간이 그만큼 길다는 것을 의미한다. 그래서 우리는 자손을 키우는 데 엄청난 에너지를 쏟아 붓고, 그리고 우리는 엄청나게 긴 시간을 배고픈 두뇌에게 에너지를 공급하기 위해서 풍부한 먹을거리를 찾는 데 소비하는 것이다. 그리고 사람들은 같이 나누고 다른 사람들과 같이 먹기 위해서 먹을거리를 수집하고, 쇼핑하는 노력을 공동으로 하는 것이 보통이다. 이러한 경제적·사회적인 양상은 인간에게만 있는 것이며, 두뇌가 커지도록 진화한 결과라는 것이다.

물론 두뇌는 우리에게 보상을 해준다. 비교적 작은 뇌를 가진 많은 종들은 학습을 통하여 살아가고 또한 번성하게 된다. 침팬지와 같은 다른 유인원들은 세대를 거듭하여 학습된 전통을 이어가는데, 이러한 전통은 어떤 특정한 집단의 행위를 형성하여 가끔은 '위대한 유인원의 문화'라고 부른다. 그러나 인간은 현존하거나 새로운 아이디어와 행위를 빠른 속도로 종합하고 소통하는 문화적인 계승에 가장 많이 의존하고 있다. 이 모든 것이 두뇌에서 일어나는 현상이다. 우리의 문화적인 능력은 흔히 우리의 유전적인 전승과 비교되지만, 이 두 가지는 서로 밀접하게 엉켜 있다. 유전적인 전승은 생물학적인 변이의 창고에서 일어나는 것으로서 단지 작은 특성들을 개인들이 물려받은 DNA 속에 기록될 수 있다. 그러한 전승이라는 것은 단지 부모와 아이들 사이에만 이루어지기 때문에 생존을 위한 문제를 해결하기 위해서는 항상 여러

세대를 거쳐야 한다. 그렇다고 하더라도 인간의 진화 과정에서 유전적인 전승은 우리의 두뇌가 즉각적으로 새로운 행위와 정신적인 가능성의 싹을 틔울 수 있도록 성장시킬 수 있는 능력을 형성하는 것이다. 우리의 유전적인 전승은 언어 능력을 포함하게 되는데, 이는 그 자체로 유전자의 시간표보다는 짧은 시간 내에 무한대의 소통을 수용할 수 있는 복잡한 코드인 것이다.

새롭고 다양한 방법으로 세상을 만나는 기회는 두 가지의 전승, 즉 유전적·문화적 요인이 결합된 형태가 될 때 획기적으로 성장할 수 있었다. 인간의 두뇌는 강한 사회성을 띤다. 한 두뇌의 행위와 생각은 다른 것들과 필연적으로 섞이게 마련이다. 두뇌는 그래서 두개골 내부에 갇혀 있는 구조 이상의 것이다. 우리의 두뇌는 우리의 것이기도 하고 우리를 둘러싸고 있는 사람들의 것이기도 하다.

두뇌의 복잡한 선들이 하나의 뉴런에서 다른 뉴런으로 전기 신호를 보내고 있는 것을 보여주는 컴퓨터 모델이다. 수십억 개의 뉴런이 하나의 네트워크를 우리의 뇌 속에 구성하는데, 이것은 우리를 수많은 사람들과 함께 사회적인 네트워크를 구성할 수 있도록 연결한다.

과거를 보는 창
케냐의 올로게세일리에 유적
90만 년 전

올로게세일리에 유적의 고기

지난 1985년부터 스미소니언연구소와 케냐의 국립박물관은 아프리카의 대협곡 속에 있는 올로게세일리에 유적에서 조사를 해왔다.

이 유적은 원래 루이스 리키와 메리 리키에 의해서 1942년부터 조사된 것이었지만, 조사가 시작된 이후 이 유적에서 왜 아슐리안 주먹도끼들이 아프리카 유적들 중에서 가장 많이 발견된 것인지를 알게 되었다.

침식된 언덕 사면에 삐죽 튀어나온 코끼리의 허벅지 뼈를 발견한 후에 스미소니언 연구소 팀은 더 많은 코끼리뼈가 묻혀 있는지를 보기 위해 본격적인 발굴을 하게 되었다. 결국 이 코끼리의 나머지 골격과 함께 2,300점에 이르는 석기들이 발견되었다.

갈비뼈에 남은 날카로운 몇 개의 도살흔 자국들도 발견되었는데, 코끼리 고기가 날카로운 석기에 의해서 잘려져 나갔음을 보여준 것이다. 석기를 사용한 도살흔들은 다른 갈비뼈, 척추 뼈, 그리고 혀가 달리는 부분의 목뼈에도 남아 있었다.

99만 년 전의 층위가 남아 있는 이웃한 다른 십여 개 소의 지점들에서도 유사한 광경이 나타나기 시작하였다. 코끼리는 건조하고 힘든 시간 동안 초기 인류들에게 잔치를 선사하였다. 석기를 만들고 다 같이 협력하여 사람들은 자신보다도 150배가 넘는 음식자원을 확보할 수 있었다. 그렇다면 석기 제작자들은 누구였을까? 초기 인류들이 석기를 만드는 재료를 구하기 위해서 방문한 것으로 보이는 고원까지 연결된 루트를 따라서 신속하게 조사해 본 결과 호모 에렉투스의 두개골 파편이 발견되었다.

100만 년 전 초기 인류들의 생존에는 석기 제작 기술과 사회적인 협동이 필수적이었다.

제3부
우리의 기원

9 | 인간 혁신　**10** | 상상의 뿌리
11 | 하나의 종이 전 세계에 …　**12** | 전환점

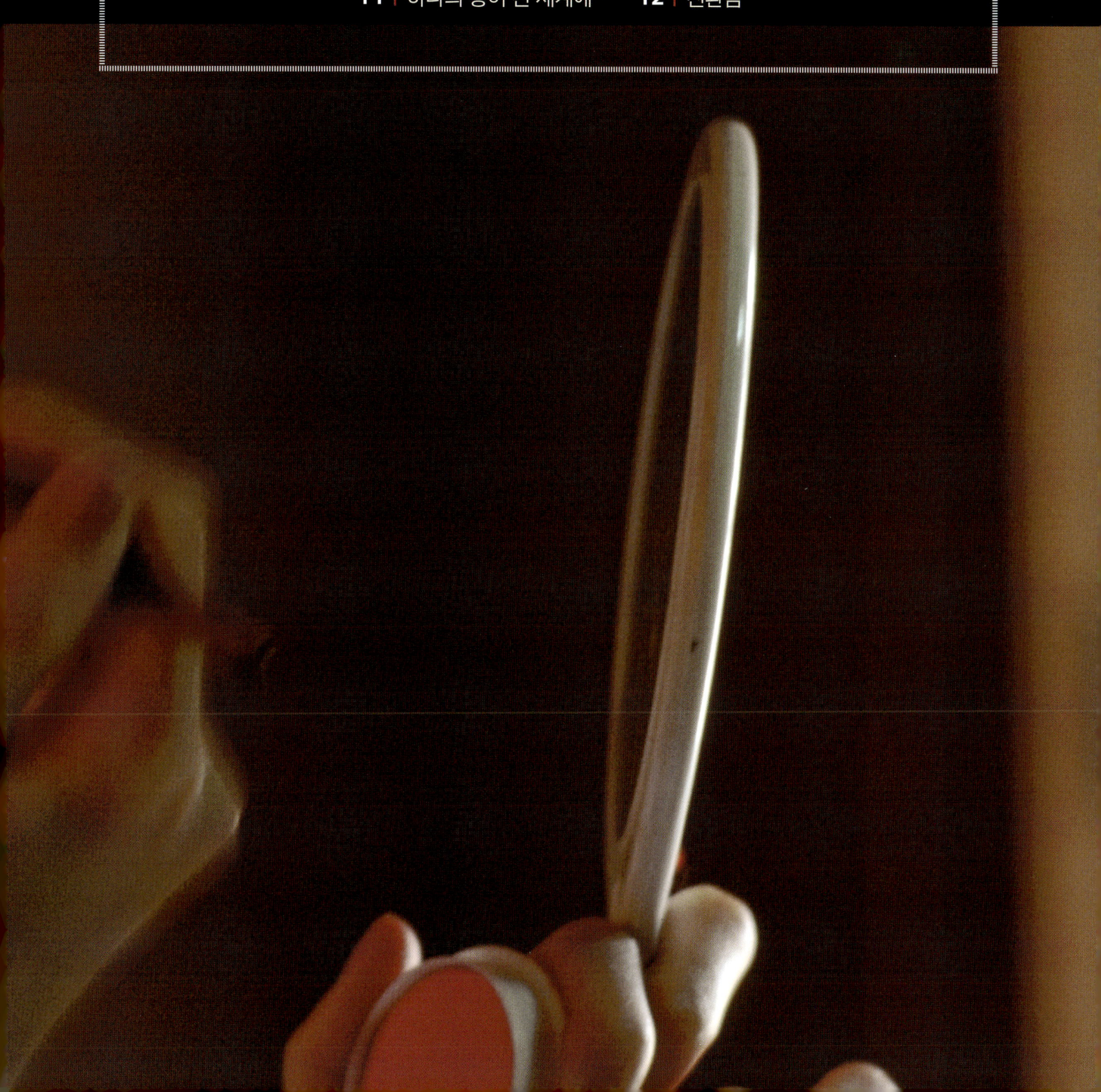

CHAPTER 9

인간 혁신

초기 인류의 생활과 기술들이 오래 지속된 것을 오늘날 우리가 마주치고 있는 변화와 비교한다면 정말 감질날 수밖에 없다. 우리는 혁신적인 능력들을 축적할 수 있도록 진화하였다. 인류의 진화는 곧 기본적인 도구 차원이 아니라 기술을 쌓아 올리기 위한 것이었다. 그리고 주먹도끼를 만들던 사람들의 습성을 뛰어넘어 인류의 가능성을 다양하게 만들 수 있는 초석을 놓았던 것이다.

두 가지 기본적인 석기 제작 기술인 올도완과 아슐리안 기술에는 260만 년~50만 년 전까지 단지 주먹도끼와 가롯날도끼 같은 자르개들이 추가되었을 뿐, 별다른 큰 변화가 없이 지속되었다. 이 기술들은 돌에서 박편을 떼어내는 아주 기초적인 작업으로 정의되지만, 우리의 조상들이 상당히 오랜 기간 동안 잘 살 수 있도록 만들어준 기술이었다. 그러다가 갑자기 다양성과 혁신이 꽃피기 시작하였고, 특히 지난 10만 년 동안에 혁신은 더욱 가속되었던 것이다.

주먹도끼 공작이 끝나가면서 석기 제작 기술은 다양한 석재 재료를 가지고 사전에 세심하게 조절하여 박리하는 작업으로 점차 더욱 작고 다양한 형태의 도구를 만들게 되었다. 특화된 석기들과 도구들을 가지고 인간의 조상들은 물감을 만들고, 야생곡류들을 재배하고, 음식을 저장하며, 그리고 빠르고 위험한 동물들을 잡을 수 있게 되었다. 혁신의 속도는 엄청나게 빠르게 진행되었다. 이제는 기술이 수백만 년 동안 지속되는 것이 아니라 수만 년 또는 수천 년 동안 지속될 따름이었다. 오늘날 급속하게 쇠퇴하는 과정이 이미 암시되고 있었던 것이다. 우리 인간들은 살아가는 에너지를 핵 발전에서 얻게 되든, 또는 모닥불에서 얻든 간에 이제는 완전히 기술에 의존하게 되었다. 인간의 혁신 그리고 기술에 대한 의존은 우리 인간의 홀 마크인 셈이다.

약 50만 년 전에 기술 혁신에 대한 암시가 보이기 시작하였다. 영국의 복스그로브 유적에서 발견된 말의 견갑골(어깨의 넓적한 뼈)에 남아 있는 둥그스름한 상처 자국은 이 동물이 나무창에 찔려서 죽은 것을 보여준다. 실제로 나무창이 발견된 것은 독일의 쉐닝겐 유적에서 이보다도 약간 늦은 시기인 40만 년 전의 것이다. 이러한 증거로 보면 *호모 하이델베르겐시스*들은 말이나 코뿔소, 그리고 큰 사슴 등 대형 짐승들을 사냥하고 있었다는 것을 보여주는데, 이러한 사실에 대한 증거는 이보다 이른 시기에는 없다.

이와 비슷한 시기에 아슐리안 석기 제작자들은 더 많은 시간과 노력을 돌도끼 제작에 투자하였다. 과거에 20번 내지 30번 정도 타격하여 만들었던 타원형의 모습이 아니라 이제는 사전

앞 쪽: *게이샤(기생)가 거울에 자신의 얼굴을 비춰보고 있다. 자신을 성찰하고 다른 사람들의 복잡한 마음을 이해하는 것은 인간만이 할 수 있는 일이다.*

맞은편 쪽: *석유화학공장의 파이프들이 현대 기술의 복잡성과 혁신의 빠른 속도를 말해주고 있다.*

에 마음속에 마지막 형태를 그려두고는 정교한 타격으로 좌우대칭의 세련된 모습을 만들게 되었다. 이처럼 정교하게 만들어진 새로운 양식의 주먹도끼들은 과거에 도살용으로 사용하던 도구를 넘어서는 모습을 갖추게 될 것이다. 시간이 갈수록 새로운 도구를 제작하고 음식을 확보하는 전략에서 오늘날 고고학자들이 말하는 현대인적인 행위, 즉 현생 인류의 행위들이 나타나게 될 것이다. 이렇게 초기 인류에서 현생 인류의 행위로의 이행은 우리가 우리 스스로를 어떻게 정의하는가에 달린 문제다. 자연적으로 이 주제는 가장 핵심적인 논쟁의 주제인 셈이다.

언제 어디서?

인류학자들이 현생 인류의 행위에 대해서 논할 때 대체로 기술, 사회, 생태 그리고 인지 등 네가지 차원에 대해서 말한다. 기술에 대해서는 현생 인류의 행위는 혁신과 주변의 환경에 여러 가지 방식으로 반응할 수 있는 능력의 문제라고 할 수 있는데, 이러한 과정이 결국 문화의 다양성, 기술 그리고 여러 가지 물건의 양식들로 나타나게 된 것이다. 사회적으로 말하자면 인간이나 집단의 네트워크를 구성하는 능력을 말하는 것으로 정보, 아이디어 그리고 자원의 교류를 할 수 있도록 하는 것이다. 생태에 대해서 말하자면 현생 인류의 행위 중에서 자신을 둘러싸고 있는 것들을 사용하는 능력이다. 새로운 지역으로 확산되어 서식지를 넓히고 변형할 수 있도록 만드는 힘을 뜻하는 것이다. 이러한 각 차원들에서 현생 인류는 초기의 우리 선조들보다는 새로운 능력이라고 할 수는 없겠지만, 엄청날 정도로 정확한 인지 능력을 확장한 것이라고 할 수 있다.

언제 어떻게 이러한 능력들이 일어나게 되었나에 대한 생각은 두 개의 학설군으로 나누어지게 된다. 후기 급진가설(늦게 시작되었지만 급속한 발달 가설)과 초기 점진가설(인류 초기 단계부터 점진적인 발달 가설), 이 두 가설의 명칭은 우리의 행위 특성이 진화하는 데 필요한 시간과 속도에 대한 견해 차이를 말하고 있다. 후기 급진가설은 인간의 혁신적인 능력이 대체로 4만~5만 년 전에 갑작스럽게 시작된 것으로서, 인간들이 상징적인 언어를 가능하게 만든 하나의 돌연변이적인 사건에서 시작되었을 것이라는 주장이다. 이 주장의 강력한 증거들은 4만 년 전 이래 시작되는 혁신의 급속한 발달을 보여주는 유럽 지역의 고고학적인 기록들에 근거를 두고 있다. 핵심적인 요소들로서 예술품들, 보석들로 만든 장신구, 정교하게 만든 석인석기들, 수 톤의 무게에 달하는 매머드의 뼈로 만든 집의 출현 등을 들 수 있을 것이다. 이러한 혁신 외에도 사냥 능력이 크게 신장되어 던지는 무기가 등장하고 또한 세련된 장례법이나 정교한 의식들이 만들어지기 시작하였다. '창의성의 폭발'의 가장 훌륭한 사례인 프랑스와 스페인의 동굴 벽화들은 3만 2천 년 전에서 1만 8천 년 전경에 최고조에 달하였던 것이다.

이와는 대조적으로 초기 점진가설은 4만 년 전 이전의 아프리카의 고고학적인 자료에 초점을 맞추고 있다. 이 견해에 따르면 도구의 모음 다양성이나 혁신의 빠른 속도가 이미 30만 년 전 이전에 시작되었으며, 현생 인류들의 행위는 점진적으로 일어난 것이라고 할 수밖에 없다는 주장이다.

가설들을 검증하기 위해서는 이제까지 발견된 것들을 면밀하게 검토해야 할 것이다. 인간 혁신의 동기가 집중된 이정표에는 무엇들이 있는가? 그리고 이러한 혁신들이 긴 시간 동안 또는 진화의 끝 무렵에 일어났던 것인가?

혁명은 아니었다

가장 인상적인 경우가 아프리카에서 발견되었는데, 일군의 고고학자들이 놀랄만한 증거들을 찾아낸 것이다. 지난 수십 년간 남아프리카와 동아프리카 유적들을 발굴한 샐리 맥브러티와 앨리슨 브룩스에 의해서 상세하게 정리되었는데, 이들의 자료들은 초기 점진적인 가설에 힘을 실어주고 있다. 이 자료 때문에 많은 고고학자들이 현생 인류 행위의 출현에 대한 견해를 바꾸게 되었다. 이 두 고고학자는 "혁명은 없었다"고 결론을 내렸는데 이 말의 의미는 현생 인류로의 진화와 관련된 기술적·사회적·환경적인 변화가 시작되는 데는 그만한 시간이 걸렸다는 것이다. 혁명이라는 것은 어쨌든 인간의 의식에서 일어났다는 것인데, 이러한 변화는 *호모 사피엔스*가 출현하기 이전에 이미 시작되었을 수도 있다는 것이다.

잘 만들어진 석인석기나 첨두기들은 한동안 늦고 급작스러운 혁명을 보여주는 징조로 생각되었지만, 이미 아프리카 케냐의 중부 지역에서는 28만 5천 년 전경에 나타나고 있었다. 상징적인 표현을 위하여 색소의 사용을 보여주는 염료들도 이미 25만 년 전에 사용되었다. 잠비아의 쌍둥이강 유적에서 발견된 각각 붉은색과 노란색을 내는 헤마타이트와 리모나이트 덩어리의 한쪽이 닳아 있는 것으로 미루어볼 때 이것들을 분필이나 크레용처럼 사용한 것으로 보인다.

색소의 사용, 아주 작은 석편들을 가지고 조합식 무기를 만드는 것, 조개 채집을 하는 생활들이 이미 남아프리카의 피나클 유적에서 나타나고 있는데, 연대가 16만 4천 년이 된 것으로 알려졌다. 일정한 방식으로 구멍을 뚫어 색깔을 입힌 조개보석들이 알제리와 이스라엘에서 13만 5천 년 전에 나타난다. 목걸이, 팔찌, 그리고 다른 장신구들이 우리가 지금까지 생각했던 것보다도 훨씬 오래전에 나타났다는 것을 말해주고 있다. 멀리, 적어도 3백km나 떨어진 집단 간에 흑요석을 교류하는 것도 이미 13만 년 전에 일어난 일이며,

반대편 페이지: 낚시 바늘과 그물망들은 오늘날 오스트리아의 어부들이 사용하고 있는 것과 같이 어로가 늦게 나타나는 것을 말해준다. 이러한 도구들은 조합식 도구로서 작살과 창 다음에 나타난다.
어로 작업에 성공의 조건이 되는 기획력은 기술적인 혁신과 함께 전해졌을 것이다.

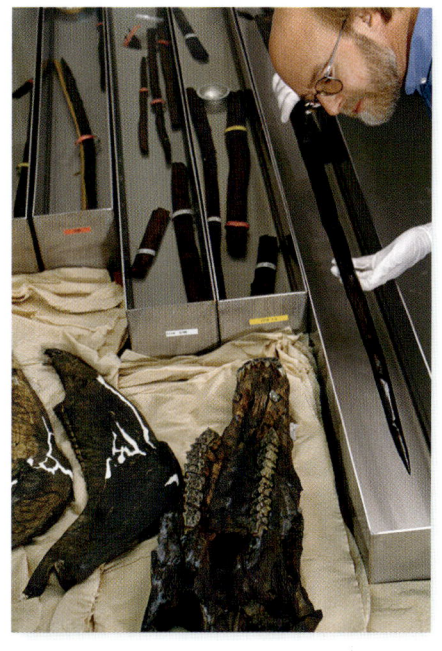

독일의 쉐닝겐에서 출토된 40만 년 전의 나무창과 같은 도구는 초기의 사냥꾼들이 다칠 수도 있는 커다란 사냥감들을 어느 정도 거리를 두고 다룰 수 있도록 하였을 것이다.

에티오피아의 헤르토 유적에서 발견된 사람의 두개골은 잘 처리되고 마연되어 있는 것으로 보아 16만 년 전에는 이미 죽은 자를 특별하게 취급하고 있었다는 것을 보여주고 있다.

10만 년 전을 약간 상회하는 시기에 새롭게 어로 기술과 사냥 기술이 발전하기 시작하였다. 에티오피아의 오모 키비쉬 유적에서 발견된 작은 첨두기는 이미 10만 4천 년 전에 초기 현생 인류들이 첨두 부분, 축 부분 등을 잡아매거나 또는 천연 접착제를 이용하여 조합 도구를 만들기 시작하였다는 것을 보여준다. 첨두형의 석기들이 나무창 끝에 장착되거나 또 다른 종류의 던지는 무기들을 사용하기 시작하여, 인간들이 새와 같이 빠르게 움직이는 동물이나 물소나 멧돼지 같은 위험한 동물들을 사냥할 수 있게 만들었다.

당시의 사냥이 계획을 세우는 것은 물론이고 또한 쉼터도 전략적인 요충지에 자리 잡는다는 것을 에티오피아의 포크 에픽 동굴 유적의 경우에서 확인할 수 있다. 이 동굴은 동물들이 이동하는 통로를 굽어 살필 수 있는 곳에 자리 잡고 있다. 콩고 민주공화국의 카탄다 유적에서 미늘이 있는 골제 첨두기가 엄청나게 큰 메기의 뼈와 함께 발견되었다. 9만 년~8만 년 전 것으로 밝혀졌는데, 창이나 작살로 하는 어로작업이 십여 명의 식구를 충분히 먹일 수 있을 정도의 물고기를 잡았다는 것을 보여준다.

첨두기의 형태는 아프리카 각지에서 변화하는데, 이것은 다양성의 시작이며 또한 우리 현생 인류의 행위의 선택적인 범위가 점차로 커지고 있다는 것을 말해주는 것이다. 브롬보스 동굴에서 발견된 7만 5천 년 전의 마제 골각기는 우리 현생 인류의 초기 멤버들이 석기 이외의 도구에 다른 재질을 많이 사용하고 있었음을 보여준다. 이 유적에서 발견된 뼈로 만든 송곳은 간단한 옷을 짓는데 사용되었을 것이며, 음각 흔적이 있는 십 여 개의 붉은 흙판 조각들은 무엇인가 의도적으로 기록한 것으로 보인다는 것이다.

줄인다면 호모 *사피엔스*의 특성이라고 보는 기술적인 혁신, 사회적인 네트워크와 생태 적응 능력이라는 일련의 조합상들이 점진적으로 진화해 온 것이라는 것과 이러한 것들이 아프리카에서 집중적으로 나타나고 있다는 것을 확실하게 보여주는 것이다.

아슐리안 주먹도끼를 만드는 기술이 아프리카, 아시아의 일부 그리고 유럽에 널리 퍼져 있었다. 50만 년 전에서 20만 년 전 사이의 시기에 주먹도끼는 점차로 작아지고 세련되게 만들어졌다 (이 페이지의 중앙과 우측). 적어도 20만 년 전의 주먹도끼는 작아서 지니고 다니기 편한 첨두기와 석인석기(다음 페이지)들로 대치되게 된다.

4만 년 전 이후에 유럽 지역에서 나타나는 현상들은 전혀 새로운 것들이라고 할 수 없다. 유럽에서 갑자기 진화한 것이라고 할 수도 없고, 아프리카에서 나온 *호모 사피엔스*가 유럽에 도달하는 시기에 주로 나타나기 시작하였다. 이 논의 중에는 헐렁한 옷을 짓는 데 필요한 뼈 바늘 ; 뼈, 녹각, 상아 그리고 나무에 무엇을 새겨 넣는 도구들 ; 매머드를 죽여 넘어뜨리는 데 사용하는 창이나 던지개, 물개를 잡는 데 사용하는 작살; 토제 조각상과 비너스 여인상으로 대표되는 오랫동안 지속된 신앙; 그리고 동굴 벽화 등이 포함된다. 이러한 현상들을 보면 풍부한 정신과 상징 세계를 가진 한 인류 종의 자원 충족과 상상의 한 정점에 있었다는 것을 알 수 있다.

혁신의 누적

잠깐 동안 고고학적인 자료를 접어두고 우리와 가까운 현생 영장류들에 대한 연구에서 밝혀낸 것이 무엇인지 집중적으로 분석해 볼 필요가 있다. 야외 연구자들의 끈질긴 노력으로 영장류들도 상당히 혁신적일 수 있다는 것을 발견하였다. 탄자니아 곰베의 침팬지를 연구하고 있는 제인 구달은 침팬지들이 나무 작대기를 가지고 높이 달려 있는 과일을 땅에 떨어뜨리는 데 사용한다든지, 또는 나뭇잎을 다듬어 부채같이 흔들어서 독이 있는 벌레들을 피부에서 멀리하게 만드는 등의 순간적인 대응을 해내는 것을 수도 없이 관찰하였다. 이러한 것들은 하나의 사례에 불과하지만 이러한 영장류들의 사촌쯤 되는 우리의 선조들이 우아한 방법으로 문제를 해결할 수 있었다든가, 물건들을 창의적으로 사용할 수 있었다든가, 그리고 새로운 행위를 개발하여 학습되고 대대로 물려줄 수 있었던가를 이해하는 데 도움을 준다.

영장류의 예지력을 확인할 수 있는 가장 잘 알려진 경우가 '이모'라고 불리는 젊은 여성 붉은털 원숭이인데, 고구마에 묻은 모래를 닦아내기 위해 냇물로 이동하기 시작한 것이다. 바로 따라서 이모의 어머니가 같은 동작을 하였고, 이모의 집단에 있던 다른 원숭이들도 따라하기 시작한 것이다. 이 기술이 퍼져서 집단 내 대부분의 구성원들이 고구마를 먹기 전에 냇

가장 오래된 불의 흔적과 음식조리

불은 초기 인류들에게 빛, 온기 그리고 밤에는 맹수들로부터 보호해주는 수단이 되었을 것이다. 음식 조리는 고기나 식물들의 섭취가 불가능한 영양소들도 흡수가능하도록 만든다는 점에서 중요하다. 불의 사용 중에 가장 오래된 것은 단순한 자연화재로 생긴 것이 아니고 캠프파이어에 의해 만들어지는 온도로 불에 탄 뼈를 발견함으로써 확인된 남아프리카의 스와르트크랜스 동굴 유적이다.

이스라엘의 세쉬 베노트 야콥 유적은 79만 년 전의 것으로 화덕자리에서 음식을 조리한 것이 거의 확실하다고 할 수 있는 최고의 유적이다. 아주 작은 플린트돌 조각들이 유적에 깔려 있는데, 이 중에는 불에 의해서 변형된 것들이 있다. 불에 탄 작은 플린트돌 조각, 씨앗들 그리고 나무는 화덕자리의 위치를 말해주고 있고, 불에 타지 않은 플린트돌 조각들의 분포는 화덕자리 주변을 말해 준다.

옷 만들기

프랑스의 로저리 오뜨 유적에서 발견된 것과 같은 송곳과 구멍뚫이는 아프리카에서 발명되었지만 북쪽 추운 지방으로 이주하게 되어 옷을 지을 때 구멍을 뚫기 위해 사용되었다. 후대의 인간들은 뼈나 상아로 만든 바늘로 따뜻하고 몸에 잘 맞는 옷을 만들 수 있었던 것이다.

어로 작업

적어도 7만 년 전에는 중앙아프리카 사람들이 미늘이 달린 첨두기를 만들어서(좌측) 엄청나게 큰 메기류 물고기를 잡았다. 나중에 인간들은 작살을 이용하여 빠르고 엄청나게 큰 해양 포유류를 잡았다.

조각품

조각도(새기개; 상부, 바닥)는 끝이 예리하고 끌처럼 생긴 돌조각이다. 사람들은 뼈, 상아, 나무 그리고 뿔을 가공하는데 사용하였는데 스페인의 엘 펜도 동굴에서 발견된 1만 7천 년 전의 뼈 예술품과 같이 디자인과 형체들을 새기는 데 사용하였다.

빠르고 위험한 동물들의 사냥

남아프리카의 브롬보스 동굴에서 보이는 것과 같은 돌로 만든 첨기들을 창끝에 달게 되면 사람들이 빠르게 움직이거나 위험한 동물들을 사냥할 수 있게 된다. 시대가 지나면 창던지개(상부 좌측)가 출현하게 되어 창이나 표창을 훨씬 멀리 빠르게 그리고 정교하게 던질 수 있게 되어 맹수로부터 사람이 덜 다칠 수 있게 되었다.

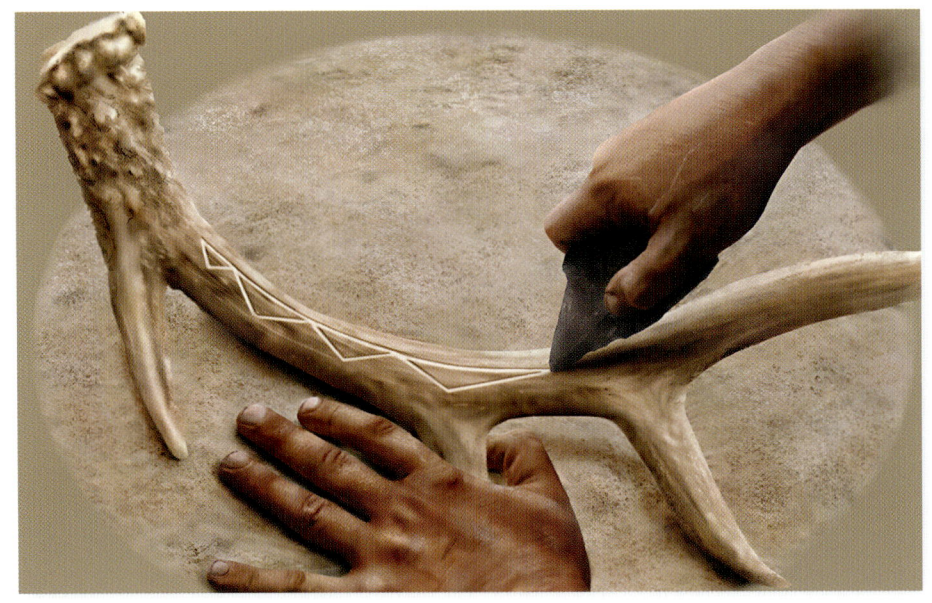

조각도가 사슴뿔에 문양을 어떻게 만드는지를 보여주고 있다.

> 창조하고 채택하며 나누고 그리고 기존에 하나 둘 씩 쌓아온 토대 위에서 건설하는 것은 인간의 기술과 생태 적응의 성공양식이 점차로 복잡해질 수 있도록 만든 것이다.

물에 가서 씻게 되었다.

이 경우에 정말 흥미로운 것은 이모가 가진 창의성뿐 아니라 이러한 새로운 기술이 순식간에 복제되어 집단 사이에 퍼져나갔다는 사실이다. 창조하는 것이 중요하기도 하지만 또 다른 한편으로 퍼져나가서 오랫동안 지속되는 것 역시 중요한 요점인 것이다. 이러한 사실은 우리 인간의 역사에서 혁신의 역할이 무엇인지, 그리고 인간이라는 종을 어떻게 바꾸어왔을 것인지에 대해서 이해하는 데 핵심적인 요건인 셈이다.

창의력의 일부는 분명히 우리의 영장류적인 특성에 있었다고 할 수 있다. 그러나 인간들이 가지고 있는 특별한 점은 창의력이 약간의 순간적인 영리함이나 예지력의 정도가 아니라 그러한 혁신을 축적할 수 있는 능력을 가졌다는 것이며, 이것이 인간 진화의 핵심적인 요건이라고 할 수 있다. 창조하고 채택하며 나누고 기존에 하나 둘 쌓아온 토대 위에 건설하는 것은 인간의 기술과 생태 적응의 성공양식이 점차로 복잡해질 수 있도록 만든 것이다. 혁신의 축적은 아슐리안 석기 공작의 제작자들과 같은 고대 선사인의 생활 방식에서 현생 인류의 선사시대 자료에서 볼 수 있는 것처럼 창조적인 시대에 이르는 변화에 필수적인 것이었다.

여기서 우리는 매우 다른 두 가지 사실을 알 수 있다. 첫 번째는 인구의 밀도와 집단 간의 연결이다. 아무리 개인이 창의적인 생각을 가지고 있고 집단이 쉽게 활용할 수 있다고 하더라도 이러한 것들이 작은 집단에 국한된다고 하면 오래 지속되지 못할 것이라는 점이다. 발명이

FAQ:
무엇이 혁신을 불러 일으켰나?

적어도 260만 년 전에 초기 인류들이 사용하기 시작한 올도완 석기 공작을 적어도 100만 년 동안 사용하였고, 이어지는 아슐리안 석기 공작을 또 다시 100만 년 동안 사용하였다. 기술적인 혁신의 가속화는 대체로 10만 년 전부터 시작되었다. 기술의 변화는 인간의 적응력과 지식의 축적에 의해서 이루어지는 것이다. 우리가 가진 크고 복잡한 두뇌는 수십 년 치의 자료를 입력하고 처리하는 데 지극히 짧은 시간 밖에 걸리지 않는다. 책과 컴퓨터들이 수세대 동안 모아진 정보들을 전례 없이 제공하고 있다. 우리는 사건에 대해서 즉각적으로 반응할 수 있으며, 문제를 해결해 줄 수 있는 체질적이고 사회적인 적응력을 가지고 있는데, 바로 이것이 혁신의 핵심이다.

퍼져나가는 방식에 대한 컴퓨터 모델은 좋은 행위가 널리 퍼지기 위해서는 강력한 사회 교류 네트워크가 중요하다는 점을 보여준다. 만일 하나의 혁신이 오래 살아남아서 점차로 커져가는 혁신의 풀에 남게 된다면 집단 간에 혁신이 이전되는 것 또한 핵심 요건이다. 현생 인류의 행위에 대한 초기 점진적인 가설에서 논란이 되는 것 중의 하나가 연속적인 혁신이 일어났다고 하더라도 혁신 하나하나는 수명이 그리 길지 못할 수도 있다는 점이다. 혁신에 필요한 인지 능력이나 사회적인 능력은 이미 30만 년 전에 있었을 것으로 보인다. 그러나 고고학적인 증거로서 남아 있는 혁신들이 언제나 오래 지속되고 또 *호모 사피엔스*가 살고 있는 세계 곳곳으로 퍼져 나간 것은 아니라는 사실이다.

두 번째 요소가 바로 환경 변화다. 동아프리카의 아슐리안 도구 제작 전통은 가장 오랫동안 지속되었지만, 36만 년 전에 습윤하고 건조한 기후가 주기적으로 큰 폭으로 진동하는 시기가 시작되면서 사라지고 말았다. 이 시기는 우리가 말하는 환경과 자원들이 큰 스케일의 변동이 있게 되는 30만 년이라는 기간의 시작 단계의 일부라고 볼 수 있다. 바로 이 시기가 인간들의 혁신적인 행위가 나타나기 시작한 시기다. 변하지 않고 지속될 것 같은 전천후 석기인 주먹도끼가 작고 지니기 편한 석기 제작 기술로 대치되었다. 혁신의 속도는 점차로 빨라지고 유용한 것들은 오래 지속되어 고고학적인 증거로 남게 되었다. 사회적인 네트워크와 집단 간의 교류가 필요할 때 나타나고, 그리고 복잡한 상징적인 행위의 표현을 보는 것이다. 이러한 일련의 능력들은 환경변화에 반응하는 데 엄청난 감각을 길러주는 것이다. 이동성, 기획력 그리고 새로운 도구의 제작과 집단 간의 교류는 위험을 줄이고 가장 어려운 시간임에도 불구하고 생존의 기회를 늘이는 역할을 할 수 있었다.

환경 변화의 또 다른 효과는 앞에서도 언급하였지만 인구 집단 자체가 어느 정도 혁신을 받아들일 태세가 되어 있는가에 달려 있다. 아프리카에서 14만 년~7만 년 전에 일어난 반복되는 가뭄은 혁신을 널리 전파할 수 없을 정도로 인구를 감소시켰을 가능성이 있고, 또한 그 이전에 있었던 혁신적인 행위조차 사라지게 만들었을 수 있다. 북반구 지역에서는 빙하가 큰 영향을 미쳤다. 3만 3천 년 전 경에 북쪽의 빙하가 최대로 확대되기 시작하면서 이동한 집단들은 이전의 인구 집단이 전혀 직면해보지 못한 어려운 시기에 살아남을 수 있을 정도로 이미 강력해진 것이다. 사실, 초기의 선두주자들은 가장 자원 습득이 용이한 장소로 몰려들었다는 것을 엄청난 숫자의 고고학적인 유적들이 말해 주고 있다. 인구 밀도가 높아지자 혁신의 확산과 축적을 위한 이상적인 조건들이 만들어지게 되었다. 유럽에서 이루어진 '창조의 폭발'은 우리가 그동안 생각했던 것처럼 인간 진화에서 가장 중요한 이정표라고 할 수는 없다. 그러나 그것은 혁신의 축적을 가속화시키는 역할을 한 환경과 인구의 두 가지 요소를 실제로 보여주었다.

궁극적으로 고대 인류의 기본적인 도구 조합이 *호모 사피엔스*들이 새로운 환경으로 퍼져 나가게 되면서 복잡한 도구 조합과 문화적인 다양성이 나타남에 따라서 사라지게 된 것이다. 기술은 이 시기에 현생 인류가 성공할 수 있게 되는 요건의 하나일 뿐이다. 그 어떤 요소들보다도 상상력은 우리가 이 지구상에서 우리 스스로의 역할을 생각하고, 우리의 미래를 설계할 수 있는 능력을 주었다는 점에서 더욱 중요한 것이다.

1만 8천 년 전에 일본에서는 최초로 흙을 불에 구워서 그림에서 보듯이 8cm 정도 크기의 항아리와 같은 토기를 만들었는데 바로 오늘날까지 이어지는 토기시대의 시작이다.

CHAPTER 10

상상의 뿌리

내셔널 지오그래픽 편집장인 크리스토퍼 슬론은 프랑스의 도르도뉴 지방을 가리켜 '전설이 가득한 성들이 강물이 휘감아 돌아가는 석회암 절벽 위에 우아하게 서 있는 신비스러운 모습'이라고 묘사한 바 있었다.

"카르스트 지층 깊숙이 자리 잡은 동굴은 우리 조상들이 숨기 위한 피난처로 사용하곤 했었다. 수천 년 전, 이곳이 바로 우리 선대의 인류가 처음으로 세상을 미술의 형태로 변환시켜 기록한 장소다. 이들은 대체 누구였던가? 라스코 동굴의 그림들을 눈으로 확인하기 전까지 나는 아무런 단정도 지을 수 없었다. 옅은 불빛 사이로 보이는 거대한 말과 들소의 그림들이 나의 머리 위를 어렴풋이 지나치고, 동굴 표면에는 숙달된 솜씨로 그려진 동물상과 움직이는 모습을 묘사한 그림뿐만 아니라, 그 신비함에 경탄이 절로 나는 상징적 기호들 또한 함께 그려져 있었다. '나는 분명 이들이 누군지 알고 있다', 나는 상기된 기억들을 혼잣말로 읊조렸다. '그들은 바로 우리다'."

맞은 편: 예멘 여성의 발과 팔을 장식하고 있는 복잡한 문양의 문신. 외모를 치장하는 것은 가장 고대적인 형태의 상징 의사소통이다.

상징 기호, 미술품, 음악, 언어 그리고 의식들은 우리 삶에서 빼놓을 수 없는 필요불가결한 요소로 자리매김하고 있다. 옷을 선택하거나 장신구를 착용하고, 신문을 읽으며, 친구들과 수다를 떨고, 학교나 직장에 가는 등의 통상적 일상은 상징 기호 없이는 이 세상에 존재할 수 없을 것이다. 상징 기호가 존재하지 않는 세상에서는, 복잡한 생각에 대한 의사소통이 거의 불가능할 것이고, 사실상 당신이 보거나 들을 수 있는 범위 밖에서 벌어지는 일들은 도저히 알아낼 방법이 없을 것이다.

상징 기호들이 가진 힘을 과대평가할 필요는 없다. 하지만 기독교의 십자가나 유대교의 다윗의 별, 이슬람의 초승달은 지구에 사는 수억 명 주민들의 유수한 모임의 상징이다. 깃발을 펄럭이고 찬송가를 연주하면서 단체의 정체성을 상징적으로 상기시켜주게 되는 것이다. 하나의 색깔은 기분이나 분위기를 전달할 수 있고, 작은 장신구로도 기혼임을 선언할 수 있으며, 우리의 재산은 우리가 들고 다니는 지갑 혹은 가방 속에 들어있는 신용카드와 현금이라는 상징적 형상으로서 암시될 수 있다. 교통신호, 날씨를 보여주는 지도, 신문의 표제(헤드라인), 텔레비전, 그리고 인터넷 등 이 모든 것들이 우리에게 상징적 기호로 정보를 알려주거나 상징 기호들이 기본으로 구성된 정보를 전달해준다.

현대 인류의 생존에 필수적 요소인 상징주의의 출현은 점차적으로 발생하였지만, 우리

는 상징주의의 출현을 중요한 세 가지 단계적 시점으로 나누어 생각할 수 있다. 첫 번째 단계적 시점을 구성하고 있는 것은 30만 년에서 25만 년가량 된 유물로, 상징 행동 양상을 반영하고 있을 것으로 추정되고 있다. 두 번째는 현대 인류의 상징 행동 증가가 이루어졌던 11만 년에서 7만 5천 년 사이라고 측정할 수 있다; 이 시기의 고고학 유적지들에서는 상징 유물의 증거품들이 잇따라 나오고 있다. 상징 행동이 복잡성의 궤도에 오르는 6만 년에서 3만 년 전 사이의 시기를 세 번째 단계적 시점으로 볼 수 있는데, 유럽과 여러 지역에서 동굴 벽화를 꽃피우던 시기이기도 하다.

기호 언어

모든 것을 불문하고 가장 강력한 상징 기호는 바로 상징 기호로부터 비롯되는 언어다. 모든 인류 집단은 정보를 전달하고 개개인의 습득된 행동을 세대에 걸쳐 물려주기 위해 자의적 상징 기호와 언어를 사용하였다. 언어는 인간이 과거와 미래에 대한 생각을 할 수 있게 만들어주며, 멀리 떨어져 있는 장소에 대한 상상이나 관념과 같이 우리가 볼 수 없는 것들에 대한 묘사를 가능하게 한다. 언어는 우리의 시각과 지식과 취지와 정체성을 공유하는 데 반드시 없어서는 안 될 필수 매체인 것이다.

언어를 표현하는 소리나 단어들은 사람들 사이의 합의에 따라 결정된다. 그 소리에 대한 의미가 합의에 의해 이루어지면, 그 소리들을 결합시키거나 재결합시켜 제한 없는 유동적인 의사소통 체계를 새롭게 만들 수 있다. 단어나 소리의 시각적 기호들 또한 합의되고 나면 – 중국의 표어문자나 페니키아 말과 같이, 혹은 독자가 지금 읽고 있는 한글로 이루어진 이 지문처럼 – 문자 언어가 탄생되는 것이다.

기호 언어가 자리매김함으로써, 우리 조상들은 새로운 방법의 의사소통이 가능하게 되었다. 시공간을 거스르는 대화를 할 수 있을 뿐만 아니라, 마음속에 간직하고 있는 비밀들 – 소망과 꿈 그리고 기억들 – 을 공유할 수 있게 되었다. 그들은 세상의 관습이나 인간 존속과 같은 추상적 관념에 대해 깊게 탐구할 수 있게 되었다. 상징적 의사소통은 인간 상상력의 근원이 되는 시발점에 놓여있는 것이다.

영장류의 상징기호 사용

우리가 유일하게 상징 기호를 사용하는 생물일까? 많은 발성 동물들이 있지만, 아직 야생에서의 상징 기호 사용에 관한 사례는 알려지지 않았다. 그러나 지난 몇십 년 동안 학자들은 실험실의 영장류들에게 상징 기호를 사용할 수 있도록 훈련시키는 데 노력을 기울였고 성공적인 성과를 거둔 바 있다. 1980년도에 태어난 수컷 보노보노 칸지는 348개의 이미지를 익히고 사용하도록 배우고 있으며, 3,000개가 넘는 영어 단어를 알아듣는다. 1971년도에 태어난 암컷 고릴라 코코는 미식 수화(ASL)를 사용하여 1,000가지 이상의 표현이 가능하다.

영장류 연구 결과는 인간 외의 다른 종의 생물들에게서도 언어를 통한 상징적 의사소통에 대한 능력이 존재함을 보여주고 있다. 영장류의 언어 능력 깊이를 탐구하기 위해 설계된 어떤 실험에서는 원숭이들이 정확한 발음으로 일본어와 네덜란드어를 들었을 때 화자에 관계없이 두 개의 다른 언어를 구별하는 능력이 있음을 보여주었다. 또한 새를 포함하여 인간이 아닌 영장류들이 특정한 발성의 특징을 구별할 수 있음이 또 다른 실험에서도 확인되었으며, 이는 언어가 생기기 오래 전부터 발성 구분 인식을 위한 핵심 기관이 진화하고 있었음을 짐작할 수 있다.

그렇다면, 인간의 언어가 어떤 측면에서 독특하다고 할 수 있는 것인가? 첫째로, 오직 인간만이 들을 수 있고 볼 수 있는 여러 가지의 상징 기호들을 뇌에 저장할 수 있으며, 그것들을 무궁무진하게 다양한 의미들로 결합시켜 표출해 낼 수도 있다. 인간 언어는 또한 회귀성을 가지는데, 이는 우리 인간이 하나의 의미 위에 또 다른 의미를 입혀줌으로써 간결하게 단어 꾸러미를 구성할 수 있는 능력이 있기 때문이다. 이러한 능력은 우리가 '나의 오빠의 부인의 삼촌'과 같은 문구를 사용하고 이해할 수 있도록 해준다. 그렇지 않다면, 필자는 이 문구를 여러 갈래로 나누어 써야만 한다: "나는 오빠가 있다. 나의 오빠는 부인이 있다. 나의 오빠의 부인은 삼촌이 있다." 우리가 의사소통할 수 있는 복잡한 계획들, 조건들(무엇을 할 것인지 혹은 만약 X나 Y가 발생했을 경우를 생각한

맞은 편: 신비한 기하학 모양의 선들이 새겨진 (고대의 표기법일 것으로 추정됨) 10만 년~7만 5천 년 전 사이에 만들어진 다수의 황토 조각이 남아프리카의 브롬보스 동굴 (Blombos Cave)에서 발견되었다.

아래: 선(zen: 일본식 불교) 화선지 위에 붓으로 활자를 쓰는 서예가 상징 예술과 언어를 동시에 취하는 특색을 지니고 있음을 보여주고 있다.

팔레트

적철석

선사시대 팔레트(위), 프랑스의 타르트 동굴(Cave of Tarte)에서 발견된 평평한 이 돌에는 2만 년 전의 고대 미술가가 사용했던 황토바닥에서 뽑아낸 빨간색의 도료가 보존되어 있다. 평평한 측면을 가진 잠비아의 적철석(Hematite stick)(아래)은 인류가 25만 년 전 주홍색 도료를 사용했다는 표본이다.

오른쪽 상단: 르네 마그리뜨의 〈통찰(La Clairvoyance)〉은 추상적 사고를 담은 그림이다: 당장의 감각으로 인지할 수 없는 어떠한 것을 상상할 수 있는 능력을 나타낸다.

다든지), 그리고 사회적 관계들과 함께 언어의 고상함은 인간이 사용하는 언어의 독특한 측면 때문에 가능한 것이다.

언제, 어떻게 발성이 언어화된 상태에서 진화되어 왔는지는, 이러한 변환이 화석으로 남아 있지 않기 때문에 측정하기 힘들다. 필자는 언어 능력의 진화는 인간의 뇌의 크기와 복잡성을 다른 영장류들과 비교하여 추론해 본다. 상징 기호를 배울 수 있는 것과 몇 가지 인간 언어를 알아들을 수 있는 타고난 능력에도 불구하고, 유인원은 언어 구성의 규칙들을 완전히 습득하는 것이 불가능하며 그들에게 긴 어휘를 요구하는 것은 어려운 일이다. 두 살 즈음부터 말을 시작한 영어권의 평균 유아들은 하루에 약 10가지의 단어를 익히는 것으로 나타났다. 고등학교가 끝날 무렵, 평균적으로 학생들은 4만 개의 단어를 습득할 수 있을 것이며, 학부과정이 끝날 무렵에는 셀 수 없이 많은 영어 단어 중에 6만~7만가지를 익혔을 것으로 보인다. 참고로, 침팬지는 하루에 대략 0.1개의 단어를 배우는 것으로 나타난다.

말하기

인간 언어의 가장 큰 핵심 요소는 폭넓고 다양한 소리를 만들 수 있는 능력이다. 이러한 능력은 아래쪽에 위치한 후두에 의한 것인데, 다른 침팬지를 포함한 포유동물들과 비교해 볼 때, 성대의 위치가 상대적으로 밑에 있기 때문이다. 우리의 짧고 둥근 혀와 낮게 위치한 후두가 결합되어 길고 넓은 인두가 구강의 뒤편에서 후두의 위쪽으로 생성된 것이다. 이렇게 넓은 인두는 우리 입과 혀의 움직임과 연결되어 후두에서 올라오는 소리를 효과적으로 빠르게 변화시킬 수 있는 것이다.

우리 선조들의 성대는 주로 부드러운 세포들로 구성되어 있기 때문에 해부된 채 화석화되지 않아, 학자들은 남아있는 화석들로부터 추론을 끌어내고 있다. 최근 연구에 따르면 해부학적 구강 구조는 대략적으로 1:1 비율의 구강 길이와 성대가 구성되어야 완전한 현대적 발성이 가능하다고 본다. 이러한 비율은 얼굴 전면부에 투영되는 양과 연관되는 것으로 나타나는데, 축소되어 좁혀진 얼굴에 이마의 위치가 아래쪽으로 내려온 것이 특징인 *호모 사피엔스* 이전 인류는 아마도 목소리의 생성을 조절할 수 있는 능력이 없었거나, 현대 인류의 발성이나 언어 능력을 조직할 수 있는 역량을 가지지 못했을 것이다.

현생 인류의 언어 능력은 성대뿐만 아니라 여러 기관의 진화를 요구했다. 제어 시스템의 통제와 인식과정으로 이루어진 뇌의 구조 또한 반드시 진화를 필요로 했었고, 그것들의 대부분은 시간이 지날수록 점차적으로 인간의 뇌를 연결시키는 배선장치 구조를 이루며 발전하였다. 이러한 구조의 발전에 대한 증거는 우리의 유전자에서도 발견된다. FOXP2는 발성과 언어, 그리고 인식과 제어 능력을 담당하는 뇌의 유전 조직인데, 침팬지는 인간의 유전 조직 중 오직 두 개의 분자 구조만이 다른 것으로 나타났다. 분자 유전학의 관점에서 이루어진 어떤 연구에서는, 인간의 유전 조직 형태는 지난 20만 년 전부터 나타났을 것으로 추정하고 있다. 하지만 이후의 또 다른 연구에서는 *네안데르탈*인의 뼈에서 추출된 유전인자가 수많은 언어 생성 관련 조직 중 하나인 인간의 FOXP2 형태의 유전 조직을 가지고 있었으며, *네안데르탈*인의 언어 사용이 추론될 수 있다고 했다. 현생 인류의 약 50만 년 전 조상이다.

우리의 훌륭한 구강구조는 낮게 자리한 후두의 위치 때문에, 음식을 먹을 때 발생하는 산소의 통과를 완전히 차단시키는 것이 불가능하다. 숨쉬기와 삼키는 행동을 동시에 할 수 없는 유일한 포유동물이 바로 우리 인간이다. 때문에 결국 우리는 질식의 위험에 빈번하게 노출되곤 한다. 하지만 태어날 때부터 인간의 후두가 낮게 위치한 것은 아니다. 진화적 균형화에 의해, 갓 태어난 아기의 후두는 높이 위치하는데 이는 젖을 빨고, 삼키고, 숨 쉬는 행동을 동시에 할 수 있게 해준다. 후두가 서서히 내려가 낮은 곳에 위치하게 되는 시점은 언어를 담당하는 뇌의 기능이 충분히 말을 할 수 있을 정도로 성숙했을 무렵이다.

첫 인지능력의 낌새

우리 조상들의 시대에 언어와 상징 행동은 새로운 국면을 맞이하게 된다. 상징적 생각은 우리 인간이 자각력을 가지게 해 준다. 이는 인류의 두드러진 특징 중 하나다. 언어는 머릿속으로 어떠한 형상도 상상할 수 있도록 해주며 사물이나 사건, 그리고 보이지 않는 추상적인 것들에게 의미를 부여할 수 있도록 해준다. 인간이 자신의 심리 상태를 느낄 수 있는 능력과 매순간 모든 이들에게 일어나고 있는 정신 활동을 가능하게 하는 이러한 현상들은 언어가 가진 어마어마한 기능에서 비롯된다. 우리 인간은 정신적인 생활과 몸으로 체험한 경험들을 상징적인 관점에서 구분하고 식별할 수 있으며, '자신의 마음'과 '타인의 마음'을 상상하고 이야기할 수 있다. 또한 우리는 우리의 관념이나 정체성에 대한 생각이 가능하다. 인간은 걱정이나 고민을 해결하기 위해 자신이 겪었던 생각, 감정, 그리고 정신적 경험들로부터 해결책을 얻기도 하는데, 때때로 그 해결책이 험한 이 세상을 살아가는 데 큰 도움이 되기도 한다.

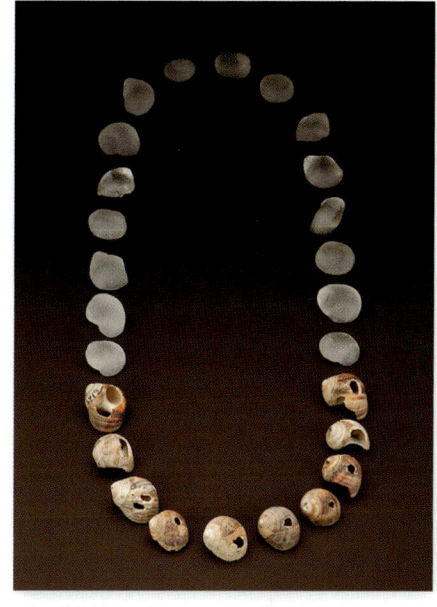

약 3만 년 전 프랑스의 크로마뇽인이 목걸이로 아름답게 만든 바다 달팽이 껍질에는 목걸이에 딱 맞도록 일일이 구멍이 뚫려 있었다. 이렇게 가공된 껍데기들은 몇몇의 고대 인류가 장신구를 착용했었다고 증명해주는 대표적 사례다.

약 2만 4천 년 전에 러시아의 숭기르(Sunghir)에 머리를 맞대고 뉘어진 두 아이의 몸에는 비즈와 황토로 만들어진 장신구들이 장식되어 있었고, 아마 이것은 특별한 사회적 지위를 나타내는 것이라 여겨진다.

비록 우리 조상들이 나눴던 대화의 내용들을 알 방법은 없지만, 상징주의가 선사시대에 어떠한 역할로 자리매김했는지 조금이나마 짐작해볼 수는 있다. 상징 기호의 쓰임이 점차 중요해지기 시작했다는 것은, 선대의 인류가 후대에 남기고 간 유물에서 알 수 있는데, 그 유물들은 상징 행동 기원에 대한 새로운 증거를 제시하고 있다.

몇몇의 학자들은 2백만 년보다 훨씬 이전에 첫 상징 행동의 발생을 추론하고 있다; 부정하는 학자들도 있지만 반면에, 30만 년에서 25만 년 전 사이에 일괄적으로 나타난 특징적 상징 행동을 충분히 입증할 만한 증거들은 다수 남아있다. 도료나 자연에서 얻은 물체를 변형시켜 만든 상징 행동이 바로 그 증거 유물이다.

고고학자들이 출토한 상징 행동 유물 중 대다수가 도료를 사용하여 만든 물품이라고 한다. 도료는 여러 가지의 자연 광물을 사용하여 만들 수 있는데, 탄소나 망간은 검정도료로 쓰이고 고령토는 흰색 도료로 쓰이지만, 가장 흔히 사용되는 도료의 광물은 황토나 산화철이다. 황토는 갈색(적철광)이나 황토색(갈철광)의 형태로 변환시켜 쓸 수도 있다. 필자는 황토 조각들이 크레파스처럼 사용되었거나 바탕칠을 하기 위한 파우더로 사용되었을 거라 추론한다; 젖은 상태로 만들어진 밝은 색의 도료는 사람의 피부뿐만 아니라 어떠한 곳에도 쓰임이 용이하다. 비록 증거는 별로 없지만, 일찍이 황토는 나무나 사람 피부와 같이 부패되기 쉬운 곳에 쓰였을 가능성도 있다.

자연물을 가공하여 만든 상징 행동의 예로는, 골란 고원에서 출토된 구석기시대의 비너스 조각상(Berekhat Ram)이 있다. 흡사 여자 몸을 연상시켰던 돌의 굴곡을 고대 미술가들이 홈을 깎아 더욱 부각시켜 이 조각상을 완성하였다. 28만 년~25만 년 전에 조각되었던 그 돌에는 아마 붉은색 황토가 덮여 있었을 것이다.

다음 페이지: *1만 7천 년 전의 프랑스 라스코 동굴(Lascaux Cave) 벽화는 오늘날 소의 선조인 선사시대 안콜소가 대부분을 차지하고 있다.*

장신구와 무덤

앞에서 이야기했던 인간이 남긴 상징 행동의 단순한 사례들과는 다르게, 호모 *사피엔스*가 존재하던 약 10만 년 전의 사례들은 조금 더 복잡하다. 상징 행동의 증거는 도료가 사용된 유물뿐만 아니라 목걸이 조각품과 펜던트, 그리고 장례 의식에도 남아 있다.

현생 인류는 동물이나 사람의 이빨이나 뼈, 달걀껍질이나 조개껍질 등 150가지 이상의 여러 가지 재료로 목걸이를 만든다. 이러한 공예품들이 상당히 가치 있고 조심스럽게 만들어졌다는 것은 절대 부정할 수 없는 사실이다. 소라와 같은 여러 가지 복족류 껍질들이 목걸이를 만들기 위한 재료로 정해져 사용되었던 흔적이 지중해의 몇몇 해안에서 발견되었던 것처럼, 리비아의 엘 그리파에서 출토된 20만 년 정도 되었을 보기 좋은 동그란 모양에 한결같이 자그마한 타조 알껍데기로 만들어진 목걸이는 생산품의 표준화된 가공 방법이 있었음을 제시하고 있다. 무덤에서도 종종 발견되곤 하는데, 이것은 인간 상징 행동을 입증하는 또 다른 증거다. 스쿨 동굴과 이스라엘의 카프제 동굴에 위치한, 고대 인류의 무덤이라 알려진 유적들은 13만 5천년~9만 년가량 되었다. 조개껍질 목걸이들과 거대한 야생 돼지의 하악골이 그러하듯 약간의 황토 또한 스쿨과 관련되어 발견된다. 조개껍질과 황토는 카프제 인근에서도 발견되었는데 아마 이곳에서는 다마사슴의 뿔도 제물로 함께 매장된 것 같다.

무덤이 우리 선대들의 유일한 상징적 장례 의식은 아니었다. 염과 화장도 관행되었다. 에티오피아의 헤르토에서 발견된 16만 년~15만 4천 년 정도 된 해골에는 석기의 자국들이 남아 있는데, 머리를 몸에서 분해시켜 조심스럽게 근육을 벗겨내었으리라 짐작해본다. 헤르토에서 출토된 윤이 나는 어린 아이 해골은 아마 의식을 행할 때 가지고 다니던 제물이라 여겨진다. 호주의 고대 인류는 화장된 채 황토와 함께 흩뿌려진 상태로 상징 기호가 새겨진 묘비에서 발견되었다. 인류가 세상 곳곳에서 상징 행동을 퍼뜨리는 것처럼, 이러한 현상은 인류가 그들의 상징 행동을 유지시키며 옮겨 다녔다는 것을 알 수 있게 한다.

이 시기 즈음하여 우리 선조들도 바둑판 같은 무늬를 뼈나 상아, 그리고 돌에 새김으로써 존재의 흔적을 남기기 위해 고민했었다. 한 가지 예를 들어보자면, 남아프리카의 브롬보스 동굴에서 발견된 7만 8천 년 된 적토에는 그물무늬가 새겨져 있었다.

첫 번째 장례 의식

*네안데르탈*인과 현생 인류는 의도적으로 시체를 매장한 유일한 인류종으로 알려져 있다. 하지만, 이렇게 분명하고 논란의 여지가 없는 매장 장례 의식은 최근 현생 인류와 결부시켜 볼 수 있다. 이러한 매장 장례는 10만 년 전보다 더 이전 고대의 이스라엘 카프제(Qafzeh)에서 이행되었으며, 그 무덤에는 적토와 황토가 묻어 있는 석기 조각들이 함께 묻혀 있었다. – 상징 행동으로 간주됨. 훗날의 무덤에서는, 2만 4천 년 전 러시아의 숭기르(Sunghir)에서 발견된 소년과 소녀의 무덤에서와 같이 사회적 지위를 나타내는 몇몇 흔적을 발견할 수 있다.

아마 족장의 아이들로 여겨지는 이 두 어린아이들은 머리를 맞대고 누워져 묻혀 있었는데, 그 옆에는 황토로 감싸진 두 개의 거대한 매머드 이빨이 있었으며, 아이들은 비즈가 박힌 머리띠와 조각된 펜던트, 그리고 수천 개의 상아 비즈로 치장되어 있었다.

예술

1994년 12월 18일, 동굴 탐험가 장마리 쇼베는 두 명의 동료와 함께 프랑스에 있는 캄캄한 지하 동굴을 조사하였다. 갑자기 한 동료가 들고 있던 전등이 미끄러져 굴러가 적토에 그려진 작은 매머드 그림을 비추었다. 그녀가 소리쳤다. "바로 여기다!"

훗날 쇼베 동굴로 명명된 이 동굴은 더욱 정밀하고 조심스러운 탐사가 이루어졌는데, 3만 2천여 년 전쯤 이곳에 살았던 우리 선조가 남기고 간 1백여 가지의 그림과 조각들이 발견되었다. 아마 샤먼으로 예상되는 선사시대의 예술가들은 물이나 지방 혹은 달걀을 도료에 섞어 그들의 어마어마한 상상력만큼이나 다양한 방법으로 이 동굴에 그림을 그렸다. 말이나 순록, 들소와 같은 동물들은 무리를 이룬 모습으로 동굴 벽화에 묘사되어 있었다. 그중 몇몇은 상처를 입었거나 임신한 상태이기도 했었다. 다른 벽에는 사자, 곰, 그리고 하이에나의 당당한 모습을 그려놓기도 하였다. 이들은 먹이 사냥에 있어서는 인간과 경쟁 관계를 가지기도 하고, 종종 인간을 먹이로 여겨 공격도 하던 동물들이다.

왜 우리 선조들은 깊숙한 동굴에 그림을 그리곤 했을까? 단순히 감추기 위해 그랬을까, 아니면 일종의 의식을 치르기 위함이거나, 풍요를 기원하던지 그것도 아니라면 사냥꾼들에게 행운을 깃들게 하기 위한 제사였을까? 후에 몇몇 학자들은, 특히 동물들이 무리지어 도망가거나 죽어갔던 빙하시대가 시작될 무렵인 1만 8천 년~1만 년 전의 시대에 그림이 중요하게 활용되었다고 여겼다.

그들의 상징 기호가 어떤 기능을 가지든 간에, 이 유적들을 개별적으로 해석하는 것보다 전체적인 맥락에서 읽는 것이 중요하다. 동굴 지층에는 어른 발자국 사이로 유년기와 청년기 아이들의 발자국도 함께 남아 있다. 최근 한 연구는 황토에 찍힌 손의 형태 중 대부분의 것이 여자 손임을 밝혀내기도 했다.

아폴로 11이라 불리는 아프리카 나미비아의 한 동굴에는 6만 년~4만 년 전 사이에 돌 널판 위에 숯으로 그려진 그림이 있는데, 이것은 인간 형상 그림의 시초라 말할 수 있다. 돌판 그림이나 벽화, 판화 등의 예술이 만개하던 3만 2천 년 전 무렵의 시대에는 예술이라는 범주에 제한을 두지 않았다. 또한, 매머드의 뼈, 상아, 뿔을 사용한 조각도 이 시기에 나타나기 시작하였다. 유럽의 가장 오래된 조형물은 3만 5천 년 된 여자 조각상인데 독일 남쪽에 위치한 홀레 펠

환상적인 창조물인 사자머리를 한 남자 조각상은, 세상에 존재하지 않는 형상을 마음속으로 상상할 수 있는 능력을 보여주고 있다.

FAQ:
네안데르탈인에게도 상징 행동이란 것이 있었나?

화석과 고고학적 증거들은 *네안데르탈*인들이 위대한 사냥꾼이라는 것과 솜씨 좋은 무기 제조자였다는 것은 보여주고 있지만, 화석으로 남아버린 현생 인류의 친인척인 *네안데르탈*인이 상징 행동을 했다는 증거는 미미하다. 한 가지 조금 혼란스러운 요소는 *네안데르탈*인과 현생 인류가 수천 년 간 공존하였으며 때때로 같은 동굴에서 거주했었다는 점이다. 그곳에는 *네안데르탈*인이 매장 장례를 했으며, 도료를 사용하였고, 알 수 없는 물체를 조각하였으며, 보석을 만들었고, 그리고 기초적인 언어 능력이 있었음을 보여주는 명백한 증거들이 남아 있다. 하지만, *네안데르탈*인을 연구한 과학자들은 그들이 이러한 행동을 할 때 상징적 생각이 비롯되어 이행된 것이라 여기고, 그것에 대한 정도와 모든 *네안데르탈*인이 이러한 능력을 가지고 있었는지에 대한 격렬한 논쟁을 펼치고 있다.

스(HOHLE FELS) 동굴에서 발견되었다. 이보다 1만 년쯤 후에 탄생한 그 유명한 비너스 조각처럼, 이 여자 형상의 조각상 또한 가슴과 생식기를 많이 부각시켰고, 이러한 것들은 아마 풍요의 상징으로 해석될 수 있다. 사자머리를 한 남자의 환상적인 조각상도 이 동굴의 늦은 시기 층에서 발견되었는데, 아마 세상에는 존재하지 않는 상상 속의 대상을 조각했을 거라 여겨진다.

3만 5천 년 전 유럽의 동굴들 중 한 곳에서는 음악과 같은 소리를 들었을 것이라 생각된다. 의식을 행하거나 춤을 추는 것과 같이 무리지어 이행되는 활동들의 가락, 그리고 짐작컨대 흥얼거림과 노래들이 함께 쓰였을 것이다. 비록 추론에 불과하긴 하지만, 아마 이러한 추측과 크게 다르지 않을 것이다. 사자머리를 한 인간과 풍요를 기원하기 위한 여자 형상 조각들은 흔히 알고 있는 세상에서 가장 오래된 악기 플루트가 매머드와 백조의 뼈로 만들어졌던 시기에 함께 발견되었다.

상징 우주

우리가 듣는 음악, 우리가 사용하는 언어, 그리고 우리가 만든 예술 작품들은 모두 단체의 정체성을 나타내는 데 도움을 주는 상징 행동인 것은 현재에도 마찬가지다. 상징 기호를 사용하여 사회적 지위나 단체의 정체성을 소통하는 것의 본래 의도는 개인의 장식품에서 비롯되었을 것이다. 이를 테면, '나는 기혼자야', '내가 바로 이곳의 우두머리지', 혹은 '우리는 한 팀이다' 등 간단한 상황을 우리는 다른 이에게 말하지 않고서도 전달할 수 있다.

오늘날, 이러한 종류의 상징주의는 사회단체에 직접적으로 연관되지 않은 사람들이나 이방인들을 통제한다. 우리 선조들이 먼 곳에서 의사소통을 하거나 말을 사용하지 않는 의사소통이 그들에게 특정한 도움이 될 때를 위한 것 또한 단체의 정체성이나 지위를 위한 개인 장식품의 용도에 포함되곤 했으리라 짐작된다. 이것은 아마 아프리카의 인구가 우연한 만남을 빈번히 이룰 만큼 커졌을 때부터 발생하였을 것이다. 몇몇 학자들은 지역적으로 다른 개인 장식품은 아마 언어의 차이를 반영하고 있으리라 짐작하고 있다. 비너스 조각상이나 사자머리를 한 인간 조각상과 같은 상징물 모두 같은 종류의 맥락에서 생각해 볼 수 있다.

전형적으로 *호모 에렉투스*에 속하는 호모의 최초 주요 확산과는 달리, 상징 행동은 아프리카와 아프리카 외의 *호모 사피엔스*의 확산에 중요한 성공 요인이 되었다. 인류의 창조 능력과 열대우림에서 생활하는 무리의 정체성은 인류가 다양한 문화를 형성하게 해주었으며, 그들이 직면한 새로운 환경에 적응하기 위하여 그들만의 생존 방식을 – 그리고 그들의 정체성도 – 습득하였다. 인류는 문화 창조의 의미와 바로 현재의 생존 환경을 반영하지만 다방면에서 무한 가능성을 품고 있는 상징 우주를 발전시켜 나갔다. 우리는 우리를 인간의 조건이라는 명제하에 결집시키고 세상 곳곳으로 흩어질 수 있도록 해주는 상상과 혁신이라는 재능을 사용할 줄 아는 종이었던 것이다.

3만 5천 년 전, 유럽에서 발견된 가장 오래된 예술 조각물 중 하나인, 상아로 만들어진 사자머리를 한 남자 괴물상은 고대 인류종의 삶에도 상징 기호가 깃들어져 있었음을 암시하고 있다.

CHAPTER 11

하나의 종이 전 세계에…

지구상의 인구가 70억 명이나 되지만, 우리가 한때 절멸할 처지였다는 것을 기억하는 것은 아찔한 일이다. 모든 사람들 사이에 나타나는 유전적인 유사성은 흔하지는 않지만 위험한 단계가 진화의 관점에서 보면 눈 깜짝할 사이였다는 것은 최근에 깨닫게 된 일이다. 우리의 직접적인 조상의 수효가 당시로서는 수백만이나 수십억 명이 아니고 수천 명에 지나지 않았을 때다. 오늘날 우리는 하나의 종이다. 지난 600만 년 동안의 진화적인 경험을 공유한 하나의 종으로서 많은 문화, 다양한 언어 그리고 개별적으로 다양한 견해를 가지고 있다.

지난 1980년대에 캘리포니아 버클리 대학교의 생화학자인 알란 C 윌슨 교수와 그의 제자인 칸이 세대를 거듭하며 대대로 부모로부터 물려받은 세포핵과 미토콘드리아의 DNA 속에서 *호모 사피엔스*의 분자 기록을 발견한 다음에 국제적으로 인정받게 되었다. 버클리 대학의 연구실과 다른 대학들에서도 개인들의 DNA가 보여주는 기록들을 비교하기 시작하였다. 이 기록들은 이 지구상의 사람들의 상호 관계에 대한 기록을 보여 줄 수 있는 것이다. 유전학자들은 화석 증거들이 대답할 수 없는 의문에 대해서 대답하려고 노력한 것이다: 언제 호모 사피엔스가 처음으로 진화한 것일까? 그리고 어디서 그러한 진화가 시작된 것일까?

몇 년 동안 유전자와 화석이 서로 다른 양상을 말하고 있는 것처럼 보였다. 지난 1960년대 초부터 사람과 다른 영장류들과의 분자생물학적 비교 결과는 화석 증거들이 보여주는 연대와는 다른 공동 조상의 연대를 암시하고 있었다. 그렇지만 화석 전문가들은 인간 조상이 다른 유인원과 갈라져 나온 연대를 추정하는 일의 권위자는 자신들이지 유전학자들이 아니라고 생각하였다. 지난 1980년대에 유전학자들은 다시금 고인류학자들이 하는 일에 끼어들어 오늘날 살아있는 현생 인류의 유전적인 다양성을 이용하여 우리 종, 즉 현생 인류의 뿌리와 최근의 역사를 추적하였다.

결국에는 이 두 가지의 풍부한 증거들, 유전자 그리고 화석은 강하게 부합되는 결과라는 것을 발견한 것이다. 이 두 가지 증거들이 인간의 여정에 대한 새로운 증거와 사고의 원천이

반대편: 뉴욕의 타임광장에서 벌어지는 새해맞이에는 수천 명의 사람들이 모인다. 또한 전 세계에서 수억 명의 사람들이 텔레비전과 인터넷을 통해서 같이 보고 있다.

될 수 있다. 고인류들이 아프리카의 유인원과 갈라져 나온 연대뿐 아니라 우리 종들이 지구의 곳곳까지 퍼져 나간 것과 지구상의 모든 사람들이 얼마나 서로 닮기도 하고 다르기도 한 것까지도 알 수 있는 자료인 것이다.

DNA 분석의 결과는 도전을 받아본 적이 없으며, 유전적인 정보는 현생 인류의 기원과 오늘날 인구 집단의 관계를 알아내는 데 더할 수 없이 독보적인 방법을 제공하는 것이다. 단서들은 두 가지의 DNA 자료에서 나온다. 하나는 미토콘드리아 DNA이고 다른 하나는 세포핵 DNA이다. 후자의 것은 다시 Y 염색체 DNA와 46개 중 나머지 염색체의 것이다.

미토콘드리아는 대단히 작은 구조로서 우리의 세포질 속의 세포핵에 있으며 세포에 화학적인 에너지를 공급하는 역할을 하는 부위다. 미토콘드리아는 고유한 DNA를 가지고 있는데 줄여서 mtDNA라고 부른다. 이 mtDNA는 세포핵 속에 있는 다른 DNA와는 다르며 난자의 세포질에서 유전된다. 그 결과 mtDNA는 어머니로부터만 물려 받게 되는 것이다. mtDNA가 같다면 같은 조상 여성을 가진 것으로 어머니, 할머니 또는 이보다 더 먼 여성 친족으로부터 유래된 것을 알 수 있다.

세포핵 속의 DNA와 마찬가지로 mtDNA도 돌연변이를 하여 형태가 다양해진다. 이러한 다양성이 바로 인간의 기원을 찾을 수 있는 근거가 되는 것인데 미토콘드리아의 DNA에 남아 있는 변화를 추적하면 애초의 mtDNA를 찾아낼 수 있고 가상의 여자, 즉 그 여자의 후손들이 만들어낸 모든 mtDNA 다양성의 기원이 된 여자의 mtDNA를 찾아낼 수 있다는 것이다. 비록 이러한 최초의 여자를 흔히 미토콘드리아 이브, 다시 말해서 이 이브의 mtDNA가 시대와 장소를 가릴 것 없이 이 세상 모든 사람들, 남녀 할 것 없이 엄청나게 다양한 사람들의 유전적인 기원이 된 mtDNA를 가진 여성이다. 돌연변이의 속도가 빠르기 때문에 mtDNA는 인간 집단의 기원을 찾아내고, 그리고 우리 현대 인간들의 유전적인 역사를 평가하는 데 대단히 중요한 방법을 제공하는 것이다. 돌연변이의 속도에 기초한, 분자시계에 따르면 인간의 애초 mtDNA의 기원, 미토콘드리아 이브(Eve)는 아마도 22만 년~14만 년 전의 어느 시간이었을 것이다.

세포핵의 DNA는 어머니와 아버지로부터 물려받는다. 생명이 태어날 때 부모로부터 혼합적으로 물려받는 이 세포핵 DNA는 분석하고 해석하기 어려운 점이 있지만 남성과 여성의 뒤섞인 유전적인 역사를 훨씬 더 잘 추적할 수 있다. 그러나 Y 염색체는 아버지에게서 아들로 전해지는 DNA를 가지고 있다. 현대인들의 Y 염색체의 다양성을 비교한 결과, Y 염색체의 아담(Adam)은 20만 년~6만 년 전 사이의 시기에 시작된 것을 알 수 있다. Y 염색체의 아담과 미토콘드리아 이브의 출현 시기가 상당한 기간 동안 중복되는 것을 알 수 있지만 이러한 오리지널 DNA를 가지고 있는 개인들은 수천 년 동안 격리되어 있었다. 이들은 아담과 이브처럼 한 쌍으로 존재한 것도 아니고 현대 우리의 유전적인 특성에 기여한 유일한 현생 인류도 아니다.

지난 20만년 동안 다양한 인간 집단에서 엄청난 양의 세포핵과 미토콘드리아 DNA를 수집하였다. 이 둘을 합친 유전적인 정보는 *호모 사피엔스*가 젊은 종이며 대체로 20만년 전 정도의 시기에 출현한 것으로 평가되었다. DNA 자료를 보면 아프리카의 인간 집단들이 대단히 다양한 유전적인 요소를 가지고 있었음이 확인된다. 이러한 패턴은 우리의 조상이 아프리카에서 시작되었고 작은 규모의 집단이 아프리카 대륙을 떠나서 세계로 퍼져나간 것으로 기대되는 것이다. DNA 특정 부위의 다양성, 즉 단상형(HAPLOTYPES)도 현대를 살고 있는 사람들에게 볼 수 있다. 이러한 단상형은 지리적으로 추적할 수 있고 이러한 자료들에서도 아프리카가 가장 오래된 DNA 다양성의 원천임을 보여준다. 이 모든 것을 종합할 때 DNA 증거들은 획기적인 결론을 만들어 내고 있다. 모든 현대 인류의 유전적 다양성은 아프리카에서 추적할 수 있으며 분명히 소수의 집단이 아프리카 이외의 지역에서 살고 있는 집단의 모체가 되었다는 것이다.

아프리카에서 그리고 아프리카를 넘어서

현생 인류의 가장 오래된 화석의 연대는 DNA 기술에 의한 우리의 종의 기원을 계산한 연대들과 맞아 떨어지고 있다. 이러한 화석들은 현생 인류의 바로 앞의 고인류, 즉 *호모 하이델베르겐시스*와는 분명히 다른 점이 있다. 이들은 동글동글한 두개골의 모양을 가지고 있으며 또한 이마 아래 부분이 작은 편이다. 남에티오피아의 오모강 지역은 초기 *호모*들이 발견된 지역인데 유명한 고고학자이자 고인류학자인 루이스 리키와 메리 리키의 아들인 리처드 리키 팀에 의해 조사되었다. 1967년에 발견된 화석들이 초기에는 13만 년 전으로 알려졌다. 그런데 그 이후 1999년과 2003년에 다른 팀에 의한 조사에서 더 많은 화석 자료가 발견되어 연대를 측정한 결과 오모의 *호모 사피엔스* 화석들은 이제 19만 5천 년 전의 것으로 알려지게 된 것이다.

현재로서는 이 화석 자료가 너무도 적어서 가장 초기의 *호모 사피엔스*들이 아프리카에만 있었던 것인지 또는 아프리카 지역을 넘어선 것인지는 알 수가 없다. 그러나 두 가지의 다른 증거, 즉 유전자 기록과 화석 자료는 이제 전 세계에 *호모 사피엔스*가 퍼져 나간 시기와 과정을 복원할 수 있게 만들 수 있다.

아프리카 유전자의 다양성 폭은 현생 인류가 기원한 직후에도 아프리카 내에서 상당히 복합적인 양상으로 확산되어 갔음을 알 수 있다. 다른 대륙으로 이동한 것은 상당히 늦은 시기로 보이는데, 늦어도 6만 년 전에는 시작된 것으로 추정되는 것이다. 아프리카 이외의 지역에서 보이는 현생 인류의 유전적인 다양성은 그다지 크지 않은데, 이러한 점으로 미루어 볼 때 현생 인류는 6만 년 전에서 4만 년 전 사이의 시기에 다른 대륙으로 확산된 것으로 추정된다.

그런데 하나의 문제는 이스라엘의 카제 동굴, 스쿨 동굴 등 르반트 지역에서 발견되는 현생 인류의 화석들이 그 연대가 10만 년을 약간 넘어선다는 점이다. 그리고 우리의 종으로 분류되는 화석 인골인 남중국의 류지앙 유적에서 발견된 것도 6만 8천 년 전 정도로 오래된 것이라는 점이다. 르반트와 남중국의 화석들은 아마도 초기 현생 인류의 확산에서 아주 짧은 기간에 단속적으로 이루어진 것으로 추정될 수 있다. 반면에 이후에 이루어진 본격적인 확산이 6만 년 전경에 일어난 것이고, 이때의 것은 대규모로 일어났기 때문에 이전의 유전자 확산의 흔적이 그다지 남지 않게 된 이유인 듯하다. 유전자의 증거들에 대한 해석으로 현생 인류가 오래된 인구 집단을 완전히 대체하였을 것이라는 주장이 있는가 하면, 아직도 어느 정도의 새로운 현생 인류가 이전에 존재하던 사람들과 유전자 교류가 있었을 것이라는 주장도 있다.

닮지 않은 점보다도 닮은 점이 많다

얼마 전 까지만 해도 과학적인 견해가 대중에 의해서 왜곡되는 사례들이 많았고, 이와 반

현생 인류 초기 단계의 두개골 3개. 얼굴의 모습이 다양하기는 하지만 일반적으로 우리 현생 인류의 두개골은 둥그스름하고 얼굴이 이마와 눈두덩이의 아래쪽으로 배치되어 있다.

이루드 1, 모로코
약 16만 년 전

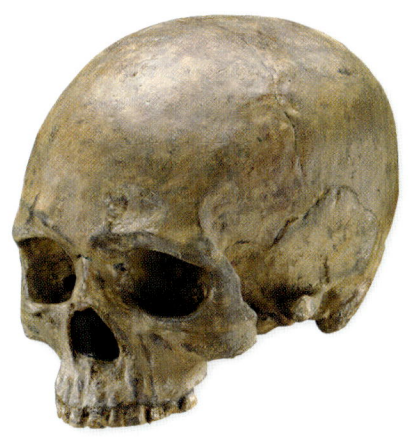

중국, 류지앙 동굴
약 6만 8천 년 전

오스트레일리아의 카우 스왐프 1
약 1만 3천~9천 년 전

현생 인류들이 아프리카에서 다른 대륙으로 이동한 것은 유전 연구나 화석과 고고학적인 자료에 대한 연구를 통해 추적할 수 있다.

대되는 경우도 있었다. 사람들은 다른 지역에 살고 있는 인종들은 각기 그 지역에서 살았던 고인류들에서 진화하였을 것이라는 개념을 받아들였다. 제임스 왓슨과 프란시스 크리크가 DNA의 구조를 발견한 지난 1953년 이래, 유전자 과학은 인종주의자들의 적이 되고 말았다. 유전자의 전체 구조를 연구한 결과, 우리가 게노믹스(유전자학)라고 부르는 분야의 과학자들은 인간을 다른 종이나 다른 아종으로 구분하는 개념 자체를 아예 없애버렸다. 현생인류에는 단지 하나의 종, 즉 *호모 사피엔스*만이 있다고 확인한 것이다. 게노믹스들은 우리가 겉모습은 다르게 보일지 몰라도 우리는 다른 점보다도 같은 점이 훨씬 많다는 것을 보여준 것이다.

유전자의 다양성은 아프리카에서 멀리 나아갈수록 적어진다. 그리고 유전적인 차이라고 할 수 있는 것들의 88퍼센트에서 94퍼센트 정도가 같은 지역에서 살고 있거나 동일한 언어를 사용하는 인구 집단 내에서 보이는 개인 간의 차이다. 오늘날 전 세계에 살고 있는 현생 인류 중에서 다른 대륙에 살고 있는 인구 집단 간의 차이는 6~9퍼센트 정도에 지나지 않는다.

우리가 눈으로 확인할 수 있는 소위 인종 간의 차이라고 하는 것은 인류의 전체 진화사에서 볼 때는 상당히 최근에 나타난 차이에 불과한 것이다.

인류학자들과 유전학자들은 흔히 지구상의 현대인들은 아주 작고 천천히 진행되는 차이의 연결 조합으로 구성되어 있다고 생각한다. 이웃하여 살고 있음에도 불구하고 유전적으로 현격한 차이가 보이는 집단은 극히 드물고 반대로 유전적으로 다른 두 집단 간에는 천천히 진행되는 차이가 존재하고 있다. 이러한 현상들은 전 세계에서 흔히 볼 수 있는 현상이며, 현생 인류에서 종적인 구분을 할 수 없다는 유전학자들의 견해를 뒷받침하는 것이다. 과학자들은 인종의 개념을 생물학적인 차원에서 이해하지 않고 오히려 사회적인 개념으로 보는 것이다.

위기의 생물종

사람들의 외모는 상당할 정도로 다양하지만 생물종으로서 유전적인 측면에서 보면 대단히 균질하다. 침팬지들은 우리보다도 훨씬 작은 규모의 인구 집단을 가지고 있고, 사는 장소 또한 작지만 유전적으로 보면 미토콘드리아 DNA나 세포핵 DNA 모두 사람들보다도 훨씬 다양하다. 인간에게 진화적인 다양성이 적다는 것은 두 가지 중 하나를 의미한다. 살아 있는 모든 인간 집단들은 하나의 조상에서 진화한 것인데, 이 하나의 조상은 과거에 상당한 시간 동안 작은 규모의 집단이었거나 또는 과거에 상당히 큰 규모였지만 최근에 들어서 급격히 줄어들게 되는 소위 말하는 병목현상이 있었을 것으로 추정할 수 있다. 우리가 미토콘드리아 이브나 Y 염색체 아담에서 보았듯이 DNA의 돌연변이 속도에 근거하여 다른 유전적인 돌연변이의 시기와 성인 집단의 규모를 계산해낼 수 있다.

비록 이 두 가지 가능성에 대해서 과학적인 견해의 범위가 있지만, 몇 번의 DNA 분석에 따르면 현생 인류의 유전적인 변화는 지난 10만 년 전 이내의 시기에서 발생한 돌연변이에서 생겨난 것이라는 것을 보여준다. 이것은 *호모 사피엔스*의 인구 집단 규모가 인간 진화의 최근의 시기에 만들어졌을 가능성이 있음을 보여준다. Y 염색체 자료는 이러한 인구 감소를 보여주고 있고, 유전적인 병목현상이 지난 9만 년 전과 6만 년 전 사이의 시기에 어떠한 이유로 많은 수의 사람들이 일찍 죽거나 자손을 두지 못하였음을 보여주고 있다.

여기에는 적어도 세 가지의 시나리오가 있다. 자손을 만들 수 있는 사람의 숫자가 1만 명 정도로 축소되는 것, 상당한 기간 동안 2천 명 정도의 성인들이 자손을 만들 수 있는 전부, 혹은 50개의 특징적인 유전 집단에 대한 종합적인 자료에 근거하여 보면 현생 인류를 남긴 모집단의 개체 수가 6백 명의 성인으로 줄어드는 경우가 있을 수 있다. 이러한 추산, 특히 두 번째와 세 번째 시나리오에 따른다면 우리 현생 인류는 지난 10만 년 동안의 어느 시점, 7만 년 ~6만 년 전의 가능성이 크지만, 거의 절멸 상태 일보 직전에 이르렀다는 것을 의미한다. 오늘날 현생 인류는 거의 70억 명에 육박하지만 우리가 한 때 그렇게 허약하였던 것이다.

현생 인류가 사라질 수도 있었다는 이유에 대해서는 과학자들의 논쟁거리가 되고 있다. 아마도 자연재해가 이와 유사한 사건이 일어날 수 있는 사유가 될 것이라는 점이 지속적으로 지적되어 왔다. 7만 4천 년 전 인도네시아의 토바 화산의 폭발이 엄청나게 컸을 것이라는 점은 하나의 사유가 될 수 있을 것이다. 엄청난 규모의 화산재와 화산암들이 동남아시아의 많은

누가 아담과 이브인가?

우리의 DNA 어떤 부분에는 모두 유전적인 조상이 있다. 인간의 유전자는 수 억 년 동안 내려오면서 형성에 관여한 유전물질의 모자이크로 구성되어 있다. 여러 가지 생물개체들의 유전적인 물질을 비교함으로써 연구자들은 각 인간의 유전자들이 대단히 특징적인 진화의 역사를 가지고 있다는 것을 발견하였다. 이런 유전적인 다양성은 우리의 종 내부에서 생겨난 것이지만 다른 것은 우리의 영장류 조상들에서 생겨난 것도 있고 또 다른 유전자들은 더 오래된 조상들에게서 유래되었을 것이다. '유전적인 아담과 이브'라는 것은 우리 자신의 종을 구성하는 각 개체들이 공유하고 있는 유전적인 다양성을 말하는 것이다.

성서에서 말하는 것과는 달리 유전적인 아담과 이브는 수천 년 동안 따로 살았으며 그리고 한 번도 만나지 않았을 수도 있다. 'Y 염색체 아담'과 '미토콘드리아 이브'는 각기 Y 염색체와 세포 속의 미토콘드리아에서 추출되었기 때문에 붙여진 별명인데, 오늘날 모든 인간 유전자들의 공동 조상을 대표하고 있다. 유전적인 아담과 이브는 홀로 살았던 것은 아니고 수백 명 또는 수천 명의 다른 현생 인류들과 살아왔으며, 이들의 유전자가 오늘날 우리가 가지고 있는 유전적인 특성을 만드는 데 기여하였다.

지역들을 뒤덮었을 것이고, 또한 유럽이 이 폭발로 인하여 기온이 하강할 정도가 되었을 것이다. 그러나 토바 화산의 폭발 효과는 진화의 병목현상이 발생한 아프리카의 환경 기록에서부터 나타나야 한다는 점을 확인하여야 한다. 다른 가능한 요인으로서 9만 년 전과 7만 년 전 사이에 극심한 기후변동이 아프리카를 휩쓸었을 수 있다는 점을 들 수 있다. 이 시기 동안 리프트 계곡 속의 호수들이 거의 바닥이 드러날 정도로 말라버릴 만큼 두 번의 건조기가 있었다. 말라위 호수만 하더라도 거의 95퍼센트 정도의 물이 말라 사라진 것으로 알려지고 있다. 이후 주변의 식생은 필연적으로 사라지고 없었을 것이다. 7만 년 전 이후에 기후가 새롭게 안정되고 호수의 수위가 현재로 되돌아왔다.

이 시기에 아프리카 열대 지역의 기후악화나 극심한 건조현상은 이곳에 사는 사람들에게 압박이 되어 그들이 찾을 수 있는 가장 좋은 거주지를 찾아 나서도록 압박을 가했을 것이 틀림없을 것이다. 열대 아프리카 지역에서 건조기가 끝나는 시기는 아프리카의 다른 지역과 르반트 지역에 건조기가 나타나는 시기와 일치한다. 건조한 환경이 열대 지역에서 북쪽으로 확산되는 시기가 바로 9만 년 전에서 7만 년 전이다. 연구자들은 이 변화가 바로 아프리카를 떠날 수 있었던 기회의 창을 가져온 것이라고 주장하고 있는 것이다. 그리고 습윤하고 더 안정된 기후가 6만 년 전경에 찾아왔을 때 나머지 현생 인류 집단들이 급속하게 확산되었을 것이다.

얼음 위에 놓인 크로아티아의 빈디야 동굴에서 발견된 네안데르탈에서 추출한 DNA의 샘플은 이들이 우리와 사촌지간이고 우리와는 다른 종에 속한다는 것을 확인시켜 줄 것이다.

살아남은 자

현생 인류는 비교적 젊은 종이지만 살았던 시간의 범위 내에 적어도 세 종류의 다른 인류 종들과 공존하였다. 호모 *에렉투스*의 마지막 집단은 동남아시아 지역에 국한되었던 것으로 보이는데, 자바 지역에서 7만 년 전까지 살았던 것으로 보인다. 호모 *플로렌시스*들은 자바의 동쪽에 있는 섬인 플로레스에서 1만 7천 년 전까지 살았다. 초기 인류 계통 중에서 가장 주목을 끄는 집단이 바로 *네안데르탈*인들이다. 우리 현생 인류가 아프리카에서 일시적으로 위축되었을 때 호모 *네안데르탈렌시스*는 유럽과 서아시아와 중앙아시아 지역에서 번성하고 있었다. 최근에 *네안데르탈*인의 화석에서 추출된 DNA는 인류의 기원 연구를 획기적인 전환시키고 있다. 라이프치히의 막스 플랑크연구소의 진화 인류학 연구실이 주도하고 있는 네안데르탈 게놈 프로젝트는 *네안데르탈*인들의 유전적인 정보를 읽어내 현생 인류와

FAQ:
어떻게 우리가 아프리카에서 시작된 것을 알 수 있나?

화석 자료나 유전학적인 자료는 현생 인류가 20만 년 전에 아프리카에서 기원하였음을 보여준다. 이 증거들은 현생 인류가 세계의 다른 어느 곳보다도 아프리카에서 가장 오래 살았던 것을 말해준다; 가장 오래된 현생 인류 화석이 에티오피아에서 발견되었고 19만 5천년 된 것이다. 아프리카 이외의 지역에서 가장 오래된 현생 인류 화석의 연대는 10만 년 정도 늦다.

현재 살고 있는 아프리카인들은 현생 인류 중에서 가장 유전적인 다양성이 크다. 모든 비아프리카 인구 집단은 아프리카 인구 집단의 파생적인 유전 집단이어서 기원을 따지고 올라가면 결국 아프리카의 단일 집단으로 귀결된다.

유전적인 차원에서 어떻게 다른 것인지를 검증할 수 있을 것이다. *네안데르탈*인과 현생 인류의 유전자를 비교해 보면 이 두 계통은 하나의 공동 조상에서 유래되었고 아마도 *호모 하이델베르겐시스*일 가능성이 많은데 35만 년~40만 년 전 사이의 시기로 추정되고 있다. 유럽의 갈래가 결국 나중에 *네안데르탈*인이 되었고, 아프리카의 갈래는 결국 현생 인류로 진화하게 되었을 가능성이 크다.

호모 플로렌시스(왼편)와 *호모 네안데르탈렌시스*는 모두 최근까지 살았다. 네안데르탈인들은 유럽에서 2만 8천 년 전에 절멸하였고, 최후의 '호비트'는 대체로 1만 7천 년 전에 인도네시아의 섬에서 살았다.

보다 큰 질문은 '왜, *네안데르탈*인들은 절멸하게 되었는가?'이다. 수십 년 전에 학자들은 오늘날 우리와 같은 문화적 역량으로 무장한 현생 인류들이 유럽으로 들어와서 *네안데르탈*인들을 몰살시킨 것이 틀림없을 것이라고 생각하였다. 그러나 이 두 종 간의 전투를 보여주는 어떤 증거도 발견되지 않았다. 날카로운 도구에 찔려 죽은 가장 오래된 경우로서, 날카로운 석기가 가슴을 찔러 갈비에 중상을 입고 죽은 경우가 4만 5천 년 된 이라크의 샤니다르 동굴에서 발견된 *네안데르탈*인이다. 그러나 이 경우 이외에 *네안데르탈*인들이 절멸한 시기인 3만 년~2만 8천 년 전사이에 *네안데르탈*인들은 다양한 도구모음을 가지고 있었는데, 살고 있는 지역의 돌감들을 효과적으로 잘 이용하여 도구를 만들었다. *네안데르탈*인들은 근접해서 찌르는 창 같은 것을 사용하는 것이 보편적이었던 효율적인 사냥꾼이었다. 유럽에 살고 있는 그룹들은 주로 고기를 먹고 살았는데, 이러한 점에서 비교적 따뜻한 지역에 살고 있던 집단들 보다는 훨씬 단조로운 식량자원에 의지하며 살았을 것이다. 이들은 근육질 체형으로 볼 때 비록 추운 기후에 적응하고 살았던 집단이지만, 남부 영국에서부터 대부분의 유럽 지역을 포함하는 북위 55도로의 남쪽지역에 이르기까지 분포되어 살고 있었고, 근동 지역이 분포의 남쪽 한계라고 할 수 있다. 부장품이 많지는 않지만 장례를 지낼 줄 알았고, 색소를 사용한 것으로 미루어 볼 때 상징적인 행위 능력이 있었던 것으로 보인다.

  *호모 사피엔스*가 근동 지역으로 들어갈 때의 도구 조합과 기술적인 역량은 대체로 *네안데르탈*인들의 것과 크게 다를 바가 없었다. 사실, 현생 인류와 *네안데르탈*인들은 다른 시기에, 즉 기후가 추운 시기이거나 따뜻한 시기에 근동 지역으로 진출하였을 것이다. 그러나 아프리카에서 6만 년 전에 시작된 인구 확산은 5만 년 전에는 오스트레일리아까지, 아메리카 대륙으로는 3만 년~1만 5천 년 사이의 시기에, 그리고 *네안데르탈*인만이 살고 있던 유럽 지역에는 4만 1천 년~3만 8천 년 전 시기에 나타났다. 유럽의 새로운 주인들은 *네안데르탈*인들과는 행위 능력이 달랐다. 특화된 도구와 장비들을 사용하여 몸에 잘 맞는 옷을 만들 수 있었고, 오래 살 수 있는 집을 지을 수도 있었으며, 문화적인 수단을 활용하여 다양한 환경에 적응할 수 있었다. 현생 인류의 체형을 보면 따뜻한 기후 환경에 전형적으로 적응한 약간 길어진 몸매를 가지고 있었지만, 이들은 *네안데르탈*인들이 살고 있던 북방 한계를 넘어서 진출하였다. 이들이 사용한 조개보석과 돌감들은 엄청나게 먼 거리에서 가져온 것이어서 집단 간에 광범위한 사회 네트워크를 구축하고 있었다는 것을 보여준다. 현생 인류는 궁극적으로 풍요로운 문화와 사회생활을 보여주는 동굴 벽화를 그린 장본인인 것이다.

워싱턴 D.C.에 살고 있는 어린 학생들의 줄에서 피부색이 지속적으로 달라지는 것을 볼 수 있는 것은 태양의 자외선에 대한 진화적인 반응이 달랐다는 것을 보여준다.

기후도 중요한 역할을 하였을 것이다. 서유럽 지역에 *호모 사피엔스*가 도달한 3만 8천 년~3만 4천 년 전 사이에 기후가 추워져서 *네안데르탈*인들은 남쪽으로, 현재의 지브롤터와 이베리안 반도 쪽으로 이동하였을 수 있을 것이다. 기후가 다시 따뜻해지기 시작하였을 때는 *네안데르탈*인들이 살고 있던 지역에 이미 현생 인류 집단들이 살고 있었을 수도 있다. 그러나 이 경우에 현생 인류의 행위 능력은 경쟁의 우위를 점할 수 있었을 것이다. *네안데르탈*인들은 3만 년 전이 약간 지난 시기에 완전히 사라져 버렸다.

1만 7천 년 전에 이르러서 현생 인류는 인류 진화의 계통나무에서 유일하게 남은 가지가 되었다. 현생 인류는 남극대륙을 제외하고는 전 세계의 모든 대륙에서 살고 있었다. 아마도 이 시기에 이미 세계의 각각의 다양한 환경에 적응하고 살아온 결과로 체질적인 모습들이 상당히 달라져 있었을 것이다. 그리고 이 시기에 지구는 극심한 빙하기의 추운 기후를 서서히 벗어나고 있었다. 빙하가 물러나고 대륙붕이 물에 잠기면서 바다가 새로운 해안선을 그려냈던 것이다. 지구가 온난화해지면서 완전히 새로운 세계가 탄생한 것이다. 그리고 우리가 과거에 살았던 모든 인류 종들의 유일한 생존자가 되었던 것이다.

1만 7천 년 전에 이르러 현생 인류는 인류 진화의 계통나무에서 유일하게 남은 가지가 되었다.

과거를 들여다 보는 창
이라크의 샤니다르 동굴
6만 5천년 전에서 4만 5천년 전

네안데르탈인들의 삶과 죽음

네안데르탈인들은 이라크의 동굴이 많은 산지에서 흔히 볼 수 있는 사람들이었다. 샤니다르라고 부르는 동굴은 지난 1950년대와 1960년대에 미국의 스미소니언 연구소와 이라크 문화유산청이 공동으로 발굴하였다. 이 발굴에서 놀랍고도 문제가 많은 *네안데르탈*인들의 행위 중 몇 가지가 발견되었다.

수많은 석기들, 그리고 도살된 동물 뼈들의 재가 쌓인 화덕자리가 노출되었다. *네안데르탈*인들의 뼈들에는 다치고 병든 흔적들이 많이 남아 있었다. 과학자들은 부상하고 난 후에도 오랫동안 치료한 흔적이 있어서, 이들 사회에는 병들고 부상한 사람들을 돌보는 행위가 있었다는 것을 알 수 있었다.

샤니다르 *네안데르탈*인들은 동굴의 천정에서 떨어져 쌓인 석회암 더미에 낮은 구덩이를 파고 죽은 사람을 묻었다. 가장 문제가 되는 무덤이 바로 '꽃 무덤'이다. 이 무덤은 *네안데르탈*인들과 관련된 유일한 경우로서 나이 들어 죽은 사람의 시체가 소나무와 전나무의 가지 위에 있었고, 주위에 일곱 가지의 아름다운 꽃들이 헌화되었던 것이 틀림없었다. 유적에서 꽃의 화분뿐만 아니라 어떤 종류의 꽃은 꽃술이 남아 있기도 했다. 이를 통해 무덤의 주인이 죽은 계절이 봄이라는 것을 확인할 수 있었다.

일부 과학자들은 다른 많은 가능성과 함께 이 꽃들은 새나 쥐 같은 동물들이 운반할 수도 있다고 주장하지만, 무덤이 샤니다르 동굴 깊숙이 있어서 이러한 가능성은 별로 없는 것 같다. 만일 주검이 소나무, 전나무 그리고 꽃들과 함께 이루어진 것이라면 *네안데르탈*인의 장례 중에서 가장 초기의 분명한 상징적인 행위 표현이라고 할 수 있다.

네안데르탈인들이 죽은 사람에게 꽃과 나무를 가져다 놓고 있다. 이것은 이들이 가족들의 죽음까지 돌보고 있었음을 보여준다. 살아 있는 사람, 아픈 사람, 그리고 다친 사람들을 도와주었던 것을 분명하게 알 수 있다.

■ **긁개** 네안데르탈인들이 이렇게 생긴 긁개를 여러 가지 기능 중에서 동물 가죽을 벗기는 데 사용하였다. 고고학자들은 샤니다르의 가장 깊은 층에서 670점 이상의 석기를 발견하였는데, 이 인류들이 이 지점을 방문하였다는 증거인 셈이다.

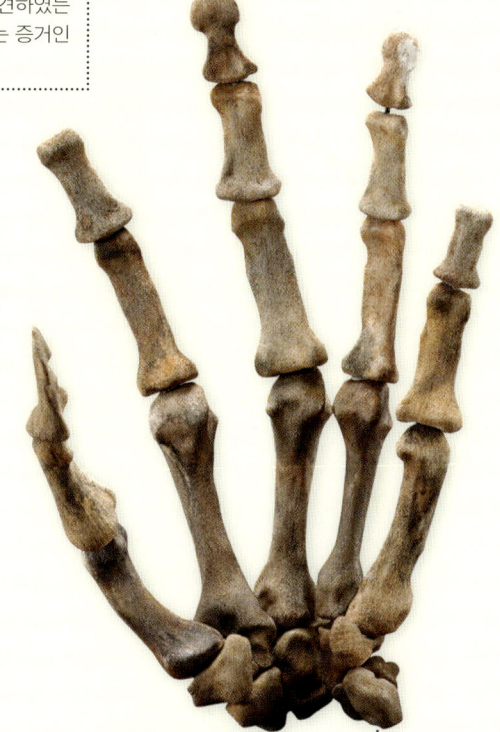

호모 네안데르탈렌시스 손; 샤니다르 4

■ **장례의 흔적** 이 무덤의 흙 속에는 꽃가루가 포함되어 있다. 이 꽃들은 동굴 속에서는 자랄 수 없는 것이다. 꽃가루가 쥐에 의해서 운반되거나 발굴 도중 오염되어 들어갈 수도 있지만, 꽃과 나뭇가지들이 이 장소까지 특별한 목적을 위해서 운반되었다는 사실은 틀림없다.

■ **네안데르탈인의 뼈** 네안데르탈의 노인의 턱뼈에는 이빨들이 빠지면서 턱이 심각할 정도로 손상된 경우가 발견되었다. 그런데 이 노인의 손은 이제까지 발견된 *네안데르탈인*의 손 가운데 가장 완벽하다.

호모 네안데르탈렌시스 턱뼈, 샤니다르 4

CHAPTER 12

전환점

지난 1만 년 동안 인간들은 태우고, 심고, 물 주고, 곡식을 키우고 가축을 사육하면서 우리를 둘러싸고 있는 것들을 바꾸어 왔다. 농경과 도시라는 새로운 생활 방식이 나타난 것이다. 우리의 과거에 사냥과 채집생활이 가진 기본적인 적응의 하나라고 할 수 있는 인간이 어디라도 먹을거리가 있을만한 곳으로 갈 수 있고, 또한 이러한 행위를 효율적으로 할 수 있게 만든 이동성이 희생된 것이다. 이 바꿔치기의 결과로 영양과 에너지가 풍부한 새로운 식량자원인 곡식이 공급될 수 있을 정도로 재배할 수 있게 된 것이다. 우리가 적은 수의 곡물을 어떻게 재배하는가를 발견하게 됨으로써, 우리는 자연이 우리의 목적에 순응하도록 만들었다. 우리 종은 지구 생명의 역사상 하나의 전기를 마련한 것이다.

반대편: 인간의 목적대로 자연을 재구성함으로써 농경은 수억 명의 사람들을 먹여 살리지만 자연의 생물 다양성이나 수자원 공급에 엄청난 결과를 초래하고 있다.

우리 인류들은 항상 무화과를 먹어왔지만 정작 무화과나무를 심는 데는 600만 년이나 걸렸다. 이런 말을 하면 농경의 기원을 너무 단순하게 보는 것처럼 생각할 수 있을 것이다. 그러나 이러한 생각은 사람들이 어느 날 갑자기 단순히 농경을 시작하지는 않았을 것이라는 생각을 너무 무시하는 것이다. 농경이 시작된 것은 다음의 두 가지 사실 때문에 가능한 것이다. 첫째, 인간의 진화과정에서 체질적·정신적·사회적·기술적인 특성의 조합이 충분히 성숙하였다는 점이다. 둘째, 빙하기가 끝나고 급속하게 풀리는 환경이 바로 비교적 안정된 기후로 들어가게 되었다는 점이다.

농경과 목축이 있기 이전에는 사람들은 항상 채집하고 사냥하며, 그리고 동물 사체를 이용하여 살았다. 진화의 눈이 깜박할 사이에 우리는 우리가 재배하는 음식에 의존하도록 변했다. 금세 우리는 적은 수의 사람들이 재배하는 음식에 의존하여 먹고사는 종이 된 것이다. *호모 사피엔스*는 이 새로운 생활 방식에 크게 성공하여 그 숫자가 폭발적으로 증가한 것이다. 그 결과 우리가 이제야 이해하기 시작하는 귀결로 지구 생태계를 원천적으로 변화시키고 있다.

빙하시대의 정점은 2만 7천 년 ~ 1만 9천 년 전 사이에 있었는데 빙하가 최대로 확산되었으며, 가장 춥고 건조한 시기가 지난 수십만 년 이래 나타난 것이다. 이 정점을 지난 후에 지구가 더워지기 시작하면서 사람들은 새롭게 비옥하고 생산력이 높은 땅을 발견하게 된 것이다. 사냥 채집 집단은 이미 살고 있는 지역의 동물과 식물의 특성에 대해 전문가가 되었다; 어떤

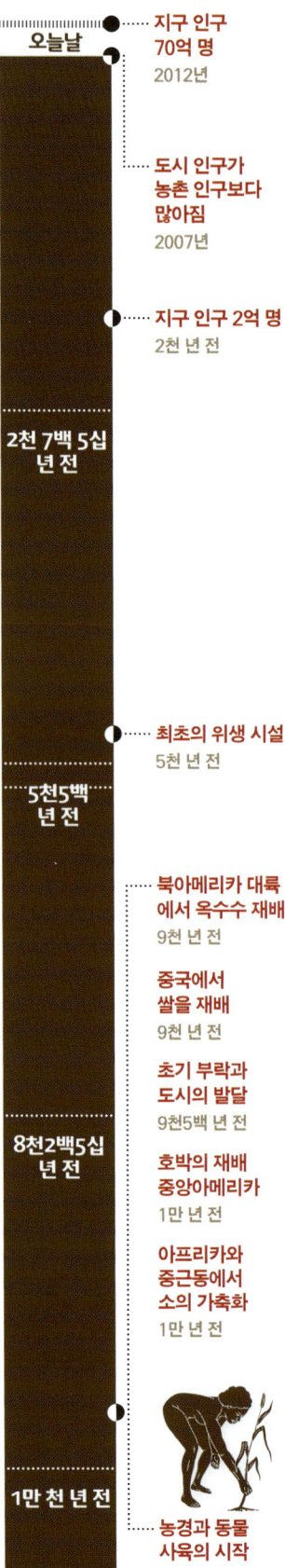

- **지구 인구 70억 명** 2012년
- **도시 인구가 농촌 인구보다 많아짐** 2007년
- **지구 인구 2억 명** 2천 년 전
- 2천 7백 5십 년 전
- **최초의 위생 시설** 5천 년 전
- 5천5백 년 전
- **북아메리카 대륙에서 옥수수 재배** 9천 년 전
- **중국에서 쌀을 재배** 9천 년 전
- **초기 부락과 도시의 발달** 9천5백 년 전
- **호박의 재배 중앙아메리카** 1만 년 전
- **아프리카와 중근동에서 소의 가축화** 1만 년 전
- 8천2백5십 년 전
- 1만 천 년 전
- **농경과 동물 사육의 시작** 1만 5백 년 전

식물종이나 씨앗이 맛이 좋고 영양가가 있으며, 1년 중의 언제 자라는지를 알고 있었다. 그리고 이들은 또한 동물의 행위를 너무도 잘 알고 있었다. 동물들을 속여서 사로잡고, 죽이고 그리고 요리를 통해서 고기의 맛과 소화력을 높일 수 있도록 하였다.

앞선 농경인들은 농사에 필요한 손도구들을 만들 수 있는 능력을 가지고 있었다. 작대기, 돌, 그리고 뼈들이 땅을 파는 도구로 사용될 수 있었다. 나무 손잡이에 장착하여 사용하는 석기들은 괭이, 도끼, 그리고 자귀로 사용될 수 있었다. 플린트석제 석인은 구부러진 나무나 뼈에 끼워서 낫으로 만들었다. 농경이 시작되기 직전에 사냥 채집 도구 모음은 플린트석제 날을 가진 낫으로 야생곡류를 수확하고, 그리고 조그만 화살촉으로 사냥을 하게 되었는데, 이것들이 생활의 두드러진 방식이 되었다. 갈돌은 원래 색소를 얻기 위해서 광물을 갈았던 것이 이미 25만 년 전에 알려졌는데, 새롭게 2만 3천 년 전에 근동 지역에서는 야생 보리와 밀을 갈기 위해서 사용하기 시작한 것이다.

농경생활의 또 하나의 필수 요건인 저장 시설은 마지막 빙하기를 지나온 사람들에게는 친숙한 개념이다. 가장 오래된 것이 1만 8천 년 전에서 1만 5천 년 전 무렵에 나타났으며 이보다 훨씬 이전에도 동물의 가죽이나 장기들이 도구나 물, 그리고 음식을 나르는 데 사용되었을 것이다. 곡물이나 다른 식물 먹을거리들을 저장하는 것은 그리 어려운 개념의 출현이라고 말할 수는 없을 것이다. 이 사람들은 고기를 맹수로부터 지키기 위해 몇 달이 지나도 먹을 수 있는, 민물에 담가두는 저장법을 터득하였을 것이다.

사냥 채집자들은 주변 환경을 조절하는 일에 이미 이력이 났을 것이다. 자신을 둘러싸고 있는 공간의 온도를 높이기 위해서 오두막을 짓고, 물자리를 만들고, 그리고 옷을 지었던 것이다. 이렇게 음식을 저장하는 능력을 가진 집단은 한 자리에서 연중 머무를 수 있게 되었을 것이다. 사람들은 주변의 관목숲을 태워 없애서 새로운 식물들이 자랄 수 있게 만들던지 아니면 동물을 기를 수 있는 자리를 확보할 줄 알았을 것이다.

교역 네트워크는 이미 흑요석이나 다른 암석 재료, 그리고 보석 재료로 사용되는 바닷조개와 같은 외래품을 통해서 형성되어 있었다. 이러한 초기의 교역로들은 어떻게 경작하고, 목초지를 만들며, 그리고 동물들을 어떻게 번식시키는지 등에 대한 지식뿐만 아니라, 결국 후대에 이루어지게 되는 말과 소의 사육 기술이 전파되는 통로가 되었던 것이다.

마지막 빙하기가 끝날 무렵까지는 정착생활의 전제 조건이라고 할 수 있는 집단의 단합이 이미 언어를 통해서 확립되었다. 상징적인 행위가 종족 구분, 의례 그리고 옷차림 등 종족의 동질성과 개인의 지위를 강화시키는 것으로 나타나고 있었다. 구석기적인 사고방식은 농사를 짓는 데 필수불가결한 또 다른 요소를 구비하여 주었다. 미래를 상상하고 대비하는 능력. 이 모든 능력들이 필연적이라고 할 수는 없지만 농경으로 이행이 가능할 수 있도록 만들었다.

이행

고고학자들은 오랫동안 사냥 채집에서 농경으로 이행하는 것을 한 단계씩 예측할 수 있는 방식으로 이루어지는 급격한 과정으로 상정하고 있었다. 농경이 먼저 출현하고 나중에 목축이 생긴 다음에 인구가 늘어나게 되어 정착마을이 나타나게 되었다. 곡물을 갈고 토기를 만드는 것이 '신석기 혁명'의 상징이었다. 이는 수천 년의 짧은 시간 동안 급하게 이행되는 과정이며, 궁극적으로 정교한 의식이 생기고, 선택된 지도층의 형성으로 규정되는 가장 오래된 복합사회로 가게 된다.

그러나 최근의 고고학적인 연구는 이 이행과정을 다르게 보고 있다. 급격한 혁명적인 과정이라기보다는 중근동 지역에서 농경과 복합 사회로 이끄는 과정은 2만 4천 년~8천4백 년 전에 생겨난 것으로 보는 것이다. 빙하기 이후에 인간과 주변 환경과의 상호 작용은 인간과 식물과의 공생 관계를 만들었고, 궁극적으로 농경에 도달하게 된 것이다.

애초에 사냥 채집자들은 자신들이 해오던 음식 구하기 작업에 식물 경작을 더해 음식을 확보할 수 있었다. 사람들이 점차 곡물에 어떤 특정한 경작지에 더 많은 노력을 기울이게 되고, 사냥 채집하는 이동성 생활은 점차 할 수 없게 된 것이다. 경작 식물에 의존하게 된 것은 아마도 살고 있는 지역 부근의 땅이 훼손되었을 때 잡초류의 곡물이 자리 잡고 살게 되면서부터일 것이다. 맛도 좋고, 그리고 씨앗이나 열매를 이용하기 좋은 식물들이 인간이 활용할 수 있는 주요 식물이었을 것이다. 궁극적으로 밀, 수수, 보리, 그리고 무화과 같은 곡물이나 식물들은 이제는 인간의 도움이 없이는 재생산을 할 수 없도록 진화하여 버렸다. 예를 들어 경작된 무화과는 씨가 없고 사람들이 가지를 잘라서 심어 배양을 해 주지 않으면 자손을 만들 수가 없다. 인간에 의해서 경작되는 생밀은 땅에 넘어지게 되면 다음 해에 싹이 트는 것이다. 밀이 경작되고부터는 밀은 똑바로 서있도록 유지되고 스스로 번식할 필요가 없게 되었는데, 그 모든 일을 사람들이 하게 되었기 때문이다. 만일 사람들이 그러한 나무와 씨앗을 적극적으로 파종하지 않으면 식량이 부족한 상황을 초래하게 될 것이다.

시간이 지남에 따라 인간과 식물과의 관계가 진화하게 되면서, 인간은 상당한 인센티브를 얻게 되었다. 수확은 늘고, 가뭄을 잘 견뎌내고, 병충해를 이겨내고, 수확이 쉬워지고, 무

반대편: 선왕조시대의 이집트 석재들을 끼워 만든 석재 낫의 모델이다. 그리고 8천6백 년 전에서 8천 년 전의 이란의 일리 코쉬 유적에서 나온 석기들이다. 이러한 도구는 어떻게 빙하시대의 사냥 기술이 농경에 사용된 것인지를 보여주고 있다.

사냥 채집 도구 모음은 플린트 석제 날을 가진 낫으로 야생곡류를 수확하고, 조그만 화살촉으로 사냥을 하게 되었는데 이것들이 생활의 두드러진 방식이 된 것이다.

엇보다 맛이 더 좋아진 것이다. 사람들이 한 장소에서 더 많은 시간을 보냄에 따라서, 야생식물들이 사라지게 되어 음식을 저장하고 보호하기가 더 쉬워지게 되었다. 안정적인 식량 공급 기술이 개발됨에 따라서 사람들은 더 나아가 정착하고 땅을 경작하며 어떤 특정한 식용 식물들과 가축들의 생산을 극대화하게 되었다.

유사한 관계가 인간과 동물들 사이에도 생기게 되었다. 동물을 가축화함으로써 음식의 생산뿐만 아니라 여러 가지 생활필수품 확보가 가능해졌다. 그리고 또한 일을 하는 데 노동력을 보태게 되는데, 운반하거나 또는 밭을 갈거나 수확하는 데 도움을 준다. 그렇다고 모든 동물들이 가축이 되는 것은 아니다. 가장 사육하기 좋은 동물은 강한 지도자가 지배하는 사회를 가진 종, 우리 속에서 잘 견뎌 낼 수 있고, 먹이가 유동적이고, 공격성이 줄어들고, 새끼를 자주 낳게 되는, 그리고 빨리 자랄 수 있는 종이라야 한다. 이러한 조건을 충족할 수 있는 종은 아프리카나 아메리카에 살고 있는 동물 중에는 많지 않다. 제시할 수 있는 모든 동물 중 사육이 가능한 상위 20종 중에서 사하라 이남의 아프리카에서 진화한 것은 없고 단지 2종, 당나귀와 소 정도가 북동아프리카 지역에서 가축화되어 농경화하는 과정에서 나타난다. 허기진 초기 인류들에게 최적의 사냥감이 될 수 있으며, 덜 공격적이고, 온순하며 인내력이 있는 동물들이 전혀 진화하지 못하였다는 점에서 아프리카는 인간화의 도가니 역할을 하였다고 할 수 있다.

사육

식물과 동물들은 세계의 여러 다른 시기와 장소에서 사육화가 이루어졌다. 인간들이 다른 장소에서 독립적으로 식물과 동물들의 번식과 생장을 조절하기 시작하여 모습과 영양 특성과 생식 구성을 변화시켰다는 사실은 전 세계의 사냥 채집자들이 자신들의 환경을 더욱 많이 활용할 수 있게 된 것과 다름없다. 세계의 대부분 지역에서 식물들이 동물보다 일찍이 사육되었지만, 소가 농경에 앞서 가축화된 북동아프리카와 같은 예외도 있다.

현재까지 알려진 가장 오래된 사육종 동물은 개다. 늑대의 후예인 개는 아마도 1만 6천 년 전에 사냥을 하는 것을 돕거나 캠프 주위에 맹수들이 접근하는 것을 막았을 것이다. 염소도 가장 일찍이 식량을 위해서 가축화된 것이다. 1만 년 전까지는 사람들은 오늘날 유목민들이 흔히 하듯이 어린 수컷들을 솎아내어 암컷들의 수명을 연장시키도록 하였다. 소는 북동아프리카와 근동 지역에서 거의 비슷한 시기부터 사육되었다.

곡물들과 콩과 식물들, 흔히 농경의 기원 식물들이라고 불리는 밀, 보리, 완두 그리고 편두콩 등이 먼저 경작되었고 재배종화되었으며, 중동과 서남아시아의 비옥한 초승달 지대에서 1만 5백 년 전에 이미 재배되고 있었다. 농경이 한 곳에서만 시작되었다는 증거는 없다. 농경은 기후 환경이 다른 지역에서 독립적으로 넓게 일어난 것이다.

유전적인, 그리고 고고학적인 자료에 의하면 쌀도 1만 년~9천 년 전 사이에 동아시아에서 재배종화된 것으로 알려졌다. 오래된 볍씨들이 중국과 한국의 고고학 유적에서 발견되어 1만 5천 년~1만 2천 년 전의 시기로 판명되기도 하였지만 이것들은 대체로 전단계의 야생종이다.

8천 년 전까지는 밀의 농경이 나일강 둑까지 밀려왔고, 동아시아 지역에서는 독립적으로 벼를 주로 경작하는 농경이 발전하였다. 7천 년 전까지는 메소포타미아의 수메르 인들이 조

농장 농경의 혼란스러운 축복

농경은 인간화에 엄청난 충격을 주었다. 사육하고 유목생활을 하면서 인간들은 더 많은 에너지를 얻고 이전에 없었던 인구 증가를 감당할 수 있었다. 오늘날의 생활은 식량 생산에 의지하고 있다. 그러나 인류 역사의 다른 측면으로서 이러한 변화는 상당한 대가를 치르고 있다. 이 대가 중에는 우리의 건강이나 다른 종들, 그리고 환경에 나쁜 영향을 준다는 점도 있다. 사람들이 사람들과 그리고 동물들과 모여 살게 되자 질병들도 퍼지기 쉬워졌다는 점이다. 탄수화물의 섭취가 늘고 가공된 식품들에 의존하게 되는 두 번째의 생활 방식도 역시 건강에 문제가 되고 있다.

농업이 전 세계의 경관을 엄청나게 바꾸고 있다는 점도 문제다. 소, 양, 돼지 그리고 다른 대형 가축들의 생물총량도 인간이 땅을 활용하고, 폐기물을 버리고, 그리고 환경을 바꾸는 데 근본적으로 일조를 한 셈이다.

직적인 관개와 전문 농경집단을 갖추고 밀을 중심으로 대규모 농경생활을 하고 있었다. 수메르에서는 식량 생산이 대단히 강화되고 대규모로 확대되어, 궁극적으로 이 지역에 최초의 도시 국가와 큰 규모의 사회들이 형성될 수 있도록 만들었던 것이다.

밀, 벼 그리고 옥수수를 재배하거나 동물을 사육하는 지역에서는 사람들이 이전과는 다른 방식으로 에너지를 활용할 수 있었다. 곡물류의 풀을 포함하여 -풀은 섬유질이 풍부하여 적당하게 조리되지 않으면 사람들이 이것을 소화하기가 어렵다.- 곡물들이 조리될 수 있는 방안을 개발하는 데 시간을 투자함으로써 사람들은 흔하고 빨리 자라는 음식자원들을 광범위하게 수확할 수 있었다. 맛이 좋고, 씨가 크고, 조리하기 편한 곡물들을 몇 가지만 재배하였다.

이렇듯 선택된 식물 종들을 다른 종보다도 더 잘 자랄 수 있도록 보호함으로써 이 풀들을 최초로 대량으로 먹을 수 있고 활용할 수 있게 되었다.

사람들이 먹을 수 없는 풀들은 다른 동물들이 먹을 수 있게 만들어 이 동물들의 식량으로 사용하기도 하고 또한 사람들이 주변 환경으로부터 에너지 활용도를 높이기 위한 여러 가지 방안을 만들어 내었다. 정착, 사육 그리고 농경은 우리 주변에서 지난 200만 년 동안 가장 흔하게 퍼져 살던 여러 가지 종류의 풀들을 활용할 수 있는 능력을 획기적으로 강화시킨 셈이었다.

사냥 채집에서 동물과 식물의 사육으로의 전환은 결국 집단 농경과 음식 구성의 지속적

현대의 가축농장은 몇 가지의 사육종화 된 대형 동물, 예를 들어서 오클라호마 툴사의 경우에는 돼지에 집중한다. 최근 수십 년 동안 사육되는 동물의 수효는 획기적으로 늘었다.

인 변화를 불러왔다. 만일 초기 인류가 260만 년 전에 음식에 대형 동물들의 고기를 추가한 것이 첫 번째의 음식 혁명이라고 한다면, 경작된 녹말에 의존하게 된 것은 우리의 음식이 전 지구적으로 바뀌게 된 점에서 두 번째 음식 혁명이라고 할 수 있다.

터키의 차탈회육과 같은 마을에 인간들이 모여 살았던 것은 음식, 노동 그리고 사회적인 가치를 공유한다는 이점은 있었지만 얼마 지나지 않아서 재난이나 영양실조에 직면하게 되었다.

인구와 질병

수천 년이 지나지 않아 농경의 발전은 항구적인 주거지에 인구가 급격하게 집중되도록 하였다. 도시 지역은 혁신과 문화 창출의 중심이 되었다. 그러나 그 결과의 하나로서 인류가 수백 만 년 동안 음식을 구하기 위한 방도였던 이동성이 줄어들게 되었다. 어떤 지역에서는 대규모의 인구를 먹여 살리는 식량을 확보하기 위해서 물길을 바꾸어야 하고, 대규모의 관개 작업이 필요하게 되었는데 이것은 수자원의 분포와 환경을 전혀 예기치 않은 방식으로 바꾸게 만들었다. 가뭄이 오면 댐의 물은 생명을 구하는 자원이다. 가장 혹독한 가뭄이 닥치게 되면, 농경에 대한 투자, 항구적인 주거지 그리고 대규모의 관개 작업 등은 별로 쓸모없이 곡물들이나 가축들이 말라 죽게 되는 것을 보기만 할뿐 다른 방도가 없이 굶어 죽게 되는 것이다. 물을 농경지로 끌어들이는 것도 물에 남게 되는 광물성의 소금들이 큰 짐이 되어 더는 농사를 짓지 못하게 되는 땅이 되었다.

　　농경의 성공은 질병이 퍼지기 좋은 조건을 만들었다. 농사를 짓기 전에는 사냥하고, 채집하고, 물고기를 잡고 살았던 사람들이 작은 규모로 확산되어 질병이 퍼지는 것은 그다지 심각한 문제가 아니었다. 그러나 인구가 급격하게 증가하게 되자 결국 이러한 자연적인 예방책이 사라지게 되었다. 사람들이 한 장소에서 엄청나게 집중된 상태로 살게 되면서 사냥 채집 집단이 해 오듯이 병 걸린 사람들을 남겨 놓고 가는 방식이 사라지게 되었다. 농부나 정착민들은 점차로 규모가 큰 쓰레기들로 둘러싸이게 되고, 가축들은 질병을 옮기는 수단이 된 것이다; 소는 폐결핵, 천연두 그리고 홍역을 옮기고, 돼지는 인플루엔자 바이러스를 옮긴다. 이러한 질병을 옮기는 미생물들은 인간들 사이에 그리고 집단 간에 확산을 극대화하는 방향으로 진화해왔다. 가장 오래된 하수도와 공중목욕탕이 오늘날 파키스탄과 인도의 인더스 계곡의 고대 도시 유적에서 이미 5천 년 전에 건설된 것이 확인된다. 그러나 인간, 가축 그리고 쓰레기가 전 세계의 여러 지역에서 넘쳐남으로써 우리들은 미생물들과 끊임없는 진화전쟁을 벌이고 있다.

　　궁극적으로 발달된 길과 배, 그리고 군인, 상인 또 무엇보다도 이민자들과 같은 여행자들의 증가는 한 지역에서 질병이 생기면 다른 지역으로 퍼지게 만들어 전염병이 되게하며, 나중에는 전 지구적인 전염병 단계로 만드는 요인이다. 지난 1348년에서 1351년 까지 유럽 인구의 3분의 1에 해당하는 2천5백만 명이 서선종의 흑사병으로 죽었고, 지난 1918년~1919년 사이에 2천만 명에서 4천만 명이 감기로 한 해에 죽었다.

생태계의 변화

　　부정적인 귀결에도 불구하고 농경생활은 전 세계로 퍼져나갔고, 오늘날의 생활 풍습을 만들어 낸 것이다. 사람들이 도시로 몰려들수록 농경 활동은 대규모의 음식과 다른 생필품들을 제공하도록 요구된다. 야외에서 도시로의 에너지 이동은 고대 인류들이 음식을 구하여 하나의 장소에서 다른 사람들을 먹이기 위해 들고 다니는 것과 같은 구조에서 성립된 것이다. 그러나 현대적인 방식은 석기시대에는 예측할 수 없었던 형태다.

　　대규모의 복합 사회가 밀이나 쌀 또는 옥수수와 같은 한 가지 내지는 몇 가지 종의 곡물에 집중적으로 의존하게 되자 환경은 단순화되었다. 이 단순화는 인간 중심의 생태계의 기원인 셈이며, 종이 단순화하게 되고, 모든 것이 인간의 의지에 따라서 바뀌게 되었다. 인간 중심의 생태계는 주거 환경을 궁극적으로 재구성하게 된다.

　　인간 중심 생태계의 급격한 충격은 생명의 역사를 들여다봄으로써 판단할 수 있다. 2억 5천만 년 전에 식물을 먹고 사는 척추동물들이 번성하게 되었을 때 육상 생태계는 비로소 먹이사슬에 에너지가 변환되는 기본적인 체계가 확립된 것이다; 엄청난 식물의 다양성은 몇 종류의 식물을 먹고 사는 동물들에 의해서 소비되고, 이들은 작은 숫자의 식육류 맹수들에 의해서 먹히는 구조다.

　　인간 중심의 생태계는 전형적 먹이 피라미드 사슬을 획기적으로 바꾸어버린 셈이다. 에너지의 가장 큰 흐름이나 이 시스템의 가장 강한 조절 작용이 엄청나게 다양한 종류의 식물과

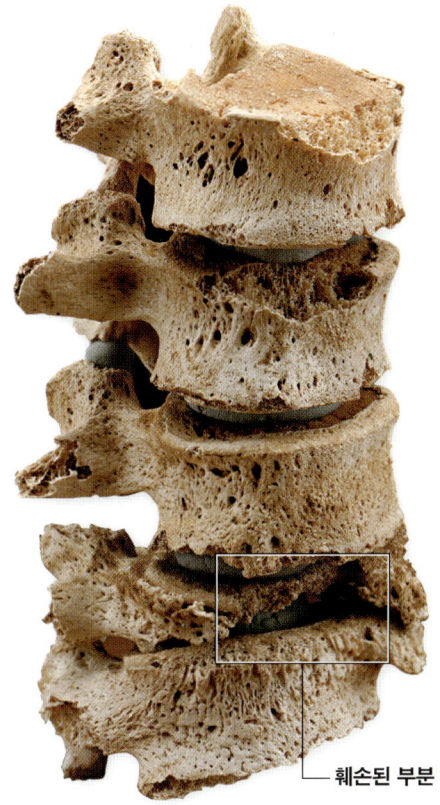

훼손된 부분

3천2백 년 된 요르단 유적에서 발견된 척추뼈는 결핵으로 손상된 부분이 남아 있다.

동물들 사이에 흐르지 않고 인간이라는 하나의 종에 따라서 이동하게 된다는 점이다. 인간이 몇 종류의 음식에 집중하게 되고 삼림, 습지 그리고 다른 생물 서식지들을 농경지, 목초지와 쓰레기나 오염물질을 버리는 장소로 전용하게 됨에 따라서, 식물과 동물의 다양성이 급격히 줄어들게 되었다. 오랫동안 먹이사슬의 정점을 차지하던 대형 식육 맹수들은 거의 절멸 상태가 되어 인간과 함께 번성하는 아주 작은 약탈자인 미생물들과 곡물 종들, 가축 종들이 새로운 모습의 생태계의 기초를 형성하게 되었다.

인간을 묘사하는 모든 방식, 두 발 걷기의 영장류, 두뇌가 큰 도구 제작자, 상징적인 한 구성원 등 중에서 오늘날의 딜레마를 설명하는 데 가장 적절한 것은 생물의 역사 중에서 하나의 전기에 있다는 설명일 것이다. 극지의 빙하로 덮인 부분을 제외하고, 적어도 지구의 38퍼센트 정도의 땅이 농사에 사용되고, 17퍼센트 정도만이 인간의 직접적인 영향을 받지 않고 있다. 2천 년 전 이 지구상의 인구는 아마도 2억 명 정도가 되었을 것이고, 1천 년 전에는 1천만 명 정도가 붙었을 것이다. 지난 40년 간 인간 종은 두 배로 늘어서 이제 70억 명을 헤아린다. 2007년에는 농촌보다도 도시 지역에 사는 사람들이 처음으로 많아지게 되었고, 지구상의 도시 거주자들의 에너지 소비량은 전체의 거의 4분의 3을 차지한다. 1961년에서 2004년까지 소, 돼지, 양 그리고 염소의 수효도 170억 마리에서 410억 마리로 붙었고, 조류 가축도 30억 마리에서 160억 마리로 붙었다. 이러한 가축을 키우기 위해서 엄청난 규모의 땅들이 필요하게 되었고, 이들이 필요로 하는 사료들은 결국 야생동물들의 기본적인 먹이들을 잠식하게 되었다.

어떤 관점에서 본다면 지구의 생태계가 궁극적으로 변화하는 것은 불안정한 세계에 적응하고자 하는 인간 능력의 절정기를 보여주는 것이라고 할 수 있다. 식량 공급을 안정적으로 할 수 있게 됨으로써 인간 행동의 보폭을 엄청나게 확장할 수 있게 된 것이다. 이러한 과정을 이해하기 위해서는 우리가 이 장이 어디에서 시작된 것인지를 기억하는 것이 필요하다. 농경생활로 이행하는 것은 인간이 빙하시대를 벗어나면서부터 시작되었다. 1만 2천8백 년 ~ 1만 1천6백 년 전 사이에 약간 추운 기후로 복귀한 것을 빼고는 지구 기후는 안정되었다. 지난 1만 년 또는 8천 년 동안 지구기후시스템은 심해 퇴적물 코어나 그린란드의 얼음 코어에 남은 기후 기록에서 볼 수 있듯이 약간의 변동을 제외하면 항상 안정되었다. 앞서의 장에서 언급되었듯이, 인간에게 오랫동안 진행되어온 진화는 인간이 기후 환경의 변화에 적응하거나 회복하는 적응체계를 서서히 구비하여 주었던 것이다. 그러나 지난 수천 년 동안 이러한 능력은

> 2007년에는 농촌보다도 도시 지역에 사는 사람들이 처음으로 많아지게 되었고 도시 거주자들은 지구상의 에너지 소비의 거의 4분의 3을 차지한다.

FAQ:
최초의 농부들의 건강 상태는 어떻게 알 수 있나?

유적의 인골을 보면 최초의 농부들의 건강이 사냥 채집자들과는 상당히 다르다는 것을 알 수 있다. 평균적으로 농부들은 수명이 짧았고 키도 작았다. 최초의 농부들은 영양실조와 전염병으로 고통을 받았는데 이중 일부는 뼈에 병변이나 다른 비정상적인 흔적을 남기게 된다.

경작한 곡물과 같은 탄수화물이 많은 음식을 점차로 많이 섭취함으로써 초기 농부들은 이빨에 충치가 쉽게 생겼다.

이 사람들의 작은 턱은 이빨이 촘촘히 나게 하고 덧니 같은 문제가 생기게 된다. 농경생활이 여성의 가임률을 높이기는 하였지만, 임신으로 인한 영양 손실이 더하게 됨에 따라서 여성의 건강에 부정적인 영향을 주었다.

괄목할 정도의 안정적인 특별한 시간 속에서 표현되었던 것이다.

　　인간화가 양적으로나 진보된 문화적으로, 그리고 기술적으로 지난 1만 년 동안 진전된 속도는 아마도 인간이 우리의 주변을 변화, 즉 파괴하고 없애버리는 속도와 같을 수밖에 없을 것이다. 그러나 만일 우리가 장기적인 관점에서 배우는 것이 있다면 환경은 언젠가는 변하는 것이고, 우리가 항상 모든 변화를 지배할 수는 없다. 인간은 지구상의 생물로서 우리의 운명을 결정할 수 있는 것처럼 보이지만, 문제는 '우리가 잘 해낼 수 있을까?'이다.

코스타리카 숲의 키가 엄청나게 큰 나무가 사람을 작아 보이게 한다. 지구의 생물 다양성에 대한 우리의 지식은 우리가 얼마나 빨리 이것을 잃어버릴 수 있는가를 인식함으로써 자랄 수 있는 것이다.

CONCLUSION

이게 바로 우리인가?

초기 인류의 종에 어떤 의미를 둘 수 있을까? 어떤 종은 큰 두뇌를 가지고 있고, 모든 종은 대단히 사회적인 특성이 있다. 어떤 종은 아주 세심하게 도구를 만들고 상징적으로 생각하는 바탕을 가지고 있다. 각 종들은 어떤 인간을 설명하는 데 필수적인 특성을 개발하고 뿌리를 내리고 융합하여 온 것이다. 만일 우리가 이러한 종들의 지속성과 다른 종들을 없애는 것을 이해한다면 우리는 인간의 기원과 상상할 수 있는 미래에 대해서 가치 있는 것을 배우게 될 것이다.

반대편: *10만 명이 넘는 인간들이 브라질의 거대 도시 리우데자네이루에서 거주할 수 있는 모든 땅을 차지하고 살고 있다.*

'이게 바로 우리인가?'라는 질문은 인간이 이제 완성된 것인지 또는 진화의 굴레 속에 있는 것인지? 라는 문제를 생각하게 한다. 그러나 이 질문에 대한 이러한 접근은 인간의 기원에 대한 시대착오적인 생각이라고 할 수 있다. 우리의 진화 역사는 인간 선조들이 가지고 있었던 생존에 도움을 주는 특성과 인간이 끊임없이 효과성을 검증하여 온 적응의 대상이 되는, 변화하는 환경과의 사이에서 이루어진 복잡한 춤사위라고 할 것이다. 인간 진화의 과정에서는 많은 종들이 명멸했다. 어떤 종들은 우리의 직접적인 조상이 되지만 인간가족의 계통나무에는 이미 존재하지 않는 종이라는 것이다. 이것을 염두에 두고 제기된 질문에 답하는 방식의 하나가 '우리가 호모닌(모든 인류의 총칭), 영장류의 진화계통나무의 두 발 걷기종의 마지막인가?'를 묻는 것이다. '이게 바로 우리인가?'라는 질문은 어디까지나 '현생 인류가 미래에 존재할 수 있을까?'에 대한 질문일 것이다. 만일 우리가 미래에 존재한다면 번성할 수 있을까?

이제는 사라져서 화석을 통해서나 알 수 있는 우리의 진화상의 사촌들을 연구해 보면 하나의 패턴을 알 수 있다. 환경 변화에 마주치게 되면 새로운 환경에 적응할 수 있는 방도가 별로 없었기 때문에 종들이 절멸하게 된다. 이들은 일정한 제한적인 환경에 잘 맞추어 살았다고 할 수 있거나, 또는 어려운 시기에 잘 살아남지 못할 정도로 좁은 지리적인 환경에 국한되어 살고 있었다고 할 수 있다. 우리의 계통나무를 구성하는 다른 종들은 광대한 지리적인 범위의 이점을 가지거나 다양한 종류의 음식을 먹지만, 궁극적으로 새로운 환경에 직면했을때 살아남을 가능성을 낮출 수 있는 특정한 형질에 집착하였다.

마지막 *네안데르탈*이라고 알려진 집단은 서유럽의 서늘하고 숲이 우거진 서식지에서 살아남을 수 있도록 체질적인 적응과 행위를 하고 있었다. 3만 3천 년 전경의 초반에 빙하기의

마지막 대규모 확장 구역의 남쪽에 남아 있다가 이베리아와 지브롤터까지 한랭 삼림 지대를 따라서 이동하였다. 이곳에서 *네안데르탈*인들은 2만 8천 년 전까지 마지막으로 번성하였다. 이 시기에 적도 지방에 도착한 현생 인류들은 *네안데르탈*인들이 적응할 수 있었던 것보다도 더 추운 환경에서도 문화적인 적응을 통해서 더 잘 적응할 수 있었다는 것을 알 수 있다. 그래서 현생 인류들은 *네안데르탈*인들이 충분히 적응하여 차지하고 있었다가 물러난 후 온난한 기후가 다시 찾아왔을 때 돌아왔다면 도저히 차지하지 못하였을 지역에서 하나의 발판을 얻었던 것이다. 이것은 *네안데르탈*인들이 추운 기후에 잘 적응하지 못하였다는 것이 아니다; 모든 인류 종들 중에서 *네안데르탈*인의 몸이 가장 추위를 잘 견디도록 만들어졌다. 그러나 유연한 적응력을 갖춘 호모 *사피엔스*들이 빙하기의 유럽의 얼어붙는 지역에서, 그리고 한랭하거나 무더운 다른 지역의 뜨거운 기후에서도 번성할 수 있었다. *네안데르탈*인들은 기껏해야

위성사진과 지상 자료들을 복합하여 구성한 영상을 보면 지구는 도시 지역에서는 밤에 밝게 빛나지만 인구가 적거나 전기를 많이 사용하지 못하는 지역은 어둡게 보인다.

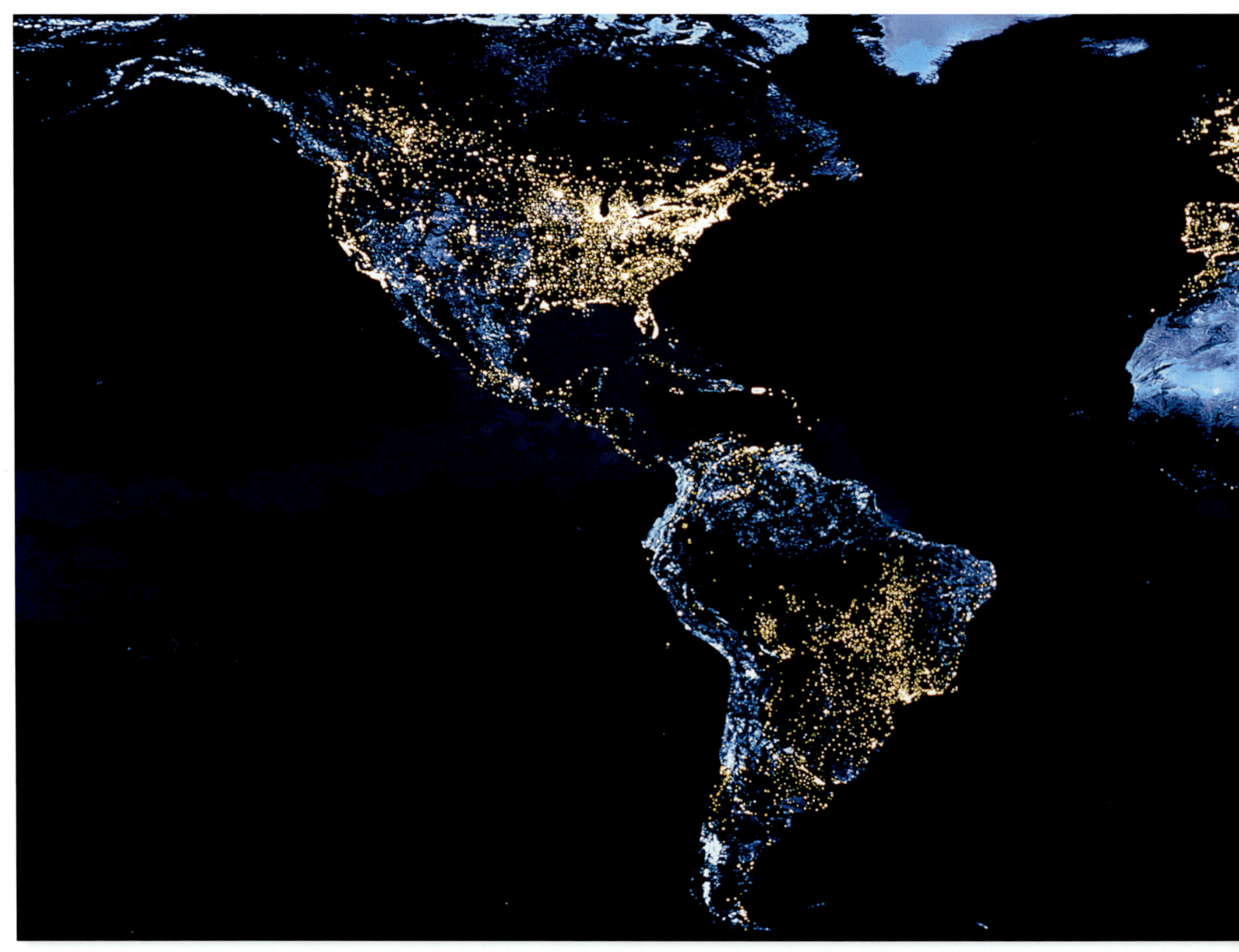

주어진 환경의 범위 내에서 살아남을 수 있는 종이었던 것이다.

지역적으로 국한되어 나타나는 사례가 *호모 플로렌시스*다. 이 종은 아마도 수십만 년 동안 인도네시아에서 살아왔을 것이다. 우리가 아는 한 '호비트'들이 적응하지 않으면 안 되는 조건들은 바로 작은 섬에서 대단히 제한된 가능성 속에서 살아남아야 한다는 점이다. 이들은 플로레스의 섬에서 1만 7천 년 전경에 절멸하였다. 오늘날 그리고 근래의 종들에게도 맞는 사실이지만 수가 적고 거주하는 지역이 좁을수록 절멸의 확률은 높아진다는 점이다.

광대한 지역에서 150만 년 동안 번성한 *호모 에렉투스*들도 유사한 운명이었다. 성공적으로 오랫동안 살아남았지만 거주 구역이 자바라는 섬으로 좁혀지게 되자 절멸하게 된 것이다. 자바 섬에서 발견된 *호모 에렉투스*의 마지막 단계의 화석으로 보이는 것이 7만 년 전으로 밝혀졌다.

전체적인 패턴의 마지막 사례가 동아프리카에서 적어도 100만 년 동안 번성한 *파란트로*

푸스 보이세이다. 왜 그렇게 번성하였던가는 이해하기 어렵지만, 이들이 가진 대표적인 특징은 어떤 것이라도 원한다면 씹어서 삼킬 수 있는 구조다. 몇몇 과학적인 연구를 보면 아마도 음식이 대단히 다양하고 그리고 거칠고 강한 음식들까지도 먹을 수 있어서 굶어 죽는 일은 방지할 수 있었을 것이라는 점을 보여준다. 그러나 이 '호두까기종'이라고 불리는 종은 아마도 스스로의 적응 체계에 의해서 문제가 생겼을 것이다. 아무리 부드러운 딸기나 벌레라고 하더라도 강한 턱 구조의 움직임이 필요하였던 것이다. 애초에 성공적으로 적응하기는 하였지만 결국 강한 턱, 두터운 턱 근육 그리고 넓적한 이빨 등은 궁극적으로 새로운 종류의 음식에 적응하기에는 부담을 주었기 때문에 사라지게 되었을 것이다.

여기서 변화하는 환경에 잘 적응하기 위해서는 어느 정도의 유연성이 중요하다는 점을 광범위한 주제로 다루고 있다. 그래서 이것은 생물의 생활 방식은 새로운 환경이 도래하게 되면 짐이 될 수 있다는 면에 대한 질문이다. 여러 가지 일들을 잘 할 수 있는 종이 주변 환경이 변할 때 더욱 많은 수단을 가지게 되는 것이다. 이러한 일반적인 룰은 두 발로 걷는 우리의 사촌들에게도 적용된다. 그리고 호모 사피엔스에게도 적용될 수도 있다고 생각하는 것이 백번 지당한 일이다. 오늘날 이 세계에서 발달하고 있는 것들이 우리 현생 인류의 적응능력을 높이거나 제약하게 될 것인가? 무엇이 우리의 유연성인가, 그리고 무엇이 우리의 한계인가?

예기치 않은 실험

출발점은 오늘날 우리가 이 세상에 미치는 심대한 영향의 결과로서 우리가 우리를 위해서 해야 하는 일을 이해하기 위해서 노력한다는 것이다.

인간의 진화 과정을 따라가면서 우리는 호모 사피엔스가 지구상에 확산된 것은 그들이 주위의 것들을 변화시킬 수 있는 진화적인 능력 때문이었다는 점을 알고 있다. 돌의 한 모서리를 깨트림으로써 호모 헤빌리스들은 주변을 변형시키기 시작하였다. 불을 다루는 능력, 화덕을 만들 수 있는 능력 그리고 집을 만들 수 있는 능력은 호모 하이델베르겐시스들이 음식을 조리할 수 있었고, 생존 공간의 온도를 변화시킬 수 있었다는 것을 의미한다. 이후에도 사람들은 불을 이용하여 환경 전체를 바꾸었다. 불은 동물 가축들을 몰기도 하고, 식물들의 재생을 도와주기도 했다. 상징적인 소통의 진화도 우리 종의 주변을 변화시키는 능력을 더 높이는 역할을 하였다. 상징과 언어는 어려운 시기에 완충장치와 혁신을 위한 통로로서 사회적인 네트워크가 커나갈 수 있도록, 집단 간에 자원이나 정보를 교류할 수 있도록 만들었다. 언어는 우리에게 대규모의 행위를 기획할 수 있게 하고, 변화에 대해서 반응할 수 있으며, 우리가 가지지 못한 것도 상상할 수 있도록 만든 것이다.

이러한 작은 단계들이 합쳐져서 내는 긍정적인 효과는 대단히 성공적이어서 사람들로 하여금 지구상의 모든 곳으로 확산될 수 있도록 만들어 주었다. 식용 식물을 양육하는 간단한 생각이나, 유용한 동물들을 한 자리에 모아서 관리하는 간단한 아이디어가 지역의 식량 공급을 안정시키고, 식물과 동물을 사육화하도록 하며, 다른 것을 희생하더라도 이것들을 활용하도록 만들었던 것이다. 지역적인 성공이 예기치 않은 그러나 길고도 복잡한 진화의 역사의 실제 결과로서 모든 곳에 환경 변화를 가져오게 되는 것이다. 인간의 진화 역사가 600만 년이 되는 것

반대편: 말라리아는 적혈구를 파괴한다. 인간은 이 지구상에서 말라리아나 이와 같은 치명적인 질병을 없애는 기술을 개발하는 데 골몰하고 있다.

인간이 생산한 탄산가스가 기후에 미치는 영향

이제 인간은 지구의 기후에 단순히 적응만 하는 것이 아니다. 인간은 화석연료를 태우거나 특히 탄산가스와 같이 지구 대기의 온실 효과를 만드는 가스의 수준을 빠르게 상승시킬 수 있는 행위를 함으로써 지구 기후를 변화시킬 수 있는 것이다. 지구 대기 속의 탄산가스의 집중이 지구 대기의 온도와 상관 관계가 있다는 사실이 밝혀졌다. 산업화되기 이전인 1750년 이후, 대기 중의 탄산가스 농도가 280ppm에서 385ppm으로 상승하였다. 이 숫자는 지난 65만 년 동안 지구 대기 중에 180~300ppm 수준이었던 것에 비해 상당히 높은 수치다. 지구 대기의 온도는 지난 세기 동안 섭씨 0.74도가 올랐다. 앞으로 20년 동안 섭씨 0.4도 정도가 더 올라갈 것으로 예측하고 있다.

탄산가스나 다른 온실가스의 예견되는 상승은 엄청난 결과를 초래할 것으로 보인다. 이 시대에 가장 통렬한 질문은 다음과 같다. 이제 21세기의 인간들은 어떻게 해수면의 상승과 더욱 심각해지는 폭풍과 가뭄의 강도, 그리고 지구 기온 상승으로 인한 다른 재난들을 이겨낼 것인가?

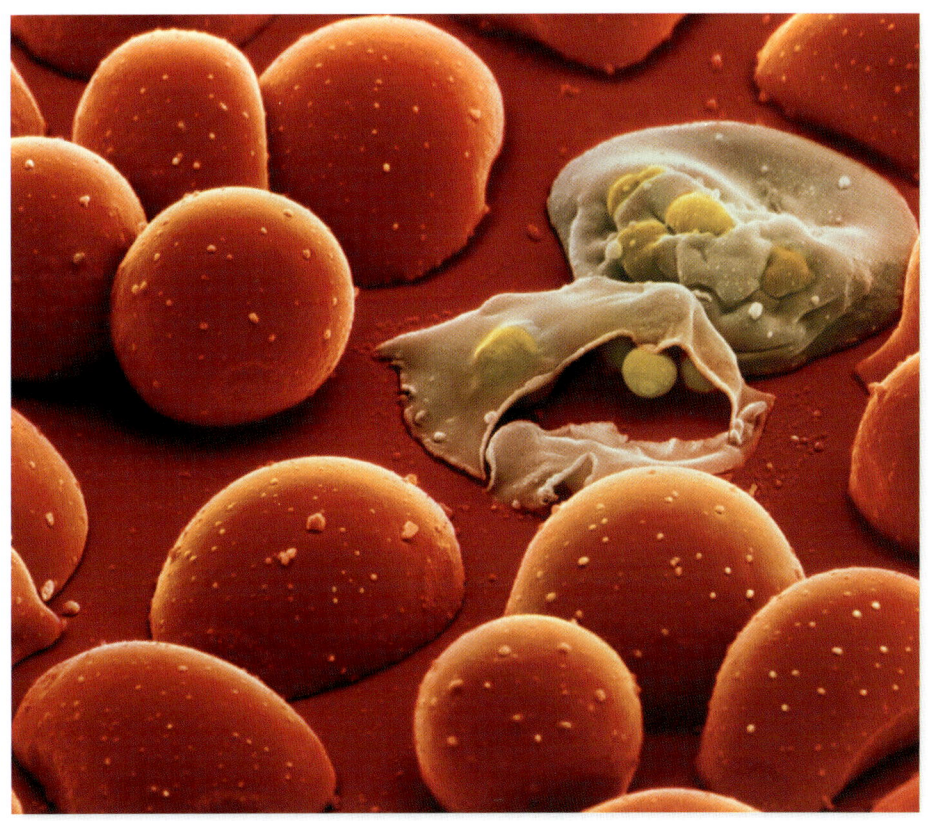

우리의 행위가 환경에 내려놓는 스트레스와 다른 종들이 우리의 미래에 얼마만큼 압박을 가할지 살펴볼 수 있다.

을 감안하면 이러한 변화는 비교적 늦은 시기에 시작된 것이고 대단히 빠르게 일어난 것이다.

실질적으로 모든 종은 자신을 둘러싸고 있는 것들을 어떤 방식으로든 변화시킨다. 그러나 우리 인간의 영향의 힘과 범위가 우리 자신의 유연성에 영향을 주지는 않을까? 현대 사회에서 인구가 급격하게 늘어감에 따라 우리의 행위가 환경에 내려놓는 스트레스와 다른 종들이 우리의 미래에 얼마만큼 압박을 가할지 살펴볼 수 있다. 세계의 여러 지역에서 우리의 생활이 의지하고 있음에도 불구하고 토양 영양분과 민물들은 점차로 퇴행하고 있다. 2005년에 발간된 밀레니엄 생태 평가 보고서를 보면 1만 종에 이르는 식용식물들 중에서 우리가 음식으로 활용하는 종은 20종에 지나지 않고, 전 세계에서 소비하는 칼로리의 절반을 밀, 쌀과 옥수수 등 세 가지 곡물이 제공한다고 밝히고 있다. 유사한 통계가 동물에도 적용된다. 포유류와 새를 합쳐서 1만 5천 종이 있지만 14종 미만이 인간이 소비하는 동물 생산품의 90퍼센트를 차지한다.

이것은 가능성을 줄이는 특화다. 이것은 경제적인 결정이 우리가 음식으로 공급받을 수 있는 식물과 동물의 광범위한 기초를 무시하는 것이며, 모든 생물이 살고 있는 생태계의 기능을 무시하는 셈이다. 불행하게도 이를 무시하게 되면 대다수의 종들이 의존하고 있는 필요성이 위협받게 되거나 이미 없어진 것과 다름없다. 들, 울타리 그리고 도시 지역은 대다수의 생명체들이 환경의 변화에 반응하여 움직일 수 있는 능력을 감소시키고 많은 종의 오랜 진화적인 적응력을 제약하게 된다. 호모 *사피엔스*의 충격은 바다에도 미쳐 물고기, 조개 그리고 다른 종들이 사라지거나 절멸하고 있다. 최근의 평가에 따르면 해양 생태계를 인간이 사용함으로써 생긴 현재의 불안정성은 앞으로 해양 음식자원의 생산에 현저한 영향을 주게 되어 생물 다

지구 온난화는 빙하가 물러나고 그린란드의 얼음이 녹는 것으로 보아 틀림없다. 우리가 야기한 변화를 포함하여 변화에 어떻게 대처할 수 있을까가 우리의 미래를 결정하는 요인이 될 것이다.

양성의 풍부한 자원과 우리가 바다로부터 얻을 수 있는 자원의 활용 능력을 줄이게 될 것이다.

또 다른 숙제는 엄청나게 증가하는 인구들을 먹여 살릴 수 있는 방안을 마련하는 일이다. 우리 스스로 다른 사람들을 먹여 살려야 하는 것은 우리의 목적을 위해 지구의 자연환경을 변화시켜야 할 필요성을 확대하게 된다. 식량 생산은 애초에는 마을이나 작은 도시 적은 수의 사람들을 부양하면 되기 때문에 인간에게 크게 이로운 일이었다. 그러나 이제 식량 생산에 종사하는 사람들보다도 소비하는 인구가 월등히 많은 엄청나게 큰 도시 지역의 인구를 부양해야 하는 현실에 봉착했다.

이제까지는 짧은 실험이었지만, 이제 우리가 알아야 할 것은 지구상에서 활용할 수 있는 땅의 83퍼센트 정도가 농경지, 도시 구역, 도시 폐기물 저장 공간, 벌목, 광산, 그리고 오염 등에 의해서 변형된 인간의 손이 닿은 공간이라는 것이다. 2007년까지 인간은 수많은 댐을 만들었고 여기 가두어진 물의 양은 전 세계로 흐르는 강물 양의 6배에 이른다. 우리 인간들이 우리의 주변을 이러한 방식으로 바꾸는 일들을 스스럼없이 하고 있기 때문에 앞으로 우리가 조절할 수 있는 여지가 어느 정도나 되는지, 그리고 우리가 미래에 대처할 수 있는 방안이 가능한 것인지조차 알기 어렵다.

온실가스가 화석 연료를 태워서 대기, 다시 말해서 기후에 영향을 주는 과정은 이제 잘 알려져 있다. 상당 기간 동안 가장 심각한 온실가스인 대기 중의 이산화탄소의 변동은 지구 온도의 변동곡선이나 빙하의 확산과 축소의 과정을 그대로 따르고 있다. 그러나 인간의 행위로 이제 이산화탄소의 대기 중 집중도는 약 3분의 1 정도 현생 인류가 처음 지구상에 나타났던 시기보다 높다.

아무리 적게 잡는다고 하더라도 다음 세기에는 대기 중에 이산화탄소의 집중이 600 만 년 전 인간이 기원한 이래 그 어떤 시기보다도 두 배 정도로 증가할 것을 예측하고 있다. 이러한 변화는 대기의 온도를 상당히 상승시키게 될 것이고, 적어도 해수면이 50cm 정도 상승할 것으로 보이는데, 오늘날 지구 인구의 1할이 살고 있는 해안 저지대가 물에 잠길 것으로 예상된다. 우리 종은 진화해 오는 과정에서 과거의 그 어느 시기에서도 경험하지 못한 환경 변화를 경험하게 될 것이다.

지구의 기후변화는 이런저런 분명한 경향을 보여서 우리에게 어떤 일이 벌어질까, 우리가 예측할 수 있도록 온도계처럼 곧 바로 반응하는 것은 아니다. 대신에 기후는 한계점을 가지고 반응하게 된다. 확실한 징표가 나타나고 있으면 변화는 이미 일어난 것이 틀림없는 것이다. 지구 온난화의 사전 경고는 심각한데, 앞으로 부딪칠 문제는 분명한 경향이나 예측할 수 있는 문제에 의해서 제기되는 것보다도 훨씬 놀랄 정도가 될 수 있을 것이다. 우리가 지구 기후의 안정성을 해치는 새롭고 적절하지 않은 기여를 해왔기 때문에 우리는 엄청난 규모의 실험의 와중에 있다고 볼 수 있다. 변동성이 많은 기후와 그 불안정성은 우리가 예측한 것보다 훨씬 강한 실험을 가져올 수 있다.

유연성의 원천

미래에 우리 종들이 살아남을 것인지 또는 번성할 것인지 간단명료한 대답은 없다. 지침은 그다지 많지 않지만 그래도 과거의 화석 기록에서 우리가 '인간'이라고 부르는 그 절멸한 종들이 살고 변화하고 그리고 절멸한 과정이 지침이 될 수 있을 것이다. 현대 사회에서 궁극적인 관심은 인간의 핵심적인 적응이 우리가 직면하고 있는 환경 변화를 잘 파악하고 적절하게 적응하는 데 도움을 줄 수 있는가이다.

진화와 살아있는 생물들의 역사는 지구 환경과 생물들 그리고 우리 자신들이 가지고 있는 적응력의 원천들 사이의 유연성을 이해하는 핵심이다.

FAQ:
인간은 아직도 진화하고 있는가?

아직도 인간이 진화하고 있다는 것을 보여주는 강력한 증거가 있다. 동물의 사육 혁명 이후 어떤 집단은 젖을 떼고 난 이후 시간이 상당히 흐른 다음에도 우유를 소화할 수 있는 능력을 물려받았다. 이러한 특성은 두 개 지역의 인구들에게서 독립적으로 나타났는데, 유럽에서는 6천 년~5천 년 전, 그리고 아프리카 지역에서는 3천 년 전 무렵이다.

인간이 아직도 진화하고 있다는 또 다른 증거는 1940년대에 의사들이 겸상적혈구병이 말라리아에 강하다는 것을 발견한 것이다. 겸상적혈구를 유발하는 대립 유전인자 하나만 있다면 병은 발생하지 않지만, 두 쪽이 모두 겸상적혈구 유전인자라면 겸상적혈구를 생산하게 된다.

반대편: 이식되고 있는 유칼립투스 묘목은 인도네시아의 벌목된 지역을 새롭게 해 줄 것이라는 희망과 인간의 미래를 위한 우리 스스로의 행동의 중요성을 보여 준다.

이 질문과 씨름하는 동안 자연 세계나 자연 세계와 인간과의 관계들을 조사해 봄으로써 많은 것을 배울 수 있다. 진화와 살아 있는 생물들의 역사는 지구 환경과 생물들과 우리 자신들이 가지고 있는 적응력의 원천들 사이의 유연성을 이해하는 핵심이다.

우리가 여기서 배우는 것은 시간이 흐를수록 진폭이 커지는 지구 환경의 지속적인 변화에 따라 진화하여 온 우리 인간들의 특성에 대한 정의일 것이다. 인간의 기원에 대한 관점에서 오늘날까지 존재할 수 있었던 인류계통은 변화와 불확실한 것에 적응할 수 있도록 도와준 정신적이고 사회적인 도구의 모음을 전수받은 것이다. 우리가 살고 있는 복잡다단한 사회적인 세계에서 인간의 두뇌는 다른 사람들에게 의견과 행동을 보여주기 위해서 가능성과 예측성을 평가하도록 요구하고 있다. 언어의 창의성은 우리가 보지 못한 사건과 그 결말에 대해서 빠르게 반응할 수 있는 능력을 우리에게 제공한다. 인간이 혁신할 수 있는 능력은 새로운 기술과 기회를 쌓아올리는 기초를 다진다. 우리의 신앙과 도덕적인 능력들은 인간 종이 어느 정도 영향을 미칠 수 있고 계획할 수도 있을 진화적인 과정을 통해서 미래에 적응할 수 있도록 작용할 것이다. 문화적으로 다양화할 수 있는 창의적인 능력은 인간이 사는 방식을 여러 가지로 나누어지게 만들었다. 문화적인 다양성과 한 사회 내에서 다른 의견을 가지려는 성향은 우리 종이 가지고 있는 기회와 조건을 몇 배 확대시킨 것이다.

인간 적응의 진화는 지구 기후사에서 가장 혼돈스러운 시대의 변화하는 환경에 적응하는 근성을 우리에게 덤으로 주었다. 생물과학은 인간의 본성을 유전적인 압박 속에서 스스로의 가능성을 탐색하는 것으로 간주한다. 필연성은 자연관의 핵심 단어다. 그러나 다른 관점은 인간 생활의 어떤 고유한 특성 – 두뇌의 활동, 필연적인 언어 습득, 혁신을 위한 동기, 추상적인 생각을 위한 적성 등 – 들이 어떤 재치 있는 것, 당장의 조건에 적절하게 대응할 수 있는 재빠른 능력을 만들어 낼 수 있는 역량을 구성하고 있는 것이다. 적응력이라는 것이 인간 특성의 이러한 면이다.

인간의 기원에 대한 과학적인 탐구는 인간이라는 종이 변화에 적응하고 있다는 것을 보여준다. 조건이 변하면 우리는 우리의 정신적인 유연성과 우리의 사회적인 경향을 통하여 반응한다. 어떤 경우에는 우리가 다른 사람들을 도와주는 심오한 능력을 앞세우기도 하고, 다른 경우에는 우리가 위협적인 요소라고 생각하거나 다른 것이라고 간주하는 것들에 대해서 격렬하게 행동함으로써 반응하게 된다. 이러한 경향성 사이에서 우리가 맞추는 균형은 앞으로 해야 할 일들을 결정하게 될 것이다. 우리의 진화된 특성은 미래를 상상할 수 있는 기회를 줄 것이고, 우리의 사고를 적응할 수 있는 기회와 우리의 고유한 가능성이라고 할 수 있는 돌봄과, 의미 있는 것에 대한 우리의 욕구를 만들어 낼 수 있는 기회를 제공하게 된다. 기나긴 공동 조상 기간 동안 출현한 이러한 특성은 모든 사람들에 의해서 공유된 것이며, 미래의 도전과 역경을 겪게 되는 경우에 희망의 원천이 될 수 있을 것이다. 아마도 이러한 특성은 궁극적으로 '인간이 된다는 것이 던지는 의미가 무엇인가'라는 질문에 대하여 우리 인간이라는 종이 가지고 있는 해답으로 정의될 것이다.

색인

ㄱ
가족생활 75
가축화 154
갈돌 152
게노믹스 143
게셔 베노트 야코브 89
겸상적혈구병 167
고나 76, 82
고릴라 12, 26, 34, 95, 129
고인류학 14, 50
고지자 비법 41
곡물 151, 165
골각기 120
골란 고원 133
곰비 보호 구역 85
공격성 154
구달, 제인 20, 27, 85, 121
구르치, 존 93
구석기시대 86
그란 돌리나 동굴 98
그린란드 158, 166
기본 46, 52, 75, 82, 102, 116, 125, 151
기호언어 128
기후변화 50, 51, 52, 104, 143, 167

ㄴ
나무창 47, 116
네안데르탈레시스 30, 52
네안테르탈 게놈프로젝트 144
네안데르탈인 46, 48, 149
농경과 목축 150
농경의 기원식물 154

ㄷ
다양성 34, 42, 50, 78, 118, 125, 138, 168
다윈, 차알스 8, 10, 11, 20, 25, 30
다트, 레이몬드 34
대협곡 112
대형 유인원 24
데데리야 78
도르도뉴 126
도시화 158
돌연변이 10, 53, 119, 140
동굴 예술 벽화 121, 136
동물 사육 118, 140

동물성 단백질 80, 85
두개골 용량 103
두뇌 32, 41, 52, 76
두 발 걷기 158
듀라브 사막 35
드리몰렌 유적 40
드리오피테쿠스 24
드마니시 41, 42, 79, 95
드보아, 유진 30
디디야 78
딘카 95

ㄹ
라스코동굴 126, 133
레수스 마카크 26
로저리 오뜨유적 122
루시 39, 62, 63
류지앙 동굴 141
리모나이트 119
리우데자네이루 160
리프트 계곡 44, 82, 143

ㅁ
말라리아 164, 167
망치돌 52, 82, 95
매장 49, 98, 133
먹이사슬 157
메가돈티아 39
모루돌 85
문화적인 계승 110
물감 116
미토콘드리아 이브 140
밀의 농경 154

ㅂ
바분 40, 55, 107
바텍인 90
발성 129
발자국 열 61, 70
배의 부피 95
보노노 24, 34, 75
보서 분지 89
보우리 유적 76, 93
복스그로브 유적 116
브롬보스 동굴 120, 129

부쉬맨 58
불 88
비타민 A 과다 섭취 47
빈디야 동굴 144
빙하 50, 147, 152, 162
비너스 조각상 121, 133
뼈바늘 121

ㅅ
사자머리 남자 조각상 136, 137
사육종 동물 154
사헬렌트로푸스 38, 60, 104
사헬렌트로푸스 챠덴시스 32, 35, 64, 70
사회적 행위 118
산소기후곡선 50
상아조각 136
상징과 상징주의 128, 129
상징적 의사소통 128
상징행동 132, 133
색소 119, 145, 152
생명의 나무 10, 30
생물 다양성 150
샤니다르 동굴 47, 48, 145, 148
서예 129
석기 82, 83, 85, 133, 152
소통 27, 110, 137
손톱 13
쇼베 동굴 136
수메르인 155
숭기르 132, 133
쉐닝겐 116
스와르트크랜스 54, 121
스쿨 동굴 133, 141
시에라 드 아타푸에르카 98
식물 경작 153
신석기 혁명 153
쌩 따슐 86

ㅇ
아르곤 아르곤 연대 측정 41
아르디(아르디피테쿠스) 38
아르디피테쿠스 38, 60
아르디피테쿠스 라미두스 38, 60, 70, 71, 75
아르디피테쿠스 카다바 38
아슐리안 주먹도끼 86, 120

아슐리안 도구 제작 전통 88
아인 헤네쉬 유적 97
아파르 분지 38
아폴로 11 동굴 136
야아콤 유적 77
어로 도구 120
언어 126, 128, 129, 131
엘 그리파 133
엘 펜도 동굴 123
엘레파스 레키 112
연대측정 41
열형광연대측정법 41
영장류 121, 138
영장류의 언어사용 129
오랑우탄 20, 26, 60
오로린 38, 61
오로린 튜겐시스 38
오모 키비쉬 유적 120
오모강 유역 141
오스트랄로피테쿠스 34, 62, 103
오스트랄로피테쿠스 보이세이 40
오스트랄로피테쿠스 가르히 65, 93
오스트랄로피테쿠스 아나멘시스 39, 62
오스트랄로피테쿠스 아파렌시스 58, 62, 78, 103, 105, 109
오스트랄로피테쿠스 아프리카누스 52
오우라노피테쿠스 24
오스트랄로피트 95
온실가스 166
올도완 석기 공작 87, 124
올로게세일리에 유적 51
와일드 비스트 46, 54
요루바족 12
우라늄 시리즈법 41
윌슨, 알란 138
유년기 77
유안무 97
유인원의 발 60
유전의 병목현상 143
유전자 풀 53
유전적인 아담과 이브 140, 143
유전조직 131
유전학 10, 34
음식 분배 77
음식 조리 121

이모 121
이산화탄소 166, 167
인간 유전자 143
인류와 유인원들의 마지막 공동조상 22

ㅈ
장례 133, 145
재생산 10, 153
적철석 130
전두엽 102, 108
절멸 30, 46, 52, 80, 105, 145
조각도 123
존재의 흔적 133
주먹도끼 86, 116, 125
지구 온난화 166
직립 보행 12, 38, 62
진화적 균형화 131

ㅊ
창의성의 폭발 119
창조의 폭발 125
챠탈 화육 156
첨두기 119, 120
초기 점진가설 118
침팬지 24, 25, 26, 27

ㅋ
카베 47, 53
카탄타 120
카푸친 원숭이 20
카프제 133
쿠이체 마야족 12
크로마뇽 106

ㅌ
타르트 동굴 130
타시어 22
타웅 아이 34
탄소연대측정법 41
토기시대 125
토바화산 143
퇴적물 코어 48
투르카나 보이 90

ㅍ
파란트로푸스 34, 39, 79, 103
파란트로푸스 로부스투스 40, 55
파란트로푸스 보이세이 39, 40, 82, 163
파란트로푸스 에이치오피쿠스 33
파니니 34
페르시아의 창조론 12
포라미니페라 50
포크 에픽 120
포타시움 아르곤 방법 41
프로콘슬 26, 28
플라이오세 58
플로레스 섬 34, 110
피나클 유적 119
피테칸트로푸스 30

ㅎ
하다르 63, 65
해수면 167
햄버그, 데이비드 27
헤르토 120, 133
헤마타이트 덩어리 119
호모 119, 120
호모 네안데르탈렌시스 142, 144
호모 루돌펜시스 105
호모 사피엔스 39, 42, 50, 105
호모 안테세서 98
호모 에렉투스 34, 64, 105, 144, 163
호모 조르지쿠스 41
호모 플로렌시스 34, 110
호모 하이델베르겐시스 39, 42, 105
호모 헤빌리스 41
호미노이디아 26
호미니니 35
호미니대 34
호미닌 34, 41
호비트 96, 100, 103, 110
홀레 펠스 동굴 136
화덕과 홈베이스
화장 133
후기급진가설 118
후두 130
Y염색체 아담 140, 143

인간이 된다는 것의 의미
- 인간기원과 진화 -

지은이 | 리차드 포츠, 크리스토퍼 슬론
옮긴이 | 배기동
펴낸날 | 2013년 3월 13일
펴낸이 | 최병식
펴낸곳 | 주류성출판사
        서울특별시 서초구 강남대로 435
e-mail | juluesung@daum.net
TEL | 02-3481-1024(대표전화) · FAX | 02-3482-0656
www.juluesung.co.kr

값 25,000원

잘못된 책은 교환해 드립니다.

ISBN 978-89-6246-103-9 03900